构建竞争力导向的农业政策体系

国务院发展研究中心农村经济研究部　著

中国发展出版社
CHINA DEVELOPMENT PRESS

图书在版编目（CIP）数据

构建竞争力导向的农业政策体系 / 国务院发展研究中心农村经济研究部著. —北京：中国发展出版社，2017.10

（国务院发展研究中心研究丛书. 2017 / 李伟主编）

ISBN 978-7-5177-0786-8

Ⅰ. ①构… Ⅱ. ①国… Ⅲ. ①农业政策—政策体系—研究—中国 Ⅳ. ①F320

中国版本图书馆 CIP 数据核字（2017）第 261936 号

书　　名：构建竞争力导向的农业政策体系
著作责任者：国务院发展研究中心农村经济研究部
出 版 发 行：中国发展出版社
（北京市西城区百万庄大街 16 号 8 层　100037）
标 准 书 号：ISBN 978-7-5177-0786-8
经　销　者：各地新华书店
印　刷　者：北京市密东印刷有限公司
开　　本：710mm × 1000mm　1/16
印　　张：18.5
字　　数：220 千字
版　　次：2017 年 12 月第 1 版
印　　次：2017 年 12 月第 1 次印刷
定　　价：60.00 元

联 系 电 话：（010）68990630　68990692
购 书 热 线：（010）68990682　68990686
网 络 订 购：http://zgfzcbs. tmall. com//
网 购 电 话：（010）88333349　68990639
本 社 网 址：http://www.develpress. com. cn
电 子 邮 件：bianjibu16@vip. sohu. com

DRC

2017

国务院发展研究中心研究丛书

编　委　会

“构建竞争力导向的农业政策体系”
课题组

课题组顾问：张军扩

课题负责人：叶兴庆　张云华　金三林

课题组成员：肖俊彦　程　郁　李　青　伍振军

周群力　陈春良　李荣耀　翁　凝

汪伍静　孙小龙　张　琛

总　序

全面贯彻落实党的十九大精神，开创新时代政策咨询研究工作新局面

李伟

2017年10月，举世瞩目的中国共产党第十九次全国代表大会胜利召开。这是在全面建成小康社会决胜阶段、中国特色社会主义进入新时代的关键时期召开的一次十分重要的大会。党的十九大，作出了中国特色社会主义进入新时代、我国社会主要矛盾已转化为人民日益增长的美好生活需要和不平衡不充分的发展之间的矛盾等重大政治论断，确立了习近平新时代中国特色社会主义思想为党必须长期坚持的指导思想，提出了新时代中国特色社会主义的基本方略，确定了决胜全面建成小康社会、开启全面建设社会主义现代化国家新征途的目标。

党的十八大以来的五年，以习近平同志为核心的党中央以巨大的政治勇气和强烈的责任担当，提出一系列新理念新思想新战略，出台了一系列重大方针政策，推出一系列重大举措，推进一系列重大工作，推动党和国家事业发生历史性变革。如在宏观经济政策领域，面对近些年我国经济在增速、结构、动力等方面发生的深刻变化，五年来，以习近平同志为核心的党中央准确把握全球经济发展

大势和中国经济发展变化，不断创新宏观调控方式，形成了作出经济进入新常态重大判断、以新发展理念为指导、以供给侧结构性改革为主线、以稳中求进为工作方法论的宏观经济政策框架。具体而言，这个政策框架有以下几个鲜明特点：

其一，作出了新常态这一重大判断。从速度层面看，经济增长速度从高速增长转为中高速增长，经济发展的质量和内涵发生质的变化；从结构层面看，经济结构发生全面深刻变化，不断优化升级；从动力层面看，经济发展从要素驱动、投资驱动转向创新驱动。认识、把握、引领新常态是当前和今后一个时期做好经济工作的大逻辑。

其二，确立了新发展理念这一指导思想。创新、协调、绿色、开放、共享五大发展理念为经济社会发展提供了战略指引，是关系我国发展全局的一场深刻变革，攸关“十三五”乃至更长时期我国发展思路、发展方式和发展着力点。

其三，明确了推进供给侧结构性改革这一工作主线。供给侧结构性改革的最终目的是满足需求，主攻方向是提高供给质量，根本途径是深化改革，这是解决我国发展面临的突出问题与挑战的必由之路。

其四，确定了稳中求进这一工作方法论。坚持稳中求进工作总基调，并将之上升为治国理政的重要原则和经济工作的方法论，这是对经济工作思想方法作出的重大调整。强调要保持战略定力，在实践中转变急于求成的思想观念和操之过急的工作方法，推动经济转向平稳健康持续发展的轨道。

从五年来的实践成效看，在这一政策框架指导下，我国经济在经历多年调整后，趋势性下行的空间明显收窄，正在逐步迈入中高速增长阶段。特别是自2016年下半年开始，我国经济运行出现了一些积极变化，企稳基础有所增强，国际环境的有利因素也在增多，我国经济转型有望从“降速”阶段转向“提质”阶段。2017年前三季度基本延续了这一态势，经济增速达到6.9%，总体保持平稳，结构不断优化，经济发展的稳定性、协调性和可持续性增强，稳中有进、稳中向好的态势持续发展。

党的十九大对新时代推进中国特色社会主义伟大事业作出了全面部署，对开启全面建设社会主义现代化国家新征程作出战略安排，明确提出全面建成小康社会、实现第一个百年奋斗目标，又要乘势而上开启全面建设社会主义现代化国家新征程，向第二个百年奋斗目标进军。从2020年到本世纪中叶，分两个阶段安排：第一个阶段，从2020年到2035年，在全面建成小康社会的基础上，再奋斗十五年，基本实现社会主义现代化；第二个阶段，从2035年到本世纪中叶，在基本实现现代化的基础上，再奋斗十五年，把我国建成富强民主文明和谐美丽的社会主义现代化强国。这一系列战略部署为包括国务院发展研究中心在内的各类智库发挥作用提供了前所未有的广阔空间，如：社会主要矛盾所指的发展不平衡不充分的具体表现在哪些方面？本世纪中叶建成社会主义现代化强国的具体内涵和指标有哪些？现代化经济体系科学内涵是什么？如何实施乡村振兴战略？全面建设社会主义现代化国家新征程中将面临哪些风险和挑战？等等。这些重大问题，都需要智库加强前瞻性研究，提供切实可行、管用的决策咨询建议。

党的十九大指出，深化马克思主义理论研究和建设，加快构建中国特色社会科学，加强中国特色新型智库建设。智库建设的内容首次写进党的代表大会报告，令人振奋。这既为国务院发展研究中心建设国际一流高端智库提供了重大机遇，也为我们履行政策研究、政策评估、政策解读和国际交流合作“四位一体”的职能提出了更高要求。国务院发展研究中心将全面贯彻落实党的十九大精神，贯彻习近平总书记2013年4月15日关于智库建设的重要批示和中央关于智库建设的总体部署，加快落实国务院已批复的《国务院发展研究中心国家高端智库建设试点方案》，全面实施质量提升、人才优化、国际交流合作、成果传播、支撑保障和党的建设等六大工程，建立健全党的建设、人才使用与激励、研究质量保障和成果创新、经费使用和管理、成果转化和传播、研究支撑、国际交流合作、统筹利用社会资源等八个方面的体制机制，加快建设国际一流高端智库，力争到2020年进入高质量服务中央决策的政策支持力强、社会影响力大、国内领先、国际一流高端智库前列。

国务院发展研究中心将把深入学习宣传和全面贯彻落实党的十九大精神作为当前和今后一段时期的首要政治任务。作为服务党中央、国务院的政策咨询研究机构，我们将牢牢把握为中央决策服务的根本方向，以习近平新时代中国特色社会主义思想为指导，坚持马克思主义立场观点方法，坚持以人民为中心的发展思想，紧紧围绕十九大作出的“贯彻新发展理念，建设现代化经济体系”“加快建设创新型国家”“实施乡村振兴战略”“实施区域协调发展战略”“加快完善社会主义市场经济体制”“提高保障和改善民生水平，加强和创新社会治理”“加快生态文明体制改革，建设美丽中国”等一系列重大决策部署，坚持问题导向，精心选题，主动加强新时代中国特色社会主义有关经济建设、社会建设、生态文明建设的全局性、战略性、前瞻性、长期性以及热点、难点问题研究，大兴调查研究之风，不断形成一大批具有较高政策价值和较大社会影响力的研究成果，为中央科学决策提供有力的智力支持，努力开创新时代政策咨询研究的新局面。

“国务院发展研究中心研究丛书”是我们每年主要研究成果的集中呈现，自2010年面世至今，已经连续出版八年。今年这套丛书成书共包括15部著作，其中：《迈向高质量发展：战略与对策》《构建“一带一路”设施联通大网络》《打好风险攻坚战：思路与对策》等3部著作是国务院发展研究中心的重大研究课题报告；《协同：促进区域经济增长的新路径》《构建竞争力导向的农业政策体系》等9部著作，是各研究部（所）的重点研究课题报告；另3部著作是青年研究人员的优秀招标研究课题报告。

最后，对于多年来中央和地方各级领导同志给予我们的肯定和鼓励，以及社会各界读者的认可和厚爱，我们深怀感恩，并表示由衷的谢意。同时，我们也深知不足，诚恳希望各级领导、专家、学者和广大读者继续给予关心、支持和帮助，对这套丛书以及我们的工作多加批评指正，促使我们以更加振奋的精神和昂扬的姿态为推进国家治理体系和治理能力现代化、决胜全面建成小康社会、夺取新时代中国特色社会主义伟大胜利、实现中华民族伟大复兴的中国梦而不懈奋斗。

2017年11月

（作者为国务院发展研究中心主任、研究员）

内容提要

改革开放39年来，除少数几个时期因农产品卖难出现过把结构调整作为农业政策的主要目标外，其他多数时期我国农业政策的主要目标是促进增产、保障供给。特别是2004年以来，我国再次连续多年把促进粮食等大宗农产品增产放在农业发展的优先位置，逐步建立起一套增产导向的农业支持政策体系，包括以增产为导向的粮食最低收购价政策、重要农产品临时收储政策、农业补贴政策、农业投资政策、地方政府激励政策。

增产导向的农业支持政策促进了我国粮食等大宗农产品生产发展，也促进了农民收入持续增加。问题在于，这套政策体系起作用的现实基础发生了变化，我国农业面临的主要矛盾也发生了变化。生产量、进口量、库存量"三量齐增"使增产导向政策失去现实必要性，主要农产品价格倒挂使增产导向政策失去操作空间，贸易争端频发给我国增产导向政策带来挑战，发达国家农业支持政策结构性改革给我国增产导向政策带来压力。

我国农业正处于艰难的转型阶段。这不仅包括从粗放、透支到集约、永续的资源利用方式转型，从"家家包地、户户种田"到经营权流转、适度规模的经营方式转型，而且包括从增产导向到竞争力导向的农业支持政策转型。根据工业化城镇化发展程度的提高、国内外市场价格对比关系的变化，借鉴发达经济体农业支持政策转型的经验教训，加快构建竞争力导向的农业支持政策体系，提高农业的综合效益和竞争力，是推进农业供给侧结构性改革的重要内容，也是实现我国农业现代化的必然要求。

提高我国农业竞争力应从两个层面发力：一是硬碰硬地拼成本、拼价格。通过消除市场扭曲，把托市品种的国内市场价格降到长期均衡价；通过扩大经营规模、提高劳动生产率，以降低人工成本；通过完善“三权分置”办法，以降低土地成本；通过科技进步、农田水利建设、土地整治，以提高土地产出率和资源利用率。这方面的潜力值得去挖掘，但终归要受人均耕地面积等传统资源禀赋的制约。二是实施差异化战略，拼特色、拼增值，用质量优势对冲成本上升劣势。通过改善品质、树立品牌，提高消费信任溢价；通过休闲观光、生态涵养、文化传承，提高功能溢价；通过产业融合、多次增值，提高产业链整体竞争力。这方面的潜力需要逐步释放，而且受人均耕地面积等传统资源禀赋的制约相对较小，是小规模农业增强竞争力的根本出路。

目 录

综合报告

从增产导向到竞争力导向
——我国农业支持政策转型的总体思路

我国农业正处于艰难的转型阶段。这不仅包括从粗放、透支到集约、永续的资源利用方式转型，从“家家包地、户户种田”到经营权流转、适度规模的经营方式转型，而且包括从增产导向到竞争力导向的农业支持政策转型[①]。根据工业化城镇化发展程度的提高、国内外市场价格对比关系的变化，借鉴发达经济体农业支持政策转型的经验教训，加快构建竞争力导向的农业支持政策体系，提高农业的综合效益和竞争力，是推进农业供给侧结构性改革的重要内容，也是实现我国农业现代化的必然要求。

一、增产导向农业支持政策体系的形成及主要特征

改革开放39年来，除少数几个时期因农产品卖难出现过把结构

① 资源利用方式转型也需要以政策转型为引领。2016年11月1日，中央全面深化改革领导小组第二十九次会议审议的《建立以绿色生态为导向的农业补贴制度改革方案》，强调突出绿色生态导向，加快推动落实相关农业补贴改革，把政策目标由数量增长为主转到数量质量生态并重上来，到2020年基本建成以绿色生态为导向、促进农业资源合理利用与生态环境保护的农业补贴政策体系和激励约束机制。

调整作为农业政策的主要目标外，其他多数时期我国农业政策的主要目标是促进增产、保障供给（叶兴庆，2016）。尽管在制定农业政策时要考虑多种因素，但“吃饱肚子是第一位的”（韩俊，2016）。特别是2004年以来，我国再次连续多年把促进粮食等大宗农产品增产放在农业发展的优先位置，逐步建立起一套增产导向的农业支持政策体系。这么做，既是现实需要，也有操作空间。

从现实需要看，寄希望于通过促进粮食等大宗农产品增产以应对通胀压力。2003年第四季度以来，全国粮食价格出现过3轮快速上涨，每次都带动食品价格和居民消费价格相应上涨（见图1），进而推动出台新的粮食增产措施。2003年第四季度，从南方地区开始，大米价格出现迅猛上涨，并推动全国粮食价格普遍上涨。为应对此轮粮食价格上涨，2003年10月和2004年3月，国务院连续召开全国农业和粮食工作会议、全国农业和粮食生产工作会议[①]，要求各地抓好粮食生产和市场供应工作。2007下半年至2008年上半年，受国际市场大宗农产品价格暴涨的传导，国内农产品价格出现快速上涨。在此背景下，2008年3月，国务院召开全国农业和粮食生产电视电话会议，宣布一系列支持农业和粮食生产的政策。2010年下半年至2011年上半年，受自然灾害、游资炒作等因素影响，食品价格全面上涨推动居民消费价格指数快速上涨。为应对这个局面，2011年2月，国务院召开全国粮食生产电视电话会议，出台了抗旱浇麦补贴、抗旱机具购置补贴、小麦返青拔节弱苗施肥补贴等政策。在这三个时间节点，决策层均希望通过发展粮食和农业生产，以管理好通胀预期、稳定消费价格总水平，促进经济平稳较快发展和社会和谐稳定。

① 因这两次会议均要求各省（区、市）政府主要负责人参加，习惯上将这两次会议称为“粮食省长会议”。

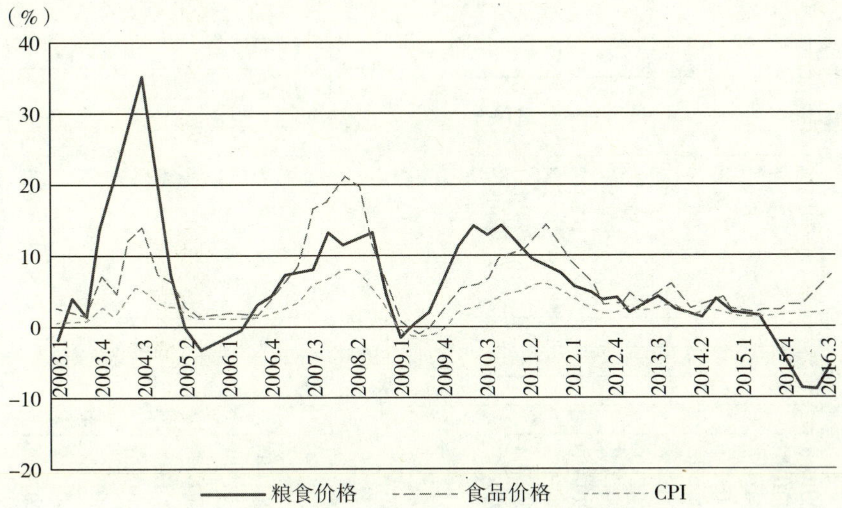

图1　全国粮价、食品价格和CPI季度同比涨幅

从操作空间看，财政收入快速增长使国家有底气加大农业支持保护力度，国内农产品价格低于国际市场使国家可以把提价作为刺激农业增产的政策工具。2002 年召开的党的十六大明确提出实施统筹城乡发展战略，随后几年中央做出“多予少取放活”“工业反哺农业、城市支持农村”“以城带乡、以工补农”等重大决策，这为采取措施促进农业增产提供了思想和认识基础。2003 ~ 2013 年，全国一般公共预算收入从 21715 亿元增长到 129210 亿元，年均增长 19.5%，这为加大农业投入提供了财力基础。2013 年以前，我国大宗农产品价格普遍低于进口到岸税后价格（见图 2），国家通过提高最低收购价和临时收储价以刺激粮食等大宗农产品生产，不至于造成价格倒挂和进口增加。

需要与可能兼备，使增产导向的农业支持政策体系逐步建立起来。这套政策体系的“四梁八柱”包括以下方面：

一是以增产为导向的粮食最低收购价政策。截至 2003 年底，经过多年市场化改革，除粮食、烟草、蚕茧等少数品种外，我国其他多

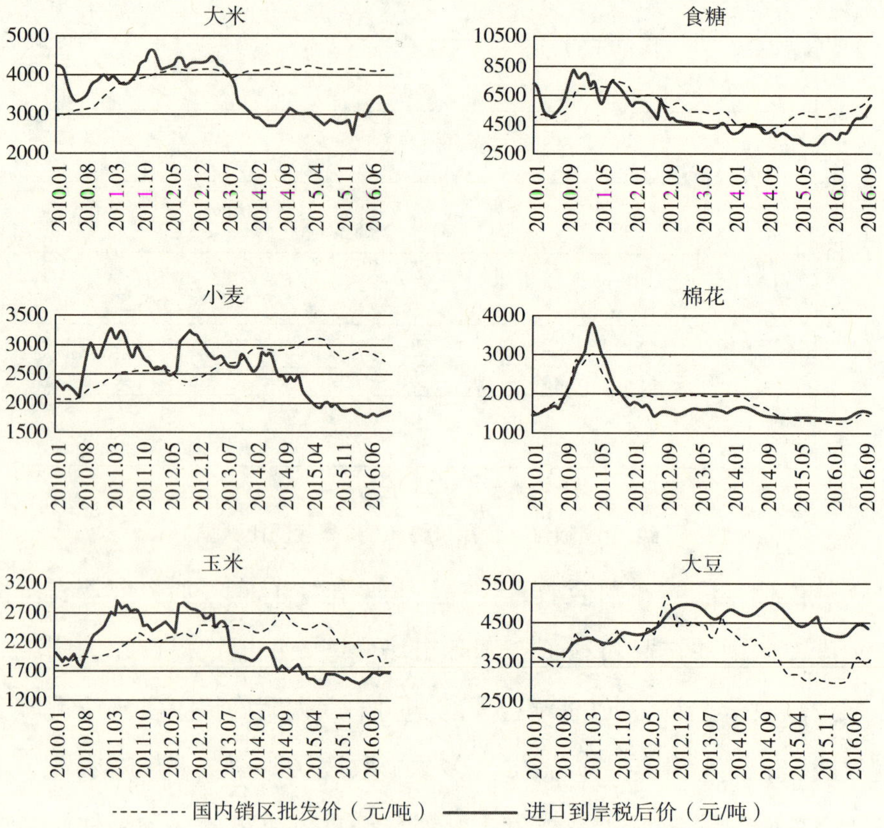

图2　主要农产品国内外价格比较

数农产品已放弃国家定价和国家收购政策。2004 年，国务院发布《关于进一步深化粮食流通体制改革的意见》（国发〔2004〕17 号），决定全面放开粮食收购市场，充分发挥市场机制在配置粮食资源中的基础性作用，实现粮食购销市场化和市场主体多元化。作为此次改革的核心内容，粮食价格形成机制实现了市场化，即“一般情况下，粮食收购价格由市场供求形成”。与此同时，这次改革也为国家定价和国家收购预留了一定空间，即“当粮食供求发生重大变化时，为保证市场供应、保护农民利益，必要时可由国务院决定对短缺的重点粮食品种，在粮食主产区实行最低收购价格”。粮食最低收购价政策具有“四特”的特点：特定的情形，只在粮食供求发生重大变化时才实行，一般情形下不实行；特定的品种，只有短缺的重点粮食品种才实行，一般粮食品种不实行；特定的地区，只有粮食主产区才实行，一般地区不实行；特定的时段，只在预案规定的时期内实行，其他时间不实行。遵照这一指导思想，2004 年只出台了稻谷最低收购价政策，2006 年才出台小麦最低收购价政策。此后尽管地方有要求，但中央再也没有扩大最低收购价政策的品种范围。尽管如此，稻谷和小麦最低收购价政策逐步偏离了严重供大于求时才进行托市的初衷，演变为刺激农民增加生产的政策工具，最低收购价水平经历了多次提高。特别是 2008 ~ 2014 年，稻谷最低收购价连续 7 年提高，累计提价幅度达到早籼稻 93%、中晚籼稻 92%、粳稻 107%；2009 ~ 2014 年，小麦最低收购价连续 6 年提高，累计提价幅度达到白小麦 64%、红小麦和混合麦 71%。

二是以增产为导向的临时收储政策。国家为解决部分重要农产品价格下跌和“卖难”问题，在主产区针对玉米、大豆、油菜籽、棉花、食糖等临时实施托市政策。国家委托符合一定资质条件的农产品收储企业，按国家确定的收储价、收储量、质量标准收购农民当年所产的农产品。2007 年、2008 年和 2009 年，国家先后对东北主产区的玉米、大豆，以及湖北、安徽等省的油菜籽实行临时收储政策（简称“临储政策”）。从 2011 ~ 2013 年，国家连续 3 年对全国棉花主产区的棉花实行了临时收储政策，临储收购量接近当年棉花产量。从 2011/12 年到 2012/13 年，国家连续两个榨季对全国糖料主产区的食糖实行了临时收储政策。临储政策与最低收购价政策，共同点在于都属于中央事权、由中央财政承担费用；不同之处在于，最低收购价在播种前公布、临储价在即将收获时公布，最低收购价收购不限量、临储收购量自上而下分配。总体而言，临储政策的“含金量”不如最低收购价政策。临储政策本质上是中央与地方、农口博弈的结果。从2004年粮食流通体制改革的宗旨和中央的意图看，本不想扩大粮食最低收购价政策的实施范围。但地方从当地利益出发，强烈要求中央将当地土产品种纳入国家托市收购计划，作为中央事权，由中央财政承担费用。在利益博弈过程中，地方、农口一度处于道德制高点，作为让步，中央不得不出台类似最低收购价政策但实际含金量略逊一筹的临储政策。尽管含金量略逊一筹，但也逐步偏离了“临时”的初衷，演变为刺激相关农产品生产的政策工具。2009～2012年，大豆临时收储价连续4年提高，累计提价24%。2010～2013年，玉米临时收储价连续4年提高，累计提价49%。2010～2013年，油菜籽临时收储价连续4年提高，累计提价38%。

三是以增产为导向的农业补贴政策。2004年以来，我国先后实行了一系列直接针对农户的农业补贴政策，包括种粮农民直接补贴、良种补贴、农机具购置补贴、农资综合补贴、保费补贴等。种粮农民直接补贴政策从2004年开始试点，是国家财政把原来补贴在粮食流通环节的粮食风险基金拿出一部分，按一定的补贴标准和粮食种植面积等，对种粮农民直接给予补贴，简称“种粮农民直补”，以调动农民种粮积极性，鼓励农民多种粮。良种补贴政策，是国家为了加快优良品种推广步伐，鼓励农民使用优良品种，对农民种植大豆、水稻、小麦、玉米、油菜、棉花、花生、土豆、青稞等作物和养殖牛、猪、羊等牲畜使用良种予以补贴。起初主要实行农作物良种补贴政策，2005年开始实行奶牛冷冻精液良种补贴政策，2007年开始实行生猪良种和能繁母猪补贴政策，2009年开始实行肉牛和绵羊良种补贴，2010年推进全国畜禽品种改良。农机具购置补贴政策从2004年开始试点实行，是国家为鼓励和支持农民购买使用先进适用的农业机械，加快推进农业机械化进程，提高农业综合生产能力，对农民、农场职工和直接从事农业生产、农副产品加工的农机服务组织购置农机具给予一定的财政补贴政策。农资综合补贴政策从2006年开始试点实行，是实行成品油价格形成机制改革、征收石油特别收益金后，国家为了更好地保护农民利益，适当弥补种粮农民因柴油、化肥等农业生产资料涨价对农民种粮收益的影响，由中央财政安排资金对种粮农民直接给予的补贴，补贴资金按照动态调整制度，每年根据化肥、柴油等农资价格变动，遵循"价补统筹、动态调整、只增不减"的原则确定。农业保险费补贴政策自2007年开始实施，在补贴办法上，对于种植业保险，中央财政对中西部地区补贴40%，对东部地区补贴35%，对新疆生产建设兵团、中央直属垦区、中储粮北方公司、中国农业发展集团公司补贴65%，省级财政至少补贴25%。截至目前，中央财政提供农业保险保费补贴的品种有玉米、水稻、小麦、棉花、马铃薯、油料作物、糖料作物等15个。

四是以增产为导向的农业投资政策。在2003年第四季度至2004年上半年粮价上涨的背景下，有关方面着手规划未来我国粮食增产目标。经过近4年的酝酿，2008年国家发展改革委发布了《国家粮食安全中长期规划纲要（2008–2020年）》。该纲要明确提出，主产区要进一步提高粮食生产能力，为全国提供主要商品粮源；主销区要稳定现有粮食自给率；产销平衡区要继续确保本地区粮食产需基本平衡，有条件的地方应逐步恢复和提高粮食生产能力。核心产区、后备产区等粮食增产潜力较大的地区要抓紧研究增加本地区粮食生产的规划和措施。各类支持农业和粮油生产的投入，突出向粮食主产区、产粮大县、油料生产大县和基本农田保护重点地区倾斜。2009年，国务院办公厅印发《全国新增1000亿斤粮食生产能力规划（2009 ~ 2020年）》。该规划提出，要围绕粮食增产目标，统筹规划粮食主产区、主销区和产销平衡区的粮食生产能力建设，统一规划重点片区建设内容，同步实施各类建设项目；进一步调整财政支出、固定资产投资和信贷投放结构，不断加大各级财政支持粮食综合生产能力建设的力度，现有涉农投资也要向粮食产能建设项目倾斜。

五是以增产为导向的地方政府激励政策。虽然农业生产决策权掌握在农民手中，但地方政府在基础设施建设、农业技术推广乃至生产动员方面仍掌握着一定的资源和影响力。中央政府通过财政奖励促使地方政府“重农抓粮”，也是一种增产措施。2005年中央财政出台了产粮大县奖励政策。为鼓励地方多产粮、多调粮，中央财政依据粮食商品量、产量、播种面积各占50%、25%、25%的权重，结合地区财力因素，将奖励资金直接“测算到县、拨付到县”。对粮食产量或商品量分别位于全国前100位的超级大县，中央财政予以重点奖励；超级产粮大县实行粮食生产“谁滑坡、谁退出，谁增产、谁进入”的动态调整制度[①]。自2008年起，在产粮大县奖励政策框架内，增加了产油大县奖励，由省级人民政府按照“突出重点品种、奖励重点县（市）”的原则确定奖励条件。从2007年开始，实行生猪大县奖励政策，以调动地方发展生猪产业的积极性，奖励资金按照“引导生产、多调多奖、直拨到县、专项使用”的原则，依据生猪调出量、出栏量和存栏量权重分别为50%、25%、25%进行测算。

除此之外，开展粮、棉、油、糖高产创建活动，停止开展新的退

① 在湖南部分地方开展重金属污染治理试点时，一些地方担心粮食产量下降后影响其享受粮食大县财政奖励。在北方部分地区调整玉米种植结构，将玉米改种大豆、将籽粒玉米改为青储玉米的过程中，一些地方要求将大豆、青储玉米折算成粮食产量，以免影响其享受粮食大县财政奖励。财政奖励对粮食产量的激励效应，由此可见一斑。

耕还林，在缺水地区鼓励打井抗旱、不惜超采地下水以确保粮食丰收，实行投入品补贴政策、鼓励农民多投入多产出，在新品种培育和审定中把产量性状指标放在突出位置，都是增产导向农业支持政策体系的组成部分。这套政策体系具有如下特征：第一，价格上涨是出台增产政策的直接诱因。在我国居民消费价格指数中，食品价格权重较高，粮食和食品价格的大幅上涨构成居民消费价格指数上涨的主要贡献因素。应对通胀压力，很自然地要把加强农业、促进增产放在优先位置。2003 年第四季度至 2004 年底、2007 年第四季度至 2008 年第三季度、2010 年第一季度至 2011 年第一季度，连续三轮粮食和食品价格上涨，推动农业增产政策排浪式地出台。第二，路径依赖不断强化。在这轮持续十多年的农业增产周期中，每一个以增产为导向的政策工具出台后，其力度都会不断加大。特别是为了发出明确的增产信号，最低收购价、临时收储价、各种补贴习惯性地提高，以至于价格倒挂拐点出现后的 2013、2014 年，稻谷和小麦的最低收购价还在连续提高。不断提高托市收购价格水平以至于高于市场长期均衡价格，不断释放鼓励农民增产的信号，势必导致供大于求、库存积压。以控制价格上涨为初衷的政策，最后异化为推动价格上涨的力量。第三，用力不均导致结构扭曲。不同产品支持政策力度的非对称性，扭曲了激励信号，从而扭曲了种植结构。这在东北地区表现得尤为突出。2008 ~ 2013 年，玉米和大豆临时收储价分别累计提高 49% 和 24%，导致玉米种植挤压大豆种植；同期，粳稻最低收购价累计提高 83%，导致部分旱地改为水田。粮食大县奖励政策也具有以高产作物替代低产作物的激励效果。

二、农业支持政策转型的时间节点已经来临

增产导向的农业支持政策促进了我国粮食等大宗农产品生产发展，也促进了农民收入持续增加。2004 ~ 2015 年的 12 年间，我国农林牧渔业增加值年均增长 4.6%，粮食产量年均增长 3.1%，农民人均纯收入年均增长 8.8%，均高于此前 25 年的平均增速。问题在于，这套政策体系起作用的现实基础发生了变化，我国农业面临的主要矛盾也发生了变化。

（一）“三量齐增”使增产导向政策失去现实必要性

实施增产导向政策的历史背景，是主要农产品产不足需、价格上涨。随着农业生产发展和供给状况改善，这一政策背景逐渐发生改变。以玉米为例，实行临时收储政策后，生产量从 2007 年的 15230 万吨增加到 2015 年的 22463 万吨，增长了 47%；同期，玉米及其主要替代品的进口量从 101.7 万吨增长到 3126 万吨，增长了近 30 倍。生产量和进口量的增长，超过同期消费量的增长，最终导致库存量增长。生产量、进口量、库存量“三量齐增”的尴尬局面，从 2012 年以后变得越来越明显（陈锡文，2016a）。2012 ~ 2015 年，玉米临储收购量连续 4 年大幅度增长（见表 1）。入库多、出库少，导致临储库存总量不断增加。截至 2016 年 6 月 16 日，国家临储库存中 2012 ~ 2015 年生产的玉米分别为 432.5 万吨、3930.8 万吨、8329 万吨和 12543 万吨，库存合计高达 25235.3 万吨，超过 2015 年全国玉米产量（冯利臣，2016）。面对“三量齐增”，增产导向政策逐步丧失其现实针对性和必要性。棉花、食糖、油菜籽等产品也存在类似情形。

表1　“三量齐增”：以玉米为例

年份	玉米生产量（万吨）	玉米及其替代品进口量（万吨）					玉米临储入库量（万吨）
		玉米	大麦	高粱	DDGS	合计	
2007	15230	10.1	91.3	0.3	0	101.7	630
2008	16591	4.3	107.6	1.3	1	114.2	3573
2009	16397	90.4	173.8	1.7	65.5	331.4	61
2010	17725	123.1	236.7	8.3	316.3	684.4	0
2011	19278	125.8	177.6	0	197	500.4	127
2012	20561	370.1	252.8	8.7	252	883.6	3083
2013	21849	553.5	233.5	107.8	400.2	1295	6919
2014	21565	300.4	541.3	577.6	541.3	1960.6	8373
2015	22463	300.7	1073.2	1070	682.1	3126	12543

注：产量、进口量为自然年度数，临储入库量为粮食年度数，即2007年实际为2007/2008年，其他依此类推。

资料来源：产量数据来自《中国农村统计年鉴（2016）》，进口量数据来自《中国农产品贸易发展报告（2016）》，临储入库量数据来自冯利臣（2016）。

（二）“天花板效应”使增产导向政策失去操作空间

提高最低收购价和临时收储价，是增产导向政策的支柱，也是见效最为明显的政策工具。但在主要农产品价格倒挂的情形下①，即国内市场价超过进口到岸税后价、进口农产品具有价格竞争力的情形下，继续提高国家收储价意味着国家收储的农产品只能进入仓库、进口农产品大量挤占国内市场。2011 年 4 月和 10 月，食糖和棉花先后迎来价格倒挂的拐点；2013 年 6 月和 7 月，小麦和大米、玉米先后迎来价格倒挂的拐点（见表 2）。在国内外市场深度融合的大背景下，拐点到来之后，进口价格成为国内价格上涨的“天花板”：继续提价导致价差扩大，价差扩大导致进口增加，进口增加导致国家收储增加和库

① “倒挂”之说的潜台词是，国内农产品价格低于国际市场价格是合理的、常态的现象，不足为奇。这与我国工业化城镇化水平长期低于世界平均水平、农产品价格长期低于国际市场时代形成的思维定式有很大关系。

存严重积压，库存积压导致亏损增加、财政负担加重，财政负担加重导致反对提价、实行市场化改革的呼声加大。2014 年开始实行大豆和棉花目标价格补贴试点、改革食糖和油菜籽托市办法，2016 年开始实行玉米“市场定价、价补分离”改革，正是这套逻辑的必然产物。

表2 主要农产品国内外价格倒挂拐点出现的时间

品种	拐点时间	备注
食糖	2011年4月	国内价格为广西食糖批发市场食糖现货批发价，进口价格为配额内15%关税的巴西食糖到岸税后价
棉花	2011年10月	国内价格为中国棉花价格指数（CC Index）3128B级棉花销售价格，进口价格为滑准税下进口棉价格指数（FC Index）M级到岸税后价
小麦	2013年6月	国内价格为广州黄埔港优质麦到港价，进口价格为配额内1%关税的美国墨西哥湾硬红冬麦（蛋白质含量12%）到岸税后价
大米	2013年7月	国内价格为全国晚籼米（标一）批发均价，进口价格为配额内1%关税的泰国曼谷大米（25%含碎率）到岸税后价
玉米	2013年7月	国内价格为东北2等黄玉米广州黄埔港平仓价，进口价格为配额内1%关税的美国墨西哥湾2级黄玉米（蛋白质含量12%）广州黄埔港到岸税后价

资料来源：根据农业部市场预警专家委员会《农产品供需形势分析月报》整理。

对于“天花板效应”，有两个问题需要深入辨析和理性判断：

第一，价格倒挂是否可能出现反转？有观点认为，我国农产品之所以出现价格倒挂，主要是受农业之外的周期性和短期因素影响。例如，国际市场石油价格下降，导致国外玉米、油菜籽、棕榈油、甘蔗等农产品的能源化利用需求下降；国际海运市场萧条，导致农产品海运费大幅度下降；人民币升值，导致进口农产品相对便宜（陈锡文，2016b）。在这些因素的作用下，农产品进口价格出现下降。与此同时，受托市收购价格提高的支撑，国内市场价格保持稳定上涨（见图

2）。一降一升，加速了价格倒挂拐点的到来。这些因素存在较大不确定性，今后可能发生反向变化[①]，价格倒挂现象会随之消失。我们认为，近年来出现的主要农产品价格倒挂，的确与农业之外的周期性和短期因素有关，但更深层次的原因，是随着我国工业化城镇化程度的提高，资源禀赋决定的农业生产成本上涨。2001 ~ 2015 年，我国稻谷、小麦和玉米三大谷物，平均单位产品总成本年均上涨6.4%，其中，人工和土地成本分别年均上涨 7.2% 和 10.2%，人工和土地成本占比分别从 37%、12% 上升到 41%、20%。受人工和土地成本上涨推动，我国主要土地密集型农产品单位产品总成本已先后超过美国（见图 3）。2015 年，我国主要土地密集型农产品单位产品总成本比美国高 33% ~ 123%，其中，单位产品人工成本比美国高 528% ~ 2156%，单位产品土地成本比美国高 26% ~ 214%（见表 3）。我国工业化城镇化进程尚未完成，人工和土地成本仍处于上升通道。受此影响，由成本倒挂决定的价格倒挂，将是一种常态。

第二，稻谷和小麦最低收购价还有多大提升空间？目前，同时实行关税配额管理和国家托市收购的品种只剩下稻谷和小麦。按配额内 1% 关税税率计算，大米和小麦进口到岸税后价格低于国内同品质产品的市场价格，已处于价格倒挂状态。按配额外 65% 关税税率计算，这两个产品尚未出现价格倒挂，仍有提价的空间。问题在于，这个空间还能使用多久？我国小麦主要进口来源地澳大利亚、美国和加拿大土地资源丰富、劳动生产率高、农业生产成本变化不大，而我国尽管土地经营规模在逐步扩大，但农业生产成本仍处于上升通道，由资源禀赋差

① 例如，人民币对美元年均汇价从2004年的8.28持续升值至2014年的6.14，累计升值26%；但2015年贬值1.4%至6.23，2016年进一步贬值6.2%至6.64。2015年和2016年的贬值，相应提高了进口农产品价格、增强了国产农产品竞争力。

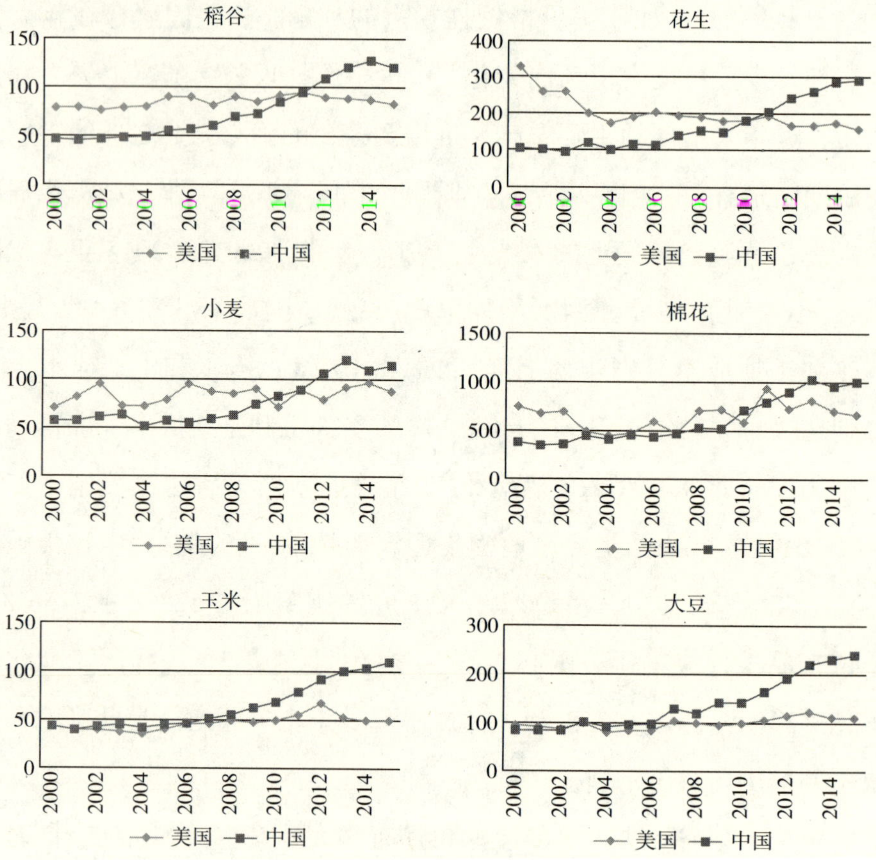

图3 中美主要农产品单位产量成本比较（元/50公斤）

表3 中美主要农产品单位产量成本比较

品种	中国单位产品生产成本超过美国的拐点年份	2015年中国单位产品成本为美国的倍数		
		总成本	人工成本	土地成本
稻谷	2011	1.48	6.28	1.65
小麦	2010	1.33	7.40	1.26
玉米	2001	2.23	22.56	1.86
大豆	2004	2.14	14.72	2.41
棉花	2012	1.89	12.81	3.14
花生	2010	1.84	16.70	1.72

资料来源：历年《全国农产品成本收益资料汇编》。

异决定的小麦生产成本差异将继续扩大。我国大米主要进口来源地越南、泰国、巴基斯坦虽然也具有人多地少的资源禀赋、农业生产成本也处于上升通道，但工业化城镇化程度比我国低，只要我国的工业化城镇化速度继续比他们快，农业生产的人工和土地成本提升速度就将比他们快，我国稻谷生产成本的上涨速度就会快于他们。随着生产成本差异的扩大，价格倒挂的幅度也将扩大，直至超过配额外关税税率，最终将使稻谷和小麦翻越65%的关税高墙而进入我国。这个时间节点终归要到来。我们应尽可能把这个时间节点到来的日期往后推迟，为促进农业转型升级和竞争力提高争取时间。这意味着，即便稻谷和小麦最低收购价还有提价空间，也不应快速用完。

（三）贸易争端频发给我国增产导向政策带来挑战

2001年加入WTO时，为给我国农业未来发展留出空间，我国就农业支持保护政策与各成员国达成协议[①]。最为核心的是两条[②]：可以采取适度的扭曲生产或贸易的支持措施，非特定产品“黄箱”补贴力度不超过农业总产值的8.5%，特定产品“黄箱”补贴力度不超过该产品产值的8.5%；可以对小麦、大米、玉米、棉花、食糖等产品实行关税配额管理，配额内实行低关税、配额外实行高关税，对一定比例的配额实行国营贸易。随着2004年以后增产导向政策力度的逐年加大，良种补贴、农机具购置补贴、农资综合补贴等支付性补贴金额越来越大，粮食最低收购价和重要农产品临时收储价越来越高，“黄箱”

① 以前我国扶持农业的政策一般称作“农业投入政策”，在筹划加入WTO的过程中，为了与WTO相关口径衔接，开始使用“农业支持保护政策”的概念，见方言（2016）。

② WTO农业协定所指的“农业支持保护”，包括国内支持、市场准入（进口配额）、出口补贴、动植物检疫等措施，统称为WTO农业协议四大支柱。

补贴的剩余空间不断收窄。2013 年价格倒挂后，小麦、大米、玉米进口配额理论上存在被用完的可能性，但 2013 ~ 2016 年连续 4 年实际并未用完，有些拿不到配额的市场主体甚至以配额外高税率进口相关产品①。

这种局面的出现，引起一些利益相关方的不满。2016 年 9 月 13 日，美国就中国对小麦、大米、玉米等农产品采取的相关支持政策提起世贸组织争端解决机制下的磋商请求，指称中国政府对上述农产品实施的国内支持政策与中国加入世贸组织相关承诺不符，并违反《农业协定》等相关世贸组织规则。2016 年 12 月 15 日，美国又就中国对小麦、大米、玉米等三种农产品实施的关税配额管理措施提起世贸组织争端解决机制下的磋商请求，指称中国政府对上述农产品的关税配额管理措施不符合中国加入世贸组织承诺和《1994 年关税及贸易总协定》的有关规定。我方可以根据相关承诺和规则据理力争，以保障国内农业产业安全和农民生计，但很难继续通过加大“黄箱”措施力度和收紧市场准入以促进增产。应对贸易争端的过程，一定程度上也是我国农业政策从增产导向向竞争力导向转型的过程。

（四）发达国家农业支持政策结构性改革给我国增产导向政策带来压力

2004 年以来我国实行的一些增产导向的农业政策，如价格支持、投入品补贴等，在发达国家也曾实行过。但 1994 年结束的关贸总协定乌拉圭回合谈判，首次把农产品纳入贸易自由化轨道，各成员国做

① 据《粮油市场报》报道，2016年底，由于南方销区小麦市场价格处于高位，而美国小麦价格走低，国内外价差扩大，小麦配额外进口出现利润，有贸易商表示已经和即将到港的配额外小麦进口量在20万～30万吨，预计后期配额外小麦进口量将继续增加。见齐驰名（2016）。

出了削减农业补贴和农产品关税的承诺。在2001年启动的世贸组织多哈回合谈判中，农业补贴和农产品关税削减再次成为关键议题。受此影响，20世纪90年代中期以来，发达国家普遍对此前实行了多年的农业支持保护政策进行结构性改革。总的趋势是逐步削减扭曲生产和贸易的市场价格支持，转向与市场价格和当期生产脱钩的其他支持，新的支持政策更加强调农民收入、风险管理、环境外部性和创新问题。

根据OECD发布的各国农业政策监测与评估报告，发达国家农业支持保护政策的结构性改革具有以下特征：一是逐步削减农业支持总体水平。以农业支持相当于国内生产总值百分比和农业生产者支持相当于农业产值百分比来衡量，发达国家的农业支持总水平在逐步下降（见表4）。二是大幅度削减生产者支持，特别是市场价格支持力度。生产者支持相当于农业产值的比重普遍在下降，新西兰甚至已经下降到仅占0.7%。在农业生产者支持中，市场价格支持曾占举足轻重的地位。市场支持价格长期高于市场均衡价格，造成严重的生产过剩，加重了纳税人负担；国内农产品价格高于国际市场价格，加重了消费者负担。乌拉圭回合谈判结束后，发达经济体普遍削减了市场价格支持力度。不仅欧盟、美国如此，日本、韩国也有所削减，澳大利亚甚至取消了所有市场价格支持（见表5）。三是注重加强一般公共服务。包括农业科技创新和推广、检验检疫和控制、基础设施建设和维护、公共储备等在内的一般公共服务，越来越成为发达国家支持农业的重要方式。2013/15年平均，新西兰和澳大利亚一般公共服务占农业总支持的比重分别高达77%和58%（见表6）。四是注重提升农业可持续发展能力。在新的农业支持政策中，以资源节约和环境保护为导向的政策所占地位明显提高。进入21世纪后，欧盟农业政策目标从生产支持转向了对食品安全、农业竞争力和可持续发展以及农村社会发展的支持。欧盟大部分生产者支持已与当期生产脱钩，超过30%的政策支持以环境保护为目标。五是注重支持政策的平缓转型。对农业支持保护政策进行结构性改革，更多地引入市场机制，既会触动农民的既得利益，又将使农民更加直接地面对市场风险。为缓解农业支持保护政策调整对农民收入的冲击，发达国家加大了农业风险管理政策力度。美国在2008年农业法案中调低了最低保护价（即无追索权贷款的贷款率），同时引入了营销贷款、目标价格差额补贴、生产灵活性固定补贴、反周期补贴[①]，还加强了农业信贷和保险服务，以期为农业生产建立多重风险防线。在2014年农业法案中新设立了价格损失保险计划和农业风险保障计划，以替代直接支付、反周期补贴和平均作物收入选择补贴，这意味着更加积极地利用市场化服务来提升政策支持的效率和降低对市场运行的干扰（程郁、叶兴庆，2016）。

表4　　发达经济体农业支持总体水平（%）

	农业支持总量相当于国内生产总值比重			农业生产者支持相当于农业产值比重		
	1986/88	1995/97	2013/15	1986/88	1995/97	2013/15
欧盟	2.6	1.5	0.7	39.2	33.8	19.0
美国	1.0	0.6	0.5	21.2	11.9	8.8
澳大利亚	0.7	0.4	0.1	10.1	5.8	1.6
新西兰	1.6	0.3	0.3	10.2	0.8	0.7
日本	2.3	1.6	1.1	64.0	58.1	48.2
韩国	8.8	4.9	1.8	69.7	67.1	49.7

资料来源：根据OECD（2016）数据整理。

① 反周期补贴是目标价格差额补贴的变形，目标价格由原来的根据预测价格确定改为以物化成本为基础，以提高对农户收益的保障程度，补贴从按当期实际产量改为按历史基期面积的85%和历史单产计发，从而实现与当期生产脱钩，政策属性也由"黄箱"变成"蓝箱"。

表5　　发达经济体农业生产者支持构成（%）

		1986/88	1995/97	2013/15
欧盟	市场价格支持	84.99	57.40	23.56
	基于投入品的支付	5.16	6.88	13.65
	与当期生产挂钩的支付	3.65	31.64	14.60
	与当期生产脱钩的支付	0.00	0.03	43.50
	基于非产品标准的支付	0.49	1.05	2.49
美国	市场价格支持	33.97	44.25	24.20
	基于投入品的支付	19.98	25.92	23.37
	与当期生产挂钩的支付	34.61	7.12	22.42
	与当期生产脱钩的支付	0.96	14.93	10.01
	基于非产品标准的支付	1.68	7.18	5.55
澳大利亚	市场价格支持	71.56	49.23	0.00
	基于投入品的支付	16.02	36.25	59.16
	与当期生产挂钩的支付	0.00	1.12	11.21
	与当期生产脱钩的支付	12.36	13.40	24.31
	基于非产品标准的支付	0.00	0.00	0.00
新西兰	市场价格支持	13.03	54.43	80.00
	基于投入品的支付	40.52	44.30	19.35
	与当期生产挂钩的支付	5.42	1.27	0.00
	与当期生产脱钩的支付	0.00	0.00	0.00
	基于非产品标准的支付	0.00	0.00	0.00
日本	市场价格支持	89.71	90.58	79.16
	基于投入品的支付	4.11	4.78	3.32
	与当期生产挂钩的支付	0.00	0.00	0.93
	与当期生产脱钩的支付	3.14	1.91	7.88
	基于非产品标准的支付	0.00	0.00	0.00
韩国	市场价格支持	99.02	94.41	92.38
	基于投入品的支付	0.73	4.52	2.57
	与当期生产挂钩的支付	0.25	1.07	1.57
	与当期生产脱钩的支付	0.00	0.00	3.48
	基于非产品标准的支付	0.00	0.00	0.00

资料来源：根据OECD（2016）数据整理。

表6 发达经济体一般服务支持占农业总支持比例（%）

	1986/88	1995/97	2013/15
欧盟	8.2	8.1	12.2
美国	6.4	8.9	10.4
澳大利亚	6.2	23.6	58.1
新西兰	26.9	69.7	77.1
日本	14.9	24.7	16.5
韩国	7.9	12.7	11.9

资料来源：根据OECD（2016）数据整理。

发达国家农业支持政策结构性改革给我们的最大启示是，资源禀赋不利、工业化程度提高再也难以成为维持或加高扭曲生产或贸易的农业支持政策的依据。在我国农业政策研究界，流行着“对农业实行支持保护是发达国家普遍做法”“工业化发展到一定阶段后势必要加大农业支持保护”等观点。2004 年以来我国实行的部分农业支持保护政策深受这些观点的影响。的确，在乌拉圭回合谈判之前，农业长期游离于多边贸易规则约束之外，发达国家对农业的支持保护完全取决于其国内政治和社会因素①，各自的农业支持保护政策都很任性，美国如此，欧盟如此，日本、韩国更为突出。但乌拉圭回合谈判结束之后，特别是 WTO《农业协定》达成之后，无论资源禀赋如何、工业化处于何种阶段，各国的农业支持保护政策开始受到约束。近 20 年来，资源禀赋优越、农业主导产业竞争力强的澳大利亚和新西兰，农业支持政策对生产和贸易的扭曲程度最低，市场化程度最高；资源禀赋较好、农业具有较强竞争力的美国和欧盟，在削减扭曲生产和贸易的农

① 哈罗德·詹姆斯（2017）认为，面对全球化带来的冲击，欧洲农民利用民粹主义政治作为还击。维护农产品价格、超国家保护主义构成了欧洲经济共同体一体化的政治基础，也是欧盟的基石。时至今日，欧盟预算中绝大部分用于共同农业政策、补贴制度以及其他支撑农业目标的措施。实际上，日本、韩国在工业化城镇化进程中，随着农业比较优势衰退、进口压力加大，农民同样利用民粹主义政治迫使政府加大对农业的支持保护。

业支持政策方面迈出较大步伐（刘超等，2017）；资源禀赋不利、农业缺乏竞争力的韩国和日本，也在逐步削减对生产和贸易有扭曲作用的农业支持政策（安琪等，2017）。在受多边贸易规则约束之前，我国工业化程度还很低，农业国内支持水平甚至为负值，而此时的日本、韩国已对农业实行高度支持保护。尽管在加入 WTO 时我国争取到了一定水平的黄箱政策空间、市场准入措施，为应对未来农业比较优势下降、进口压力加大预留了一定的支持政策空间，但这种空间毕竟有限。从发达国家 20 年来农业支持政策演变的总体趋势看，我国今后应更多地在一般公共服务、资源环境保护等方面加大农业支持政策力度，更多地发挥市场机制的作用，以提高农业可持续发展能力和市场竞争能力。

三、竞争力导向农业支持政策体系的基本框架

面对农产品价格倒挂、进口压力加大、WTO 规则实质性约束几近触发等带来的挑战，近年来中央政策层面已开始把提升农业竞争力作为追求目标。2015 年中央 1 号文件指出，“做强农业，必须尽快从主要追求产量和依赖资源消耗的粗放经营转到数量质量效益并重、注重提高竞争力、注重农业科技创新、注重可持续的集约发展上来”。2016 年中央 1 号文件要求，“持续夯实现代农业基础，提高农业质量效益和竞争力”。2017 年中央 1 号文件强调，“加强科技创新引领，加快结构调整步伐，加大农村改革力度，提高农业综合效益和竞争力”。特别是习近平总书记 2016 年 3 月 8 日在参加十二届全国人大四次会议湖南代表团审议时强调，“推进农业供给侧结构性改革，提高农业综合效益和竞争力，是当前和今后一个时期我国农业政策改革和完善

的主要方向”。

我们认为，提高我国农业竞争力应从两个层面发力[①]：一是硬碰硬地拼成本、拼价格。通过消除市场扭曲，把托市品种的国内市场价格降到长期均衡价；通过扩大经营规模、提高劳动生产率，以降低人工成本；通过完善“三权分置”办法，以降低土地成本；通过科技进步、农田水利建设、土地整治，以提高土地产出率和资源利用率。这方面的潜力值得去挖掘，但终归要受人均耕地面积等传统资源禀赋的制约。二是实施差异化战略，拼特色、拼增值，用质量优势对冲成本上升劣势。通过改善品质、树立品牌，提高消费信任溢价；通过休闲观光、生态涵养、文化传承，提高功能溢价；通过产业融合、多次增值，提高产业链整体竞争力。这方面的潜力需要逐步释放，而且受人均耕地面积等传统资源禀赋的制约相对较小，是小规模农业增强竞争力的根本出路。沿着这两个层面构建竞争力导向农业政策体系，其“四梁八柱”包括以下方面：

（一）消除市场扭曲，提高价格竞争力

我国主要农产品价格倒挂的拐点之所以提早到来，与最低收购价和临时收储价持续提高顶托国内市场价持续上涨有很大关系。构建竞争力导向农业支持政策体系，首先要尽快从最低收购价和临时收储政策造成的市场扭曲中走出来，重新激发市场机制的活力。应以降低价格扭曲程度、校正资源错配为方向，以坚持市场化改革取向与保护农民利益并重为原则，以符合 WTO 规则为遵循，分品种施策、渐进式

---

① 周其仁（2017）认为，“这个世界上的竞争就两句话，你要么成本比人家厉害，要么手里有独到的”。全世文、于晓华（2016）也认为，提高农业国际竞争力有两条途径，一是根据差异化战略生产高附加值的优质农产品，二是生产价格相对较低的标准农产品。

推进（见表7）。

表7 我国现有农产品价格支持政策改革模式比较

政策模式	适用品种	操作办法	行政成本	政策功能	政策属性
最低收购价	稻谷小麦	国家按“成本+基本收益”原则制定最低收购价，播种前公布，市场价低于此价格时国家指定机构入市收购	低	保收入保产量保市场	黄箱
目标价格补贴	棉花	国家按“成本+基本收益”原则制定目标价格和采集市场价格，将价差按当年交售量（新疆）或面积（新疆南部）补给生产者	高	保收入保产量	黄箱
		国家按“成本+基本收益”原则制定目标价格和采集市场价格，将价差按基期交售量或面积补给生产者	低	保收入调结构	蓝箱
市场化收购+生产者补贴	玉米大豆	国家确定补贴标准，按当年面积发放	高	保收入保产量	黄箱
		国家确定补贴标准，按基期面积发放	低	保收入调结构	蓝箱
目标价格（收益）保险	部分产品	按政府与保险公司共同确定的目标价格或收益投保，政府补贴保费	低	保收入保产量	黄箱
		按保险公司与农民共同确定的目标价格或收益投保，政府不补贴保费	低	保收入保产量	绿箱

资料来源：程郁、叶兴庆（2016）。

已经实行市场定价、价补分离的农产品，政策调整的重点在于完善生产者补贴的挂钩办法。棉花实行目标价格差价补贴、玉米实行“市场化收购＋生产者补贴”改革后，国内市场价格明显下降、相对于进口产品的竞争力明显提高，产业链上下游之间的关系得到理顺、加工业实现良性发展，这是改革成功之处。但是，生产者补贴与当期面积（玉米）或产量（棉花）挂钩的操作办法，不仅行政成本高，而且不利于发挥市场价格信号对农业生产结构调整的引导作用，补贴力度还要受“黄箱”上限值的约束。应把握好维护生产者既得利益、保护现有产能、促进农业结构调整、实现国内外价格并轨和 WTO 合规性等多重目标的平衡，在诸多目标不兼容时应有所取舍，追求主目标，放弃辅目标。我们认为，在恢复市场定价的同时对生产者实行补贴，出发点在于防止生产者收入出现断崖式下降、为他们按市场需求自主决定种植结构提供一个过渡期，不能赋予生产者补贴“保产量”的功能。也就是说，价补分离后的生产者补贴，其功能应定位于“保收入、调结构”。相应地，棉花和大豆目标价格差价补贴、玉米生产者补贴，应调整为按基期交售量或面积补给生产者，实现与当期生产脱钩，由“黄箱”转为“蓝箱”。

继续保留最低收购价政策模式的农产品，政策调整的重点在于重新确定最低收购价的定价原则。稻谷和小麦是基本口粮，有必要在尽可能长的时期内保留最低收购价政策模式。但要防止定价过高造成非常态措施常态化，避免出现“三量齐增”。同时，要为未来留足政策空间，延缓价格倒挂的扩展速度，把按价差乘以托市收购量计算的补贴力度控制在产品产值的8.5%以内，尽可能延长配额外65%关税的有效防护期。为此，应调整“成本+基本收益”的定价原则，最低收购价只应覆盖成本；改进成本核算方法，避免高估人工成本和土地成本。

（二）扩大经营规模，提高基础竞争力

我国农业竞争力下降，直接表现是价格倒挂、贸易逆差扩大，背后原因是成本倒挂。而成本倒挂的根本原因，是在人多地少的资源禀赋下，当工业化城镇化发展到一定程度后，农业用工工资水平低、农业生产消耗的物质费用少的比较优势，不足以对冲经营规模小、劳动生产率低的比较劣势。尽管农业生产特别是土地密集型大宗农产品生产高度依赖土地和水资源条件，我国人多地少水缺的资源禀赋决定了

农业生产成本从而农产品价格倒挂具有客观必然性，但通过扩大经营规模降低农业生产成本的潜力仍然较大①。尽管资源禀赋决定了我国农业经营规模特别是土地经营规模不可能达到新大陆国家甚至欧洲国家的数量级，但对促进土地流转集中、发挥适度规模经营在现代农业建设中的引领作用的必要性、紧迫性、可行性要有足够认识。这是应对城乡人口结构变化和农业兼业化、农民老龄化、农村空心化的必然要求，也是控制农产品人工成本过快上涨、增强我国农业基础竞争力的根本出路。

扩大农业经营规模，应由易到难，循序渐进：一是促进农户承包地集中连片。刚开始实行家庭联产承包责任制时，大多数地方将承包地按远近、好坏、水旱进行“肥瘦搭配”，造成农户承包地高度分散。在开展第二轮承包时，大多数地方并没有解决好这个问题。据统计，尽管目前全国户均耕地承包面积仅7.5亩，但户均达到5.7块②。这不仅造成耕作不便，而且过多的田埂造成土地资源浪费。应总结推广湖北省沙洋县的“按户连片耕种”、安徽省怀远县的“一户一块田”经验，通过完善承包关系解决承包地块细碎化问题。有条件的地方，也可实行“确权确股不确地”“确权确利不确地”，由村组集体统一经营或统一发包给新型经营主体。二是提倡地租隐形化的土地流转方式。靠租赁实现土地规模经营，不仅使地租成本显性化，而且令租地经营者不得不支付越来越高的地租费用。地租率过高是我国农业制度成本高的突出表现，这个问题应引起高度关注，控制乃至降低地租已迫在

① 日本的情况表明，随着农地经营规模扩大，农业生产成本随之下降。1975年，农地经营规模在3公顷以上的平均生产成本与经营规模在0.3公顷以下的平均生产成本的比值为0.9，而到1985年这一比值降为0.58。见[日]速水佑次郎和神门善久（2003，第255页）。

② 在西南丘陵山区，这个问题尤其严重。重庆市潼南县有138.6万亩耕地、194987户农户，承包地被分割为200多万块，平均每户有10多块地，最多的有20多块地。见邓俐（2014）。

眉睫。与转包、出租相比，通过股份合作、托管等方式实现的规模经营，流转双方不必就土地租金讨价还价，尽管存在土地机会成本问题，但可避免人为抬高地租；不必事先支付租金，有利于降低农业生产经营的资金压力。应更多地通过这样的方式实现土地规模经营。三是发展家庭农场和现代农业公司。完善“三权分置”办法，在依法保护集体所有权和农户承包权的前提下，平等保护经营主体依流转合同取得的土地经营权，保障其有稳定的经营预期，令其放心地对土地进行长期投资。把握好维护承包户既得利益与促进农业规模经营的平衡，不宜过分强调承包权的权能。“大地主、小佃农”固然不利于农业生产力的发展，“小地主、大佃农”同样不利于现代农业建设。应拓宽承包权市场化退出的通道，可考虑设立农村土地收储机构，收购全家外出农户的承包地、宅基地，经过整治、重划后成规模地出租或出让，资金来自政策性银行的长期贷款或发行土地整治债券。

在我国这种资源禀赋下，挖掘规模效应的另一条途径，是发展农业作业外包市场。比如，发展农机专业户、农机合作社，为其他普通农户乃至家庭农场、土地股份合作社等新型经营主体提供耕、种、收、烘干等作业服务，可以大幅度提高农机装备的利用率；发展农作物病虫害专业化机械化统防统治，可以提高防治效果、实现农药减量。但要注意的是，虽然推进服务规模化有必要、有潜力，却不能替代土地的流转集中和经营规模的扩大，不能成为拖延土地流转集中的理由（何秀荣，2016）。

（三）加强一般服务，提高政策竞争力

在削减价格支持、让市场机制发挥更大作用的国际潮流下，发达

国家增强农业竞争力的普遍做法，是加强对农业一般服务的支持[①]。一般服务中的大部分措施，有降低农业生产者成本开支的溢出效应。例如，政府出资改良土壤、兴修水利、创新科技、培训技术，可以使农业生产者在同等支出下获得更大产出或以更少支出获得同等产出，从而相应降低单位产品成本[②]。这个领域的竞争，实质上是农业政策和国家财力的竞争。

我国在这个领域的竞争潜力还很大[③]，应采取措施逐步释放出来。一是支持农田基本建设。按规划继续推进高标准农田建设，将晒场、烘干等配套设施纳入建设范围。在我国不少地区，特别是丘陵山区，地形破碎，地块普遍不大，不利于农田灌溉和机械化作业。近年来，广西壮族自治区龙州县等地探索出的“小块并大块”土地整治模式，促进了当地农业规模经营的发展。在全国高标准基本农田建设中，应把扩大单幅地块面积、减少地块数量作为重要目标。二是支持农业节水。与雨养农业不同，灌溉对我国大部分地区农业至关重要。在继续增加有效灌溉面积的同时，应把节水放在突出位置。这不仅是节约水资源，也是节约成本支出。坚持工程、技术、制度措施一起抓，集中建成一批高效节水灌溉工程，大力普及喷灌、滴灌等节水灌溉技术，通过水价和水权制度改革促进节水。三是支持农业科技研发与推广。我国农业科技进步贡献率仅为56%，比发达国家低20个百分点。虽

---

① “一般服务支持”是OECD的农业政策分类，其大部分内容属于WTO口径的绿箱政策，如基础设施建设和维护、科技研发和培训、市场推广等。2013年12月达成的WTO《巴厘一揽子协定》中新增的“农业综合服务”为“绿箱”政策，主要包括：土地条件改善、涵养水土和资源管理、旱涝防控、农业劳动力计划、资产权利保险、农民定居计划，见朱晶、晋乐（2016）。

② 朱晶、晋乐（2016）利用我国数据的研究表明，基础设施能够降低粮食生产成本，提高产品国际竞争力。农田水利设施、道路建设主要节约劳动与物质资料投入，电力设施主要节约资本投入。

③ 除“一般服务支持”外，按WTO口径，我国非特定产品黄箱政策空间还很大，逐步将农机具购置等投入品补贴的剩余空间利用起来，也是降低农业生产成本、提高农业竞争力的重要途径。

然农业科技投资回报率高，但外部性强。在我国农业科技研发和推广中，既要发挥企业的主体作用，也要发挥政府的支持和引导作用。应围绕提高农业竞争力，调整农业科技创新方向和重点，突出优质专用品种和节本降耗、循环利用技术。四是支持农业机械化。在技术层面，支持研发适宜丘陵山区、设施农业、畜禽水产养殖的农机装备，支持适宜机械化生产的新品种选育。在应用层面，加大属于非特定产品黄箱范畴的农机具购置补贴力度，将粮食烘干等产地初加工设备纳入补贴范围，扶持发展农机合作社。

（四）促进利益联结，提高产业链竞争力

我国农业与国外农业的竞争，不仅仅是我国农户与国外农场之间的竞争，很大程度上是包括农户或农场在内的产业链之间的竞争。国外农产品往往通过大型跨国企业，有组织地进入我国市场。这些大型跨国企业背后，有一个完整的、具有竞争力的产业链。产业链的竞争力，来自大型跨国企业对市场信息的掌控能力和对市场风险的管理能力，来自大型跨国企业为农场主提供从种子到销售的一揽子服务从而降低农场生产成本的能力，来自以大型跨国企业为支撑的行业协会在品牌培育、市场推广、政策游说等方面的能力，甚至来自合作社对原料农产品加工增值和对农场主二次返利的能力。

近年来，在我国农业产业化经营的发展过程中，一些地方在延长农业产业链、重构农业价值链方面进行了积极探索，积累了一些经验。但总体而言，农业产业链条短、农产品加工业与农业产值比偏低、农民参与和分享的机制不顺畅，仍是我国多数地区农业的软肋。应在总结借鉴国外农业产业链和我国部分地区农业产业化经验的基

础上[①]，采取措施全面提升我国农业产业链竞争力：一是优化农业区域布局，奠定产业链竞争的前提。提高产业链竞争力，需要以建设规模化生产基地、发挥产业规模效益为前提。应尽快在全国范围内划定粮食生产功能区、重要农产品生产保护区和特色农产品优势区，按区域配置支持农业发展的公共资源，按产品建立生产、储藏、加工一体化的产业技术体系。二是培育农业龙头企业，构建产业链竞争的核心。在农业产业链中，需要发挥龙头企业对农户的服务作用、对市场的开拓作用、对新技术的研发作用。产业链竞争力强弱，很大程度上取决于龙头企业能否发挥这些作用。在“生产基地 + 中央厨房 + 餐饮门店”“生产基地 + 加工企业 + 商超销售”等产业链模式中，龙头企业均处于核心位置。应鼓励和引导工商资本进入农业，发展适合企业化经营的现代种养业和农产品加工业，通过产业链带动基地和农户。三是完善利益联结机制，巩固产业链竞争的基础。按照有利于农民分享增值收益的方向，完善农业产业链与农民的利益联结机制，支持农业产业化龙头企业建设稳定的原料生产基地、为农户提供贷款担保和资助订单农户参加农业保险，支持合作社发展农产品加工流通和直供直销，引导农户自愿以土地经营权等入股龙头企业和合作社。

（五）保障质量安全，提高品质竞争力

在国际农产品市场上，价格并不是决定贸易行为的唯一因素，常常存在不同国家间的价差足以覆盖贸易成本但贸易量并不大的现象。

① 近年来，山东省一些地方在以前的农业产业化经营的基础上，探索“三产融合”新模式，通过“全环节升级”和“全链条升值”，进一步增强了农业竞争力，见中央农办调研组（2016）。安徽省一些地方发展现代农业产业化联合体，通过“农业企业+合作社+家庭农场”的运行模式，形成从农资到耕作到购销、用服务和利益联结起来的产业链，提高了农业竞争力，见中央农办调研组（2017）。

其中的一个重要原因，是进口国的消费者愿意付更高的价格购买本国农产品，这种支付意愿建立在对本国农产品品质更为信任的基础上。可以将这种现象称作“偏好溢价”或“信任溢价”。从表8可以看出，日本部分食用农产品仍保持较高自给率。根据OECD（2016）的监测数据，2013～2015年平均，日本农产品国内生产者价格是边境价格的1.79倍，国内农业总产出价值是出口价值的1.94倍；国内消费者平均额外净支出4.9万亿日元，其中70%转移给了农业生产者，30%转移给了其他环节。剔除国内价格支持和关税因素，日本农产品国内生产者价格仍可以大大高于边境价格，个中奥妙正在于日本消费者对国内农产品特别是蔬菜、乳品、肉类、鱼类的信任度更高，愿意支付“信任溢价”[①]。随着收入水平的提高和健康意识的增强，消费者对“信任溢价”的承受能力也会逐步提高。即便在美国和欧盟，部分消费者也愿意为有机农产品、农夫集市上出售的地产地销农产品付更高价格。

表8　日本主要食用农产品自给率（%）

	1960	1970	1980	1990	2000	2010
大米	101.9	106.2	87	100.1	96.9	94.9
小麦	38.6	9.1	9.6	15.2	10.9	8.9
玉米	7.1	0.6	0	0	0	0
大麦	107.5	34	14.9	13.2	8.1	7.7
大豆	27.6	3.8	4	4.6	4.7	6.1
原糖	0.4	3	11.4	11.9	9.6	11.4
肉	93.4	89.3	80.4	69.5	52.5	55.7

① 日本国产食品价格远高于进口食品价格，但选择国产食品的日本人依然占多数。据2010年7月日本经济产业省发布的2010年度网络购物市场调查结果，75%的日本人倾向于购买国产食品。日本人对国产食品的印象是：69%的人认为价格高，63%的人认为安全，55%的人认为好吃；对进口食品的印象是：68%的人认为便宜，只有1.5%的人认为安全、3.2%的人认为好吃。日本人对国产食品如此信任的主要原因，是日本在农业生产阶段积极推进良好农业规范（GAP），提高消费者对农产品生产过程的信任度。见杨东群（2014）。

续表

	1960	1970	1980	1990	2000	2010
乳品	89.1	89.4	81.8	77.5	68.4	67.1
植物油	100.7	98.9	84.4	79.9	77.1	5.9
蔬菜		100（1965）	97	90		76（2011）
水果		86（1965）	74	58		33（2011）

赢得消费者信任，让其愿意以更高价格消费国内农产品，是提高我国农业竞争力的必由之路。提高这种“信任溢价”任重道远[①]，应朝着这个方向努力。一是发挥标准的倒逼作用。只有高标准，才有高品质。长期以来，我国农产品质量标准低于国外水平、内销农产品质量标准低于出口农产品，形成“两个市场、两个标准”的诡异局面。应尽快做到“两个市场、一个标准”，乃至像欧盟一样内销标准高于出口标准。对我国农业生产适应高标准的能力要有足够估计[②]。应坚持质量兴农，突出优质、安全、绿色导向，加快实施农业标准化战略，促进农产品质量与食品安全标准与主要农产品出口国水平接轨，乃至高于出口国水平[③]。同时，要严格执行标准，加强产地环境保护和源头治理。二是发挥品牌和认证的增信作用。提高信息对称程度，是增强消费者信任的重要途径。品牌和认证可以降低消费者的信息搜寻成

① 受“三聚氰胺事件”的影响，消费者对国产奶粉的信任度急剧下降。尽管近年来国产奶粉的质量安全水平有了大幅度提高，但国内消费者仍愿意以更高价格购买进口奶粉。主要原因已不在品质差异，而在于信任度差异。2017年3月5日，农业部部长韩长赋在人民大会堂“部长通道”上对媒体说，我国奶业已发生脱胎换骨的变化，相信有一天外国人到中国旅游时也会买中国奶粉。

② 日本2003年出台、2006年开始实施的“肯定列表制度”（Positive List System），全称“食品中残留农业化学品肯定列表制度”，是日本为加强食品中农业化学品（包括农药、兽药和饲料添加剂）残留管理而制定的一项新制度。“肯定列表制度”对食品中农业化学品残留限量的要求更加全面、系统、严格。2006年日本实施“肯定列表制度”后，起初对我国蔬菜出口日本带来严重影响，但我国农业生产环节快速作出反应，严格执行日本质量标准，后来反而增加了对日蔬菜出口。

③ 最终的局面势必是“富人吃国产农产品、穷人吃进口农产品”。

本，增强消费者认知度。鉴于农产品品牌具有较强的外部性，应推进区域农产品公用品牌建设，以优势企业和行业协会为依托打造区域特色品牌。加快提升国内绿色、有机农产品认证的权威性和影响力。三是发挥新主体、新业态的引领作用。支持新型农业经营主体率先实行农业良好生产规范、生产记录台账制度，申请“三品一标”认证。利用大数据、互联网增强消费者信任度，建立全程可追溯、互联共享的追溯监管综合服务平台。

（六）拓展农业内涵，提高功能竞争力

农业不仅具有生产物质产品的传统功能，而且具有休闲观光、生态涵养、文化传承等多种功能。农业提供的物质产品，多数均质化程度较高、便于储藏和运输[①]，国家间可移动、可贸易，决定竞争力大小的主要是价格和品质。而农业提供的休闲观光、生态涵养、文化传承等功能，均质化程度低，不能空间上移动，不能跨境贸易，决定竞争力大小的主要是地域、文化和民族特色。在产品功能的基础上附着休闲观光、生态涵养、文化传承等功能，把产品的竞争拓展为多种功能的竞争，是人多地少国家工业化城镇化发展到一定阶段后，增强农业竞争力的必由之路。

我国通过发挥多种功能增强农业竞争力的拐点已经来临。随着收入水平的提高，已经有部分城乡居民具备了为休闲观光、生态产品付费的能力。随着健康意识的增强，生态产品的相对稀缺性和相对价值上升，已经有部分城乡居民愿意为生态产品及生态优良地区生产的农产品支付更高价格。随着家用汽车的普及、道路条件的改善、互联网

① 随着冷链物流的发展，即便是生鲜食品也可以长距离运输。

信息的畅通和城乡基本公共服务均等化的推进，城镇居民到农村消费农业的休闲观光、生态涵养等功能的条件逐步便利化。应因势利导，进一步培育和开发农业的多种功能，促进绿水青山变金山银山：一是积极探索务实管用的新业态。四川省广安市探索出的“园区变景区、产品变礼品、农房变客房”模式表明，农业的休闲观光功能需要通过合适的业态才能得到释放。应鼓励各地以特色产业为基础，建设农业文化旅游“三位一体”、生产生活生态“三生同步”、一产二产三产“三产融合”的特色村镇、田园综合体。应鼓励农村集体经济组织创办乡村旅游合作社，或与社会资本联办乡村旅游企业。新业态需要新主体，应支持进城农民工返乡，鼓励高校毕业生、企业主、农业科技人员等各类人才回乡下乡，创办农旅结合的经济实体。二是切实解决好配套设施用地。发展休闲观光农业，除了需要促进农用地流转集中、保障新型经营主体农业生产用地外，还需要保障住宿、餐饮、停车等配套设施用地。各地在分配年度新增建设用地计划指标时，应将一定比例用于支持休闲观光农业等农村新产业新业态的发展。推进农村宅基地制度改革，探索以出租、合作等方式盘活利用空闲农房及宅基地；允许通过村庄整治、宅基地整理等节约的建设用地采取入股、联营等方式，重点支持乡村休闲旅游养老等产业和农村三产融合发展。三是建立健全农业生态效益补偿机制。水田就是湿地，庄稼地就是绿地。在城市周边划定永久基本农田，既是保护耕地的需要，也是改善城市生态环境的需要。应借鉴上海、苏州等地经验，实行基本农田生态补偿①，使农民在获得农业物质产品收益的同时获得农业生态产品收益。

---

①　成都、广州等地实行基本农田保护补贴，对承担基本农田保护任务的农户和单位每年每亩发放一定金额的补贴。这种补贴，实质上是对这些基本农田失去非农产业发展机会的一种补偿，即发展权补偿，而非对这些基本农田提供的生态效益进行补偿。

四、实施竞争力导向农业支持政策应处理好三个关系

从增产导向到竞争力导向，是我国农业支持政策的一次重大转型。这次转型发端于2014年，主要标志是棉花和大豆实行目标价格补贴改革试点、油菜籽和食糖不再实行托市收购。随后，玉米收储制度和“三项补贴”制度进行了重大改革，稻谷和小麦最低收购价政策进行了微调，三产融合、“三变”改革、“三权分置”等新思路新举措陆续推出。可以预期，为增强农业竞争力，我国农业支持政策还将继续转型。这次转型范围广、触动深，在推进过程中应处理好以下关系。

一是快与慢。面对农业存在的突出问题，的确应该增强危机感紧迫感，尽快采取措施加以解决。但农业支持政策的主要受体是广大农户，而农户对政策调整的适应能力有限，这要求农业政策调整采取渐进式策略。从美国近20年的农业政策转型来看，经历过把扭曲生产的市场价格支持调整为与当期生产脱钩的收入保障、再调整为市场化程度更高的风险管理的过程，以使农业支持政策转型更加顺畅。欧盟近20年的农业支持政策转型也是逐步过渡，而非一步到位（于晓华等，2017）。与美国、欧盟相比，我国农户经济实力更小、更脆弱，农业支持政策调整更应该循序渐进，避免造成农民收入断崖式下降。从政策工具看，应该先从实际效果差、受WTO规则约束大的政策改起，再逐步推向其他政策工具。从品种看，应该先从价格倒挂程度高、库存压力大的品种改起，再逐步推向其他品种。从区域看，应该先从农民收入水平较高、结构调整空间较大的地区改起，再逐步推向其他地区。

二是主与辅。农业的首要任务是为社会提供物质产品。提高农业竞争力，要把降低农产品生产成本、提高农产品生产效率作为主要任

务。这始终应当是农业支持政策的重点。但受人多地少资源禀赋的影响，拼成本、拼价格式竞争终究不是我国农业优势所在，拼品质、拼功能式竞争才能一展我国农业所长。关键在于把两者有机结合起来。休闲观光、生态涵养、文化传承等是农业的辅助功能，功能溢价的基础是农业物质产品。既要看到发挥辅助功能的重要性，又不能以牺牲提供物质产品功能为代价。要严守耕地保护红线，在优化和巩固农业物质产品生产能力的基础上，培育和释放非物质产品供给能力，实现主功能与辅功能的叠加。

三是内与外。在构建开放型经济新体制和价格倒挂常态化的时代背景下，无论口粮、谷物还是其他农产品，自给率取决于三个因素：边境防火墙、产品可贸易性和消费者选择。我国农产品贸易的边境防火墙很矮，农产品平均关税仅15%，仅为世界平均水平的1/4，实行关税配额管理的农产品配额外最高关税也只有65%①，在今后多边或双边贸易谈判中农产品贸易的边境防火墙还会承受进一步下降的压力②。我国缺乏比较优势的农产品，恰恰是可贸易性强的谷物、棉花等大宗产品。蔬菜、水果、肉蛋奶等农产品尚可寄希望于消费者愿意花更高的价格购买国产农产品，粮食、棉花等大宗农产品就很难如此了。因此，提高我国农业竞争力，需要有国际视野，推行比较优势战略，不能关起门来调结构、转方式。要摒弃各种农产品都要“自给”的传统观念，对由市场竞争决定的部分农产品自给率的下降要有足够的容忍度。要围绕“自立”，统筹利用国内外两个市场两种资源，科学确

① 日本大米配额外关税从量计征为341日元/公斤（折从价计征最高时为778%），韩国大米配额外进口关税化后为513%。

② 近年来，根据双边自贸协定，我国对东盟、澳大利亚、新西兰等自贸区国家给予国别配额关税的优惠，从东盟进口的部分大米品种配额外关税已由65%降至20%，对新西兰、澳大利亚的羊毛给予国别配额、国别配额内享受零关税，关税配额管理制度的边境防护作用进一步降低。

定主要农产品自给水平①，合理安排农业产业发展优先序。要围绕“自主”，优化重要农产品进口的全球布局，推进进口来源多元化，积极开展境外农业合作开发，建立规模化海外生产加工储运基地，培育有国际竞争力的农业跨国公司。

执笔人：叶兴庆

参考文献

[1] 安琪，朱晶，林大燕. 日本粮食安全政策的历史演变及其启示.世界农业，2017（2）.

[2] 陈文胜. 农业供给侧结构性改革：中国农业发展的战略转型.求是，2017（3）.

[3] 陈锡文. 加快推进农业供给侧结构性改革，促进我国农业转型升级. 农村工作通讯，2016a（24）.

[4] 陈锡文. 完善农业政策，推进结构改革. 中国经济报告，2016b（12）.

[5] 程郁，叶兴庆. 借鉴国际经验改革我国农业支持政策. 国务院发展研究中心《调查研究报告，2016，第140号（总5023号）.

[6] 邓俐. 承包地碎片化阻碍农村土地流转. 农民日报，2014-4-14.

[7] 方言. 农业支持政策体系亟待“升级版”. 财经，2016（35）.

[8] 冯利臣. 透视玉米定价逻辑. 农经，2016（8）.

[9] 韩俊. 新形势下推进农业转型发展的若干思考. 中国经济报告，2016（12）.

[10] 何秀荣. 关于我国农业规模经营的思考. 农业经济问题，2016（9）.

[11] 齐驰名. 内外价差扩大，小麦出现配额外进口. 粮油市场报，2016-12-17.

[12] 全世文，于晓华. 中国农业政策体系及其国际竞争力. 改革，2016（11）.

[13] 刘超，朱满德，徐雪高. 美国农业国内支持与WTO规则一致性分析. 世界农业，2017（1）.

[14] 杨东群. 日本农业标准化促进农产品竞争力研究——以良好农业规范（GAP）为例.现代日本

① 保障国家粮食安全是增产导向农业支持政策体系的核心目标。对我国这样一个人口体量大、饥饿记忆深的国家而言，即便在新的竞争力导向农业支持政策体系中，也需要继续坚守国家粮食安全的目标。但需要树立新的粮食安全观。2013年中央经济工作会议提出的新国家粮食安全观，首次把“适度进口”作为保障国家粮食安全的支柱之一，并把传统的“粮食”收缩为“谷物”。2016年国务院印发的《全国农业现代化规划（2016-2020年）》，放弃了玉米100%自给率指标，虽然仍要求2020年稻谷和小麦自给率为100%，但对自给率做出了新的释义，即国内生产能力满足需求的程度。

经济，2014（4）.

[15] 叶兴庆. 建立竞争力导向的农业政策体系. 当代农村财经，2015（7）.

[16] 叶兴庆. 演进轨迹、困境摆脱与转变我国农业发展方式的政策选择. 改革，2016（6）.

[17] 于晓华，武宗励，周洁红. 欧盟农业改革对中国的启示：国际粮食价格长期波动和国内农业补贴政策的关系. 未发表的研究报告，2017.

[18] 中央农办调研组. 破解农民增收难题的“金钥匙”——山东农村新产业新业态发展的调研与思考. 农民日报，2016-8-30.

[19] 中央农办调研组. 创新现代农业经营体系的生动实践——安徽现代农业产业化联合体调研. 农民日报，2017-1-17.

[20] 周其仁. 体制成本降中国经济才能涨，http：//mt.sohu.com/business/d20170119/124756233_509997.shtml，2017-1-19.

[21] 朱晶，晋乐. 农业基础设施与粮食生产成本的关联度. 改革，2016（11）.

[22] [美]哈罗德·詹姆斯. 劳动力流动再思考. 第一财经日报，2017-1-12（A11）.

[23] [日]速水佑次郎和神门善久著. 农业经济论（新版）. 沈金虎等译. 北京：中国农业出版社，2003.

[24] OECD，2016：Agricultural Policy Monitoring and Evaluation 2016，OECD Publishing，Paris.

专题一

提升我国农业基础竞争力研究
——中美农业成本、效率、竞争力对比与建议

农业基础竞争力指农业自然资源禀赋、劳动力资源、技术水平等基础性发展条件所决定的农业竞争力，农业基础竞争力主要体现在农业成本与生产效率上，农业基础竞争力的高低主要取决于土地等农业自然资源、农业劳动力资源、农业机械水平、农业科学技术水平这四个主要方面。美国是世界上现代农业的代表，农业综合竞争力最强，本研究将对比中国与美国农业成本、效率和竞争力，分析中国农业基础竞争力较弱的根源，从农业基础竞争力的四个方面提出提升中国农业基础竞争力的建议。

一、中国农业生产成本全面高于美国，农业基础竞争力不足

新世纪以来，中国农业逐步迈入“高成本”时代。从长期趋势看，随着农资产品价格的不断攀高，农村劳动力逐渐向外转移及劳动力成本的升高，农地流转面积增加及农地租金的上升，“高成本农业”将愈发明显。2001 ~ 2015 年，稻谷、小麦、玉米三种主要粮食每亩平

均总成本由 350.61 元上升到 1090.04 元，增长了 210.90%，比产值增长率 184.48% 高出 26.42 个百分点，而同期净利润却下降了 19.88 元，成本上升的速度超过产值增加速度，直接压缩了粮食生产的利润空间，降低了国际竞争力。

国际视角的比较会更加直观地看出中国农业成本与国际竞争力情况。美国是世界第一农业大国与农业强国，也是世界发达、现代农业的代表。通过中美亩均农业成本对比发现，中国农业生产成本全面高于美国，表明中国农业生产效率与基础竞争力逊于美国农业。农业成本中，中国农业人工成本远高于美国，表明中国劳动生产率远低于美国；中国土地成本也比美国高，而物质与服务费用低于美国，这显示美国农业生产更多倚重物质投入、农机装备、技术服务等。

（一）中国三大主粮亩均成本都明显高于美国，玉米、小麦、水稻分别高出56%、210%、21%，特别是人工成本远高于美国，但美国玉米、水稻亩产却分别比中国高43%、19%，中国小麦亩产比美国高出134%

2015 年，中国玉米、稻谷、小麦三种主粮亩均总成本为 1083.72 元、1202.12 元、984.30 元，分别比美国亩均总成本 694.43 元、994.99 元、317.09 元多 389.29 元、207.13 元、667.21 元，分别高出 56.05%、20.82%、210.42%，表明中国粮食生产成本远高于美国，生产效率低于美国。而美国玉米、稻谷亩产为 698.81 公斤、605.28 公斤，分别比中国亩产 488.81 公斤、492.64 公斤多 210 公斤、112.64 公斤，高出 42.96%、18.61%，表明中国玉米、稻谷土地生产率与美国有较大差距。中国小麦亩产为 420.79 公斤，比美国亩产 179.80 公斤多 240.99 公斤，高出 134.03%，表明中国小麦土地生产率较高，但其幅度比总成本少

76.39%。

表1　　2015年中美三大主粮亩均成本收益比较

	玉米		小麦		水稻	
	中国	美国	中国	美国	中国	美国
主产品产量（kg）	488.81	698.81	420.79	179.80	492.64	605.28
产值合计（元）	949.54	628.77	1001.71	220.37	1377.52	1107.36
总成本（元）	1083.72	694.43	984.3	317.09	1202.12	994.99
物质与服务费用（元）	376.22	480.86	420.23	228.32	478.69	735.43
人工成本（元）	468.72	29.70	364.39	21.03	508.59	99.56
土地成本（元）	238.78	183.87	199.68	67.74	214.84	160.00
净利润（元）	−134.18	−65.67	17.41	−96.72	175.40	112.37
现金成本（元）	426.59	484.24	458.82	230.66	593.38	764.04
现金收益（元）	522.95	144.53	542.89	−10.29	784.14	343.32
每50公斤主产品						
平均出售价格（元）	94.23	44.89	116.43	58.60	138.02	91.47
总成本（元）	107.55	49.69	114.41	88.18	120.45	82.19
现金成本（元）	42.33	34.65	53.33	64.15	98.92	63.11

注：中国农作物成本收益统计口径中，农作物亩均总成本=物质与服务费用+人工成本+土地成本，其中人工成本=家庭用工成本+雇工费用，土地成本=流转地租金+自营地折租。为便于对比分析，美国农作物成本收益统计口径中，人工成本=雇工费用+家庭劳动机会成本，土地成本=土地机会成本，其他成本统一归为物质与服务费用。汇率以每年平均汇率为准进行折算。以下表同此说明。

数据来源：历年《全国农产品成本收益资料汇编》。

中国三种主粮亩均成本比美国高的主要原因是人工成本，中国玉米、稻谷、小麦亩均人工成本为468.72元、508.59元、364.39元，分别比美国的29.70元、99.56元、21.03元多439.02元、409.03元、343.36元，分别比美国多15.78倍、4.11倍、16.33倍，表明中国劳动生产率远远低于美国，与中国粮食作物农业机械化程度相对低的事实相契合。美国农业无论是机械化作业覆盖面还是机械化水平都高于中国，处于世界领先水平，劳动生产率因此也远高于中国。中国玉米收获在不少地方都还是人工收获，美国玉米收获机械化程度远高于中国，劳动生产率因此远高于中国。

次要原因是土地成本，中国玉米、稻谷、小麦亩均土地成本为238.78元、214.84元、199.68元，分别比美国的183.78元、160.00元、67.74元多54.91元、54.84元、131.94元，高出29.86%、34.28%、194.77%。

物质与服务费用包括种子、肥料、农药、农机作业、燃料、修理、灌溉、固定资产折旧、管理等方面的费用。中国玉米与稻谷的亩均物质与服务费用为376.22元、478.69元，低于美国的480.86元、735.43元各104.64元、256.74元。中国小麦亩均物质与服务费用420.23元，比美国的228.32元多191.91元。这显示，在玉米、稻谷亩均物质与服务投入上，中国不及美国，也即美国玉米与稻谷的物质化、服务化成本高于中国，而中国小麦亩均物质与服务投入高于美国。

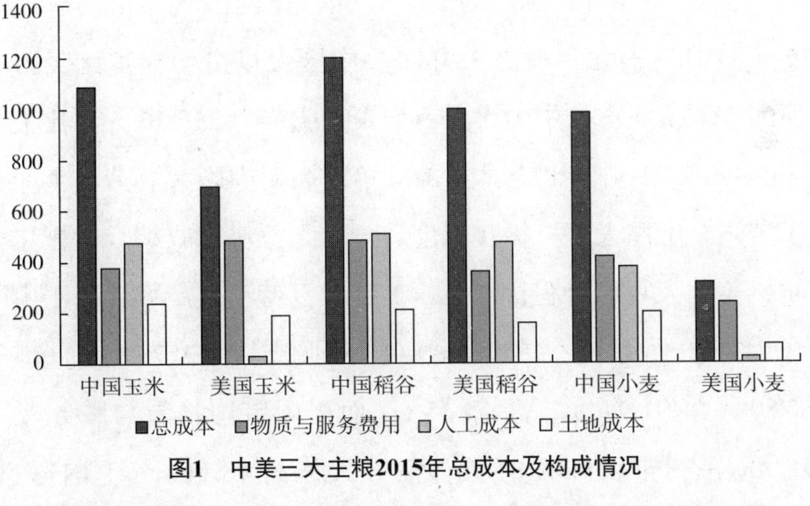

图1　中美三大主粮2015年总成本及构成情况

中国粮食成本高导致粮价高，同时，中国对主要粮食品种实行政策性保护价收购，导致中国粮食价格明显高于美国，这是中国粮食竞争力不足的重要体现。2015年，中国每50公斤玉米、稻谷、小麦平均出售价格分别为94.23元、138.02元、116.43元，比美国的44.89元、

91.47 元、58.60 元多 49.34 元、46.55 元、57.83 元，高出 109.91%、50.89%、98.69%。这导致中国三大粮食作物亩均产值都高于美国，稻谷、小麦的净利润高于美国。

通过对 2015 年中美三大主粮的成本收益对比分析，可以得出中国玉米、小麦和水稻的成本高于美国，成本高导致价格高，价格高从而在国际市场上缺乏竞争力。

（二）中国大豆成本比美国高38%，而美国大豆亩产却比中国高出36%；中国棉花亩均成本是美国的3.2倍，亩均产量仅高出75%

2015 年，美国大豆亩产 214.30 公斤，比中国亩产 138.35 公斤多 75.95 公斤，高出 35.44%，表明中国大豆土地生产率与美国有不小差距。而中国大豆亩均总成本为 674.71 元，比美国大豆亩均总成本的 487.35 元多 187.36 元，高出 38.44%。中国大豆亩均成本比美国高的主要原因是人工成本，中国大豆亩均人工成本为 215.16 元，比美国的 22.64 元多 192.52 元，比美国多 8.50 倍，表明中国大豆劳动生产率远远低于美国。中国大豆机械化程度较低，大豆耕种收综合机械化率为 65.85%，美国大豆已全程机械化，美国大豆劳动生产率远高于中国。次要原因是土地成本，中国大豆亩均土地成本为 257.74 元，比美国的 165.80 元多 91.94 元，高 55.45%。而美国亩均物质与服务费用为 298.91 元，比中国的 201.81 元多 97.1 元，高 48.11%。中国每 50 公斤大豆平均出售价格为 198.12 元，比美国的 97.7 元多 100.42 元，高 102.78%，显示中国大豆与美国大豆相比明显缺乏价格优势与竞争力。

2015 年，中国棉花亩均总成本为 2288.44 元，比美国棉花亩均总成本的 708.85 元多 1579.59 元，高出 222.84%，表明中国棉花成本远高于美国。而中国棉花亩产为92.82公斤，比美国亩产的52.03公斤多39.79公斤，仅高出75.03%，表明中国棉花的土地生产率较高。中国棉花亩均成本比美国高的最主要原因是人工成本，中国棉花亩均人工成本为1387.75元，比美国的47.47元多1340.28元，比美国多28.23倍，表明中国棉花劳动生产率远远低于美国。美国棉花收获已全面机械化，中国棉花收获机械化水平只有18.81%，劳动生产率远低于美国。其次原因是土地成本，中国棉花亩均土地成本为280.29元，比美国的93.27元多187.02元，高200.51%。中国每50公斤棉花平均出售价格为595.15元，比美国的411.67元多183.48元，高44.57%。成本高导致价格高，在国际市场上没有竞争力。

表2　　2015年中美大豆、棉花亩均成本收益比较

	大豆		棉花	
	中国	美国	中国	美国
主产品产量（kg）	138.35	214.30	92.82	53.03
产值合计（元）	559.62	418.75	1366.89	566.11
总成本（元）	674.71	487.35	2288.44	708.85
物质与服务费用（元）	201.81	298.91	620.40	568.11
人工成本（元）	215.16	22.64	1387.75	47.47
土地成本（元）	257.74	165.80	280.29	93.27
净利润（元）	−115.09	−68.59	−921.55	−142.75
现金成本（元）	294.55	302.26	872.95	584.64
现金收益（元）	265.07	116.49	493.94	−18.54
每50公斤主产品				
平均出售价格（元）	198.12	97.70	595.15	411.67
总成本（元）	238.86	113.71	996.40	668.37
现金成本（元）	147.62	70.52	874.36	551.25

数据来源：同本章表1。

二、中美农业成本变动趋势与构成变化分析

（一）21世纪以来，中国农业成本全面、持续上升，部分品种成本由原先低于美国到近年来反超美国并拉大差距，反映中国农业生产效率和竞争力相对下降，同期，农产品进口量增加

21世纪以及自中国加入世界贸易组织以来，中国玉米、小麦、稻谷等粮食作物亩均总成本呈现出快速上升的趋势，中国成本优势逐步丧失，中国农产品成本逐步全面、大幅超越美国，导致竞争力下降，来自美国及世界农产品进口逐步增加。

表3　2001～2015年中国主要农产品进口量情况　单位：万吨

年份	小麦		玉米		稻谷		大豆	
	从世界进口量	从美国进口量	从世界进口量	从美国进口量	从世界进口量	从美国进口量	从世界进口量	从美国进口量
2001	69.01	22.57	3.61	0.01	26.91	0.017217	1393.95	572.64
2002	60.46	16.17	0.63	0.00	23.62	0.000012	1131.44	461.84
2003	42.42	21.33	0.01	0.00	25.70	0	2074.10	829.31
2004	723.29	281.25	0.24	0.05	75.65	0.02105	2023.00	1019.78
2005	351.01	49.03	0.40	0.07	51.42	0.004821	2659.00	1104.79
2006	58.41	18.80	6.52	5.90	71.90	0.000182	2823.69	988.35
2007	8.34	1.62	3.52	0.36	47.23	0.010837	3081.66	1156.79
2008	3.19	0.04	4.92	0.49	29.56	0	3743.63	1543.22
2009	89.37	39.58	8.36	0.61	33.75	0	4255.16	2180.92
2010	121.87	12.95	157.24	150.18	36.62	0.043	5479.77	2359.73
2011	124.88	43.49	175.28	168.56	57.84	0.0000005	5245.28	2222.68
2012	368.86	64.51	520.71	511.30	234.46	0.000681	5838.26	2596.92
2013	550.67	382.01	326.49	296.77	224.43	0.000001	6337.79	2223.78
2014	297.12	86.27	259.85	102.71	255.65	0.026	7140.37	3002.96
2015	297.27	60.28	473.00	46.18	335.00	0	8173.87	2841.24

数据来源：联合国商品贸易数据库（https：//comtrade.un.org/data/）。

表4　　2001～2015年中国主要农产品进口额情况　　单位：亿元

年份	小麦		玉米		稻谷		大豆		棉花	
	从世界进口额	从美国进口额	从世界进口额	从美国进口额	从世界进口额	从美国进口额	从世界进口额	从美国进口额	从世界进口额	从美国进口额
2001	10.04	3.47	0.40	0.00	8.18	0.01	232.54	98.99	243.45	3.91
2002	8.50	2.33	0.13	0.00	6.59	0.00	205.50	79.72	275.40	7.69
2003	6.34	3.24	0.03	0.00	7.99	0.00	448.36	183.49	384.84	55.21
2004	135.77	53.65	0.07	0.02	20.82	0.01	577.65	277.18	570.93	146.96
2005	62.42	8.49	0.11	0.03	16.06	0.00	637.08	258.83	579.68	120.92
2006	8.59	2.66	0.95	0.76	23.00	0.00	596.99	216.72	726.18	183.39
2007	1.57	0.36	0.51	0.11	16.55	0.00	872.41	322.08	586.89	122.86
2008	0.51	0.02	0.86	0.21	12.74	0.00	1515.10	586.33	517.06	115.86
2009	13.97	6.21	1.40	0.29	13.76	0.00	1283.36	637.55	422.16	60.16
2010	20.92	2.12	24.86	23.58	17.15	0.01	1698.70	766.88	718.90	138.38
2011	27.00	10.15	37.30	36.10	24.98	0.00	1919.96	812.43	951.39	194.92
2012	69.53	14.74	106.60	104.67	71.05	0.00	2207.92	970.95	1179.28	239.26
2013	115.56	78.26	58.00	52.47	65.15	0.00	2354.00	823.19	1067.03	162.18
2014	59.12	17.44	44.78	18.02	75.49	0.01	2473.45	1003.27	783.58	84.85
2015	55.21	11.53	69.00	7.53	91.71	0.00	2173.41	774.63	638.76	68.74

数据来源：联合国商品贸易数据库（https：//comtrade.un.org/data/），各年数据按照每年美元兑人民币中间价全年的平均值进行换算。

从 2009 年起，中国玉米亩均总成本超过美国，并呈现出逐步扩大的趋势。2015 年中国玉米亩均总成本为 1083.72 元，较 2001 年的 327.88 元增长了 755.84 元，增幅 230.52%，远高于美国玉米亩均总成本的增加比例 49.24%。中国玉米成本优势的丧失很快体现在国际贸易上，2009 年，中国仅进口 8 万吨玉米，但在 2010 年，中国进口玉米大幅增加至 157.24 万吨，其中从美国进口 150.18 万吨，2012 年达到近年峰值，为 520.71 万吨，其中从美国进口 511.30 万吨，此后几年在国内玉米库存高企背景下进口有所下降。

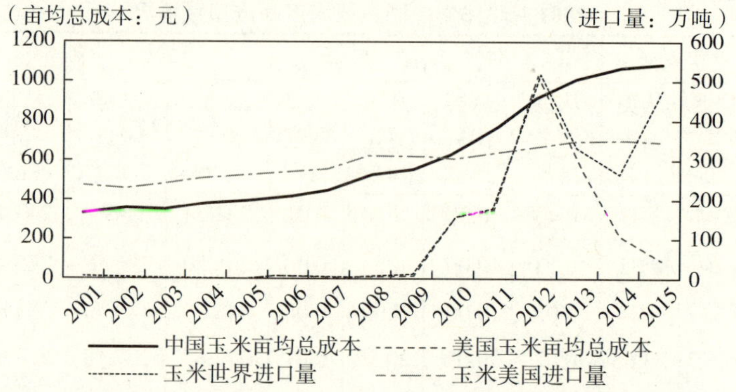

图2 2001～2015年中美玉米亩均总成本和中国玉米进口情况

美国小麦亩均总成本保持稳定，2015 年仅比 2001 年增加 66.37 元，增幅 26.47%。而中国小麦亩均总成本呈现出逐步上升的趋势，2015 年中国小麦亩均总成本为 984.30 元，较 2001 年的 323.64 元增长了 660.66 元，增幅204.13%，远高于美国小麦亩均总成本的增加比例。2012 年以来，中国进口小麦都保持在 300 万吨及以上，进口最高年份是 2013 年，总进口达到 550.67 万吨，其中从美国进口 382.01 万吨。

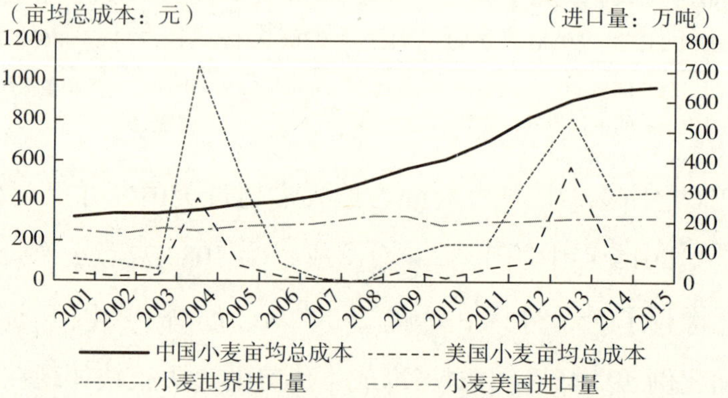

图3 2001～2015年中美小麦亩均总成本和中国小麦进口情况

中国稻谷亩均总成本同样呈现出快速上升的趋势，从 2012 年起，中国稻谷亩均总成本超过美国且差距逐步扩大。2015 年中国稻谷亩均总成本为 1202.12 元，较 2001 年的 400.47 元增长了 801.65 元，增幅 200.18%，远高于美国稻谷亩均总成本的增加比例 22.77%。三种主要粮食作物中，中美稻谷亩均成本差距最小，历年从美国进口稻谷（大米）微乎其微。

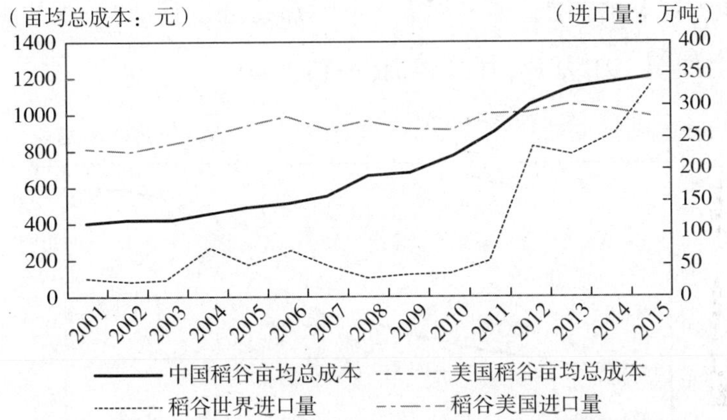

图4　2001～2015年中美稻谷亩均总成本和中国稻谷进口情况

21 世纪以来，中国大豆、棉花亩均总成本也都呈现出快速上升的趋势。从 2010 年起，中国大豆亩均总成本超过了美国亩均总成本，并呈现出逐步扩大的趋势。中国大豆亩均总成本从 2001 年的 217.58 元增加到 2015 年的 674.71 元，增加 210.10%，远高于美国大豆亩均总成本的增加比例 35.29%。中国大豆进口自 2000 年突破 1000 万吨后，逐年攀升至 2015 年的 8169 万吨。

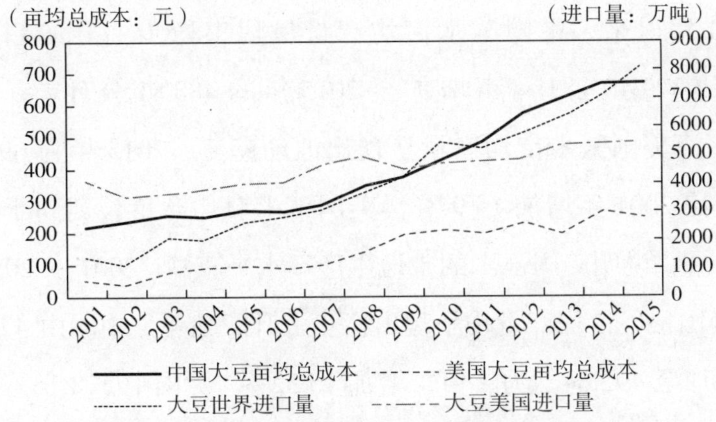

图5　2001～2015年中美大豆亩均总成本和中国大豆进口情况

中国棉花亩均总成本从2001年的638.00元增加到2015年的2288.44元，增长了258.69%。同期，美国棉花亩均总成本基本保持稳定，仅增加了63.11元，增长了9.77%。中国棉花进口在2002年为18万吨，2004年增加至191万吨，此后都在高位波动。

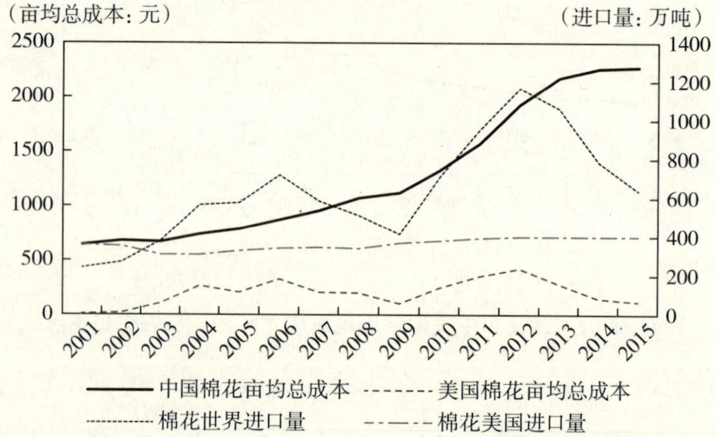

图6　2001～2015年中美棉花亩均总成本和中国棉花进口情况

（二）21世纪以来，除小麦与棉花外，美国玉米、水稻、大豆等多数品种亩均产量高于中国，表明总体上美国土地生产率高于中国

2001年以来，中国玉米亩均产量呈现出稳步上升的趋势，由2001年的379.40公斤/亩增加至2015年的488.81公斤/亩，增加28.84%。而美国玉米亩均产量呈现出波动趋势，2015年为698.81公斤/亩，比2001年增加15.97%。美国玉米亩均产量长期高于中国玉米亩均产量，说明美国玉米的土地生产率水平较高。2001～2015年，中国和美国稻谷亩均产量均呈现出稳步上升的趋势，中国由427.20公斤/亩增加至492.64公斤/亩，增加15.32%，美国由518.15公斤/亩增加至605.28公斤/亩，增加16.82%。美国稻谷亩均产量一直高于

中国 15.90% ~ 30.48%，说明美国稻谷的土地生产率水平较高。

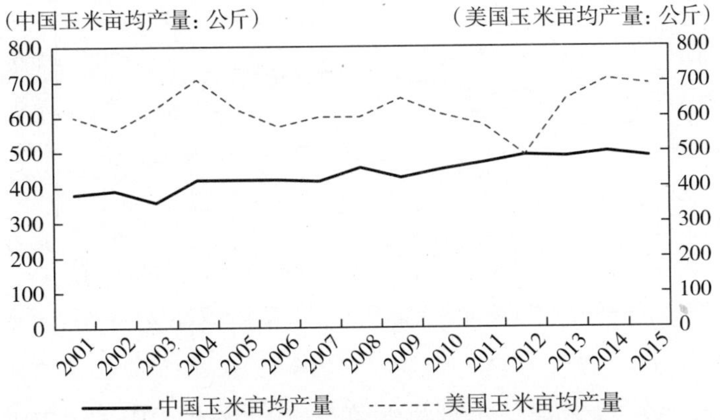

图7　2001 ~ 2015年中美玉米亩均产量情况

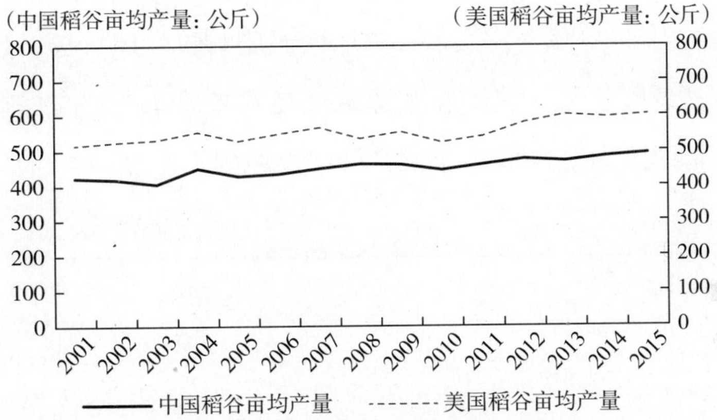

图8　2001 ~ 2015年中美稻谷亩均产量情况

与玉米和稻谷不同，中国小麦亩均产量一直高于美国，小麦土地生产率高于美国。2001 ~ 2015 年，美国小麦亩均产量平稳波动、基本上没有增长，2001 年为 154.69 公斤 / 亩，2015 年为 179.80 公斤 / 亩。而同期中国小麦亩均产量呈现逐步上升的趋势，由 261.40 公斤 / 亩增加至 420.79 公斤 / 亩，涨幅 60.98%。中国小麦亩均产量一直高于美国，说明中国小麦的土地生产率水平较高。

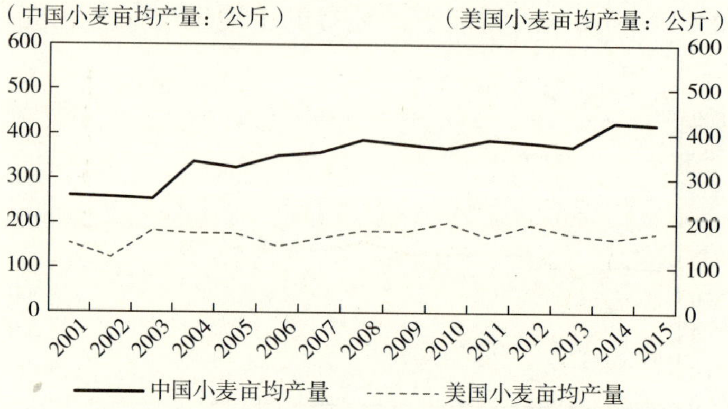

图9 2001～2015年中美小麦亩均产量情况

美国大豆亩均产量、土地生产率长期以来高于中国，2015 年，中国、美国大豆亩均产量分别为 138.35 公斤 / 亩、214.30 公斤 / 亩，美国比中国高出 54.90%，中美较 2001 年分别增加了 16.65%、11.52%。这体现出，近些年来，美国在大豆生产技术与效率上一直保持明显优势，这也是中国大豆进口逐年攀升的深层原因。

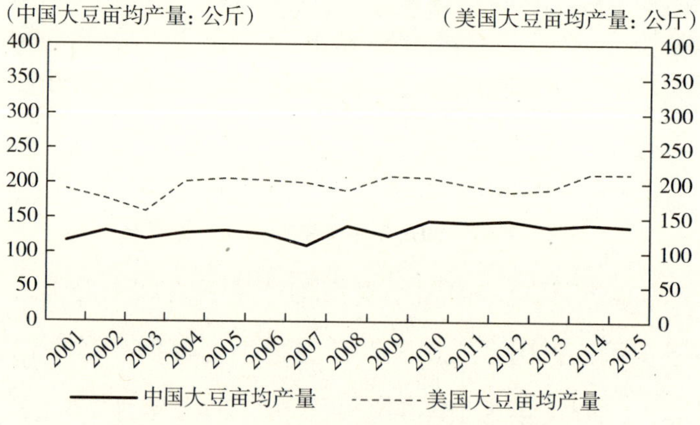

图10 2001～2015年中美大豆亩均产量情况

中国棉花亩均产量、土地生产率一直高于美国，而且中国棉花亩均产量呈现逐步上升的趋势，由 2001 年的 77.90 公斤 / 亩增加至 2015 年的 92.82 公斤 / 亩，美国棉花亩均产量则呈现出波动中上升的趋势，由 2001 年的 47.57 公斤 / 亩增加至 2015 年的 53.03 公斤 / 亩。

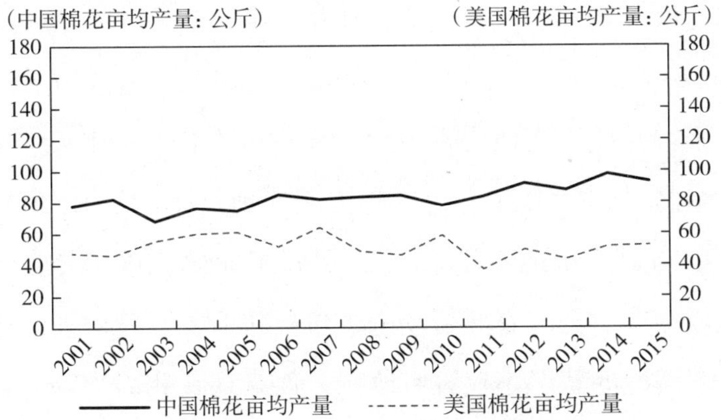

图11 2001～2015年中美棉花亩均产量情况

（三）中国农业成本中，人工成本占比跃至第一，表明劳动生产率相对下降；土地成本占比上升，地租成本提高；物质与服务费用占比下降，表明总体上物质与服务投入相对不足

主要农作物总成本构成中，总的显著趋势是，物质与服务费占比普遍持续下降，人工成本占比显著上升，其中玉米、稻谷、大豆人工成本占比在近几年反超物质与服务费占比，土地成本占比也在持续上升。随着中国劳动力价格不断上涨，2001～2015年，玉米、稻谷、小麦、大豆、棉花亩均总成本分别由327.88元、400.47元、323.64元、217.58元、638.00元增加至1083.72元、1202.12元、984.30元、674.71元、2288.44元，增幅分别为230.52%、200.18%、204.13%、210.10%、258.69%；亩均人工成本分别由131.40元、153.99元、100.78元、78.97元、318.24元增加至468.72元、508.99元、364.39元、215.16元、1387.75元，增幅分别为256.71%、230.27%、261.57%、172.46%、336.07%；玉米、稻谷、小麦、棉花人工成本构成分别由40.08%、38.45%、31.14%、49.88%上升至43.25%、42.31%、37.02%、60.64%，其中，玉米、稻谷的人工成本占比分别于2012年、2013年

超过物质与服务费用占比，成为占比最大的生产成本。大豆人工成本构成由36.29%下降至31.89%，但还是在2014年超过物质与服务费用占比，不过其低于土地成本占比。棉花亩均总成本中人工成本构成一直占比最高且继续上升，2015年占比达到60.64%，比2001年增加10.76%。中国户均耕地不足10亩，尽管工业化、城镇化吸纳大量劳动力，但依然有2亿多农业劳动力（包括兼业）经营农业，中国农业劳动生产率偏低的状况不仅没有改善，而且还在相对下降。这也是中国农业成本与美国相比最显著的不同和最大差距所在。

近些年来，农地要素价格逐步上涨，中国农业土地成本也在逐步走高，2001～2015年，玉米、稻谷、小麦、大豆、棉花亩均土地成本分别从39.12元、48.02元、40.55元、42.71元、63.74元增加至238.78元、214.84元、199.68元、257.74元、280.29元，增幅分别为510.38%、347.40%、392.43%、503.47%、339.74%；构成分别由2001年的11.93%、11.99%、12.53%、19.63%、9.99%上升至2015年的22.03%、17.87%、20.29%、38.20%、12.25%。对于租地经营型农业，土地成本占比更高。

主要农作物物质与服务费用绝对值增加但占比持续下降，2001～2015年，玉米、稻谷、小麦、大豆、棉花土地成本分别从157.36元、198.46元、182.31元、95.90元、256.02元增加至376.22元、478.69元、420.23元、201.81元、620.40元，增幅分别为139.08%、141.20%、130.50%、110.44%、142.32%；构成分别由2001年的47.99%、49.56%、56.33%、44.08%、40.13%下降至2015年的34.72%、39.82%、42.69%、29.91%、27.11%。农业物质与服务费用占比相对下降表明中国农业投入中，物质投入、农机装备、技术服务等物质与服务投入相对不足。

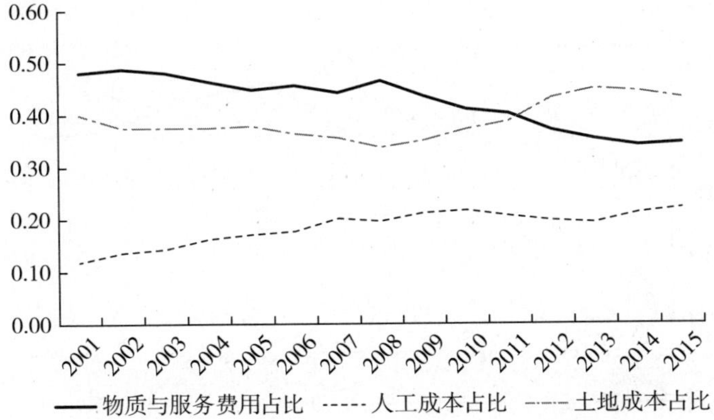

图12　2001～2015年中国玉米生产三类成本占比情况

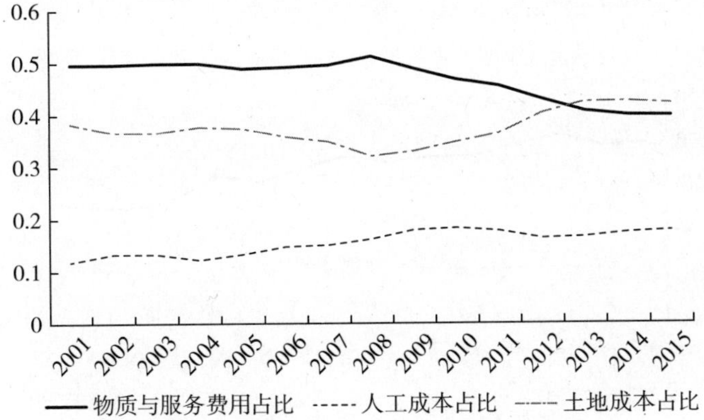

图13　2001～2015年中国稻谷生产三类成本占比情况

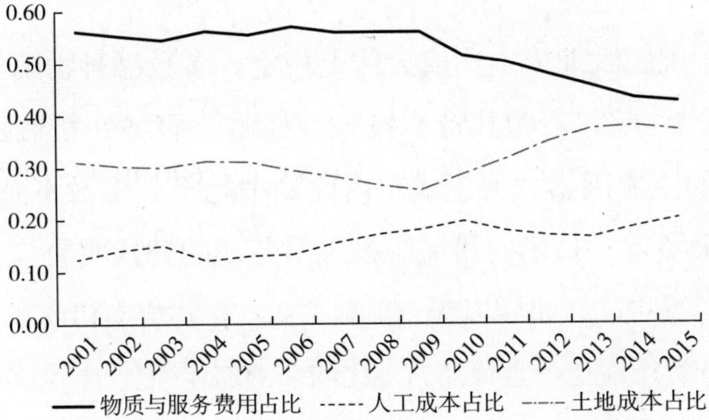

图14　2001～2015年中国小麦生产三类成本占比情况

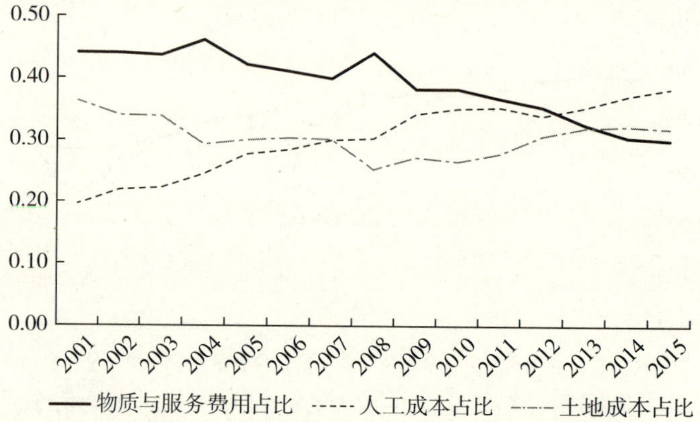

图15 2001~2015年中国大豆生产三类成本占比情况

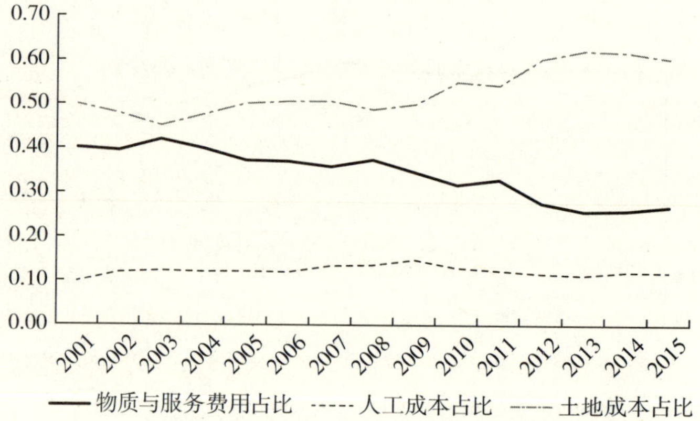

图16 2001~2015年中国棉花生产三类成本占比情况

（四）美国农业成本构成大体上稳定，多数品种物质与服务费用占比6成至8成，表明其资本投入、技术、服务、机械投入等是农业生产的主要因素；人工成本占比稳中趋降，多数不到1成，表明美国农业资本、技术、机械等投入对劳动的替代明显

与中国不同，21 世纪以来，美国主要农作物成本构成基本稳定，物质与服务费用占比一直较高，占比均在 60% 以上，土地成本次之，占比约为 20%，人工成本最低，约为 10%。2001 ~ 2015 年，美国稻谷、玉米、小麦、大豆、棉花亩均总成本分别由 810.43 元、465.32 元、250.72 元、360.22 元、645.74 元增加至 994.99 元、694.43 元、317.09 元、487.35 元、708.85 元，增幅为 22.77%、49.24%、26.47%、35.29%、9.77%；亩均总成本构成中，物质与服务费用占比和人工成本占比变化趋势相反，物质与服务费用占比由 2001 年的 70.66%、66.47%、68.29%、60.55%、76.34% 增加至 2015 年的 73.91%、69.25%、72.00%、61.33%、80.15%；人工成本占比分别由 11.78%、8.17%、10.14%、8.41%、14.40% 减少至 16.08%、4.28%、6.63%、4.65%、6.70%。稻谷和小麦的土地成本占比分别由 2001 年的 17.55%、21.57% 下降至 2015 年的 16.08%、21.36%，而玉米、大豆、花生的土地成本占比分别由 2001 年的 25.36%、31.05%、9.26% 增加至 2015 年的 26.48%、34.02%、13.16%。美国多数主要农作物品种物质与服务费用占比第一，占比 6 成至 8 成，表明其资本投入、技术、服务、机械投入等是农业生产的主要因素。美国农业机械作业规模化、智能化程度远远高于中国，在降低人工成本、提高生产效率方面作用明显。人工成本占比稳中趋降，多数不到 1 成，表明美国农业资本、技术、机械等投入对劳动的替代明显。

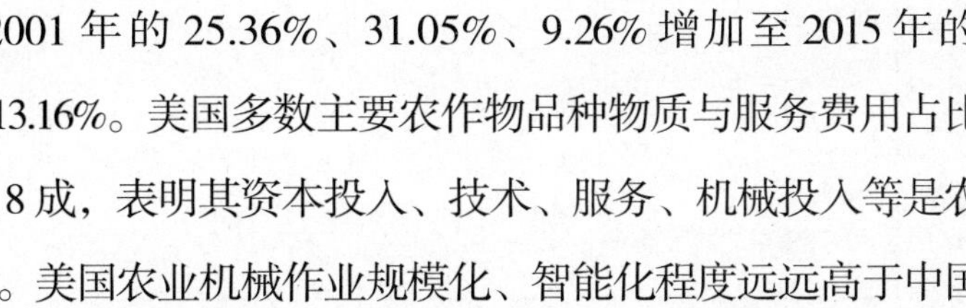

图17　2001～2015年美国玉米生产三类成本占比情况

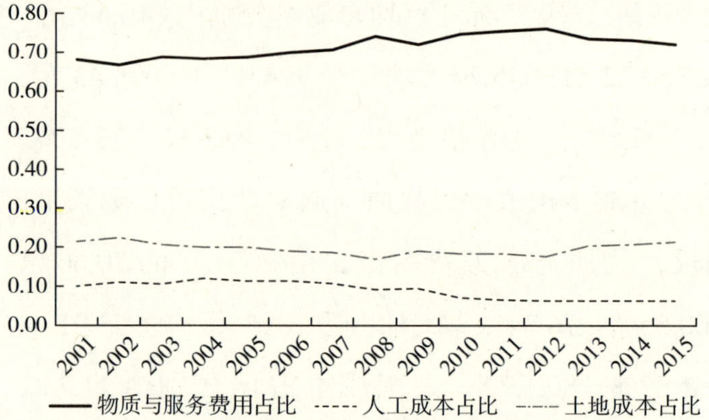

图18　2001～2015年美国小麦生产三类成本占比情况

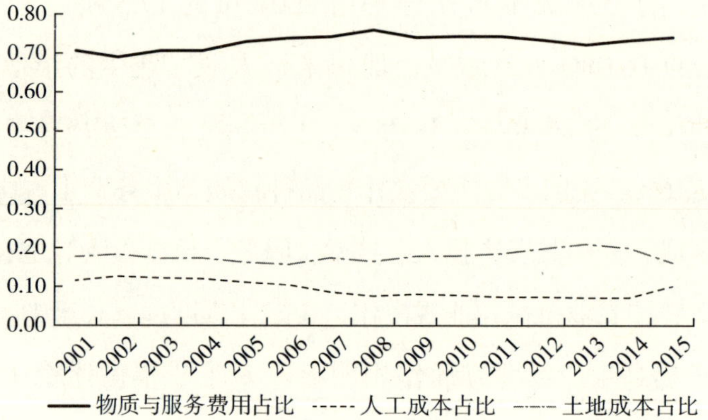

图19　2001～2015年美国稻谷生产三类成本占比情况

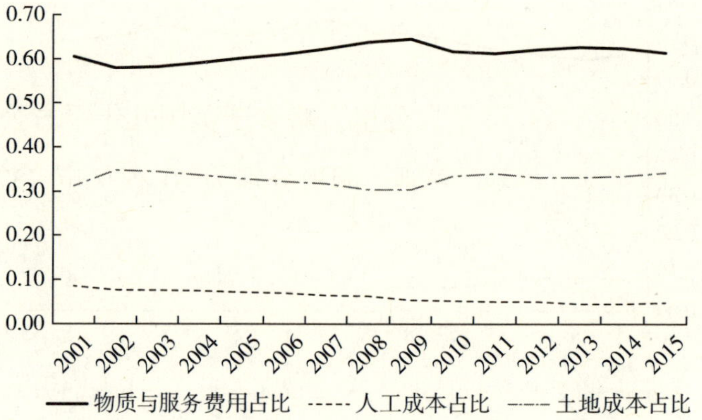

图20　2001～2015年美国大豆生产三类成本占比情况

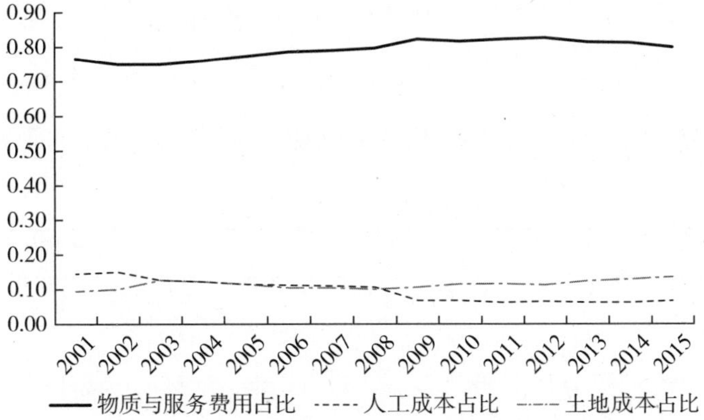

图21 2001～2015年美国棉花生产三类成本占比情况

三、中国农业基础竞争力薄弱的四个主要根源

中国与美国等农业发达国家相比，在农业资源禀赋、劳动力素质与职业化程度、农业机械水平、农业科技等方面存在一定差距，以致农业基础竞争力薄弱。中国农业高成本、低效率、缺乏农业基础竞争力的状况将在一定时期内维持。

（一）中国人均农业基础性资源禀赋相对不足，资源型基础竞争力处于劣势

中国国土面积960万平方公里，略多于美国几十平方公里。截至2015年，中国耕地、林地、草地、园地分别为20.25亿亩、37.95亿亩、32.91亿亩和2.145亿亩。美国耕地、林地、草地面积分别为23.19亿亩、46.51亿亩、37.26亿亩。中国耕地比美国少2.94亿亩，林地加园地合计比美国林地少6.4亿亩，草地比美国少4.35亿亩。截至2015年，中国有13.7亿人口，美国只有3.2亿，中国人口是美国的4.6倍。中美人均土地资源占有量差距明显。美国人均耕地、林地、牧草地面积

分别约为7.272亩、14.584亩和12.368亩，而中国人均耕地、林地（含园地）、牧草地面积分别仅约1.477亩、2.924亩和2.4亩，美国人均耕地、林地、牧草地面积分别约为中国的4.9倍、5倍和5.2倍。

表5 中美农用地面积比较

	中国		美国	
	总量（亿亩）	人均（亩）	总量（亿亩）	人均（亩）
耕地	20.25	1.477	23.19	7.272
园地	2.145	0.156	—	—
林地	37.95	2.768	46.51	14.584
牧草地	32.91	2.400	37.26	12.368

数据来源：中国数据截至2015年，数据来自《2016年中国统计年鉴》。美国耕地面积数据截至2014年，数据来自http：//data.worldbank.org/indicator/AG.LND.ARBL.HA；美国林地面积截至2015年，数据来自FAO网站（http：//www.fao.org/faostat/en/#data）；美国牧草地数据为2007年，数据来自2015美国农业统计年鉴（https：//www.nass.usda.gov/Publications/Ag_Statistics/index.php）。中美人均面积均按照对应年份的人口数进行计算。

中国和美国水资源总量大体相当，中国水资源总量为27962.6亿立方米，美国水资源总量为28179.9亿立方米①，中国人均为2039.2立方米，美国人均为8836.4立方米，美国人均水资源量是中国的4.3倍。

众所周知，中国以占世界6%的淡水资源、9%的耕地，解决了占世界21%人口的吃饭问题。可见，中国人均土地、水资源等农业资源禀赋不仅相对于美国匮乏，而且相对于世界平均水平也不足。这决定了中国农业资源型基础竞争力处于劣势。这是中国与美国、与世界相比，农业基础竞争力的先天差距所在。这种资源型劣势在今后相当长的时期内都不会有根本改变。

① 中国水资源数据来自《2016年中国统计年鉴》，截至2015年；美国水资源数据来自世界银行统计数据http：//data.worldbank.org.cn/，截至2014年。

（二）中国农业劳动力基数过大，劳动力型基础竞争力乏力

截至 2015 年，美国农业就业人员数 242.2 万人[①]。而同期，中国农业就业人员数（第一产业就业人数）为 21919 万人[②]，其中包括兼业人员。中国这样体量庞大的农业劳动力超过农业需要量，产生大量剩余劳动力，这也是农业劳动力中大部分兼业的原因。而且随着农业机械化和规模化发展，农业剩余劳动力会逐步增多。中国农业就业人数是美国的 90 倍。中国农业劳动力平均经营耕地面积为 9.24 亩，美国农业劳动力平均经营耕地面积为 957.47 亩，美国劳均经营耕地面积是中国的 103.6 倍。这也意味着，单就农业劳动力平均经营耕地面积而言，美国农业劳动生产率是中国的 103.6 倍。此即上文分析中中国农业成本中人工成本占比第一、美国农业成本中人工成本占比最小、中国农业人工成本远高于美国的内在原因。

（三）中国农业机械化水平较低，农机型基础竞争力滞后

世界上农业先进国家的农业机械化水平都比较高。美国早已不仅在粮食作物上而且在棉花、大豆、烟草等品种上都实现了耕、种、收全过程全面机械化。中国农业机械化水平相对较低，耕作环节机械化率相对较高，但播种、收获环节的机械化率较低。截至 2015 年，我国农作物耕种收获综合机械化率为 63.82%，机耕率较高为 80.43%，但机播率和机收率都较低，分别为 52.08% 和 53.40%。分作物品种来看，三大粮食作物中，小麦耕、种、收综合机械化率最高，为 93.66%；玉米耕、种、收综合机械化率为 81.21%，其机收率仅为 64.18%；水稻耕、种、收综合机械化率为 78.12%，其机播率只有 42.26%。其他作物的

① 美国农业就业人员数来自美国劳工部https：//www.bls.gov/cps/tables.htm#empstat。

② 中国农业就业人员数来自《2016年中国统计年鉴》。

机械化率普遍较低，大豆耕、种、收综合机械化率为65.85%；棉花耕、种、收综合机械化率为66.81%，特别是其机收率低至18.81%；油菜耕、种、收综合机械化率46.85，机播率和机收率都不到3成；马铃薯耕、种、收综合机械化率39.96%，机播率和机收率仅约1/4；花生耕、种、收综合机械化率为51.22%。

（四）中国农业科技相对落后，科技型基础竞争力欠缺

近几十年来，农业科技创新与应用对中国农业增产与发展居功至伟，化学肥料、优良品种、农业机械、生物技术、设施大棚等推动着中国农业发展进步。中国农业科技在世界上处于较为领先的水平，比如水稻育种等方面。但与世界上农业先进国家相比，中国在一些基础性、关键技术领域仍有一定差距。农业科研成果的转化和推广应用工作欠缺，相关农业科学技术集成不够，农民科技素质不强，总体上农业科技型基础竞争力欠缺。

四、降低中国农业成本、提高农业效率与基础竞争力的建议

针对农业基础性短板，中国农业要苦练内功，下大力气提高农业资源利用效率、劳动力素质、机械化水平、农业科技含量等，最大程度地降低农业成本、提高农业效率与基础竞争力。

（一）利用与保护并重，提高农业资源利用效率与可持续发展能力

针对中国农业基础性资源相对不足的现实，我们应树立利用和保护并重的战略观念，提高农业资源利用效率与可持续发展能力，提高

中国农业资源型基础竞争力。第一，积极开展农田水利基础设施建设和土地整治工作，夯实农业基础。通过提高土地、水利等农业基础设施条件，推广节水技术，大规模实施农业节水工程，提高土地生产率和水资源利用效率，降低农业基础性生产成本，提高农业资源型基础竞争力。第二，不能单靠拼资源、拼消耗来发展农业，应转变农业增长方式，涵养农业可持续发展能力，保护农业生产能力。根据化肥、农药投入大、利用率低的状况，扎实推进测土配方施肥、化肥农药零增长行动、有机肥替代化肥、农业废弃物资源化利用等措施，减少化肥与农药使用总量与单位面积使用量，提高其利用率，不断减轻农业环境污染。第三，引导农村土地经营权有序流转，探索进城落户农民承包地自愿有偿退出机制，逐步提高农业经营规模，降低单位面积、单位产品的经营成本。中国农业经营规模过小是造成单位成本高的主要因素之一。提高农业经营规模是农业发展的一个趋势。要建立健全农村土地经营权流转市场，降低交易成本，形成合理的地租水平，既要保障承包农户的土地权益，也要防止地租过高推高农业生产成本，侵蚀农业竞争力。重庆市梁平县等地已经试验探索进城落户农民自愿有偿退出承包地政策，要积极总结并推广可行有效的承包地退出机制，发挥这一制度改革对扩大农业经营规模的潜在力量。

（二）进一步加快农业劳动力转移，培养职业农民

根据上文分析可以看出，中美农业成本、农业基础竞争力的一大差距是人工成本和劳动生产率。中国在提高农业劳动生产率、降低农业人工成本方面还有巨大潜力。第一，进一步转移农业剩余劳动力。截至 2016 年年底，中国城镇化率为 57.35%，远低于发达国家城镇化水平，亿万农村人口将持续向城镇迁移。工业化和服务业发展也将吸

纳更多农业剩余劳动力。应积极顺应这种趋势，打破城乡壁垒、区域壁垒、行业壁垒，创造公平合理的社会保障制度，引导农业剩余劳动力向工业、服务业转移，引导农村人口向城镇转移，促进农业转移人口市民化。既为工业和服务业持续发展提供不竭的人力资源，降低工业和服务业人力成本，也为农业剩余劳动力找到出路，提高农业劳动生产率，降低农业人工成本。第二，培养职业农民。职业农民是发展现代农业的中坚力量。长期以来，我国农民兼业化程度高、职业化水平低，对许多农民来说，农业沦为副业，农业未被用心经营。农业现代化呼唤越来越多职业农民的诞生。据农业部统计，目前全国新型职业农民规模为1272万人，其培养目标是到2020年全国新型职业农民总量超过2000万人。

（三）全面提高农机化水平，推进农机智能化

中国农业机械化水平低与农业劳动力数量庞大、农业经营规模小相辅相成、互为因果。农业劳动力多、经营规模小抑制了农业机械的推广利用，农业机械发展滞后又影响着农业剩余劳动力转移和农业经营规模扩大。而这些中国农业的关键特征共同导致农业效率较低和农业成本较高。在农村人口城镇化背景下，在农村土地经营权流转与农业适度规模经营范围扩大的情况下，农业机械化迎来更多的发展空间。第一，大力发展农业机械，提高农业机械化率，提高农业生产效率。大力发展先进、适用的各类农业机械，以代替不断减少的农业劳动力，降低人工成本。从农业机械化的播种和收获这两个薄弱环节入手，积极借鉴、引进国际先进的农业机械理念和技术，发明、制造、推广适用性播种类和收获类农业机械。全面提高农业机械化率，提高玉米机收率、水稻机播率、棉花机收率、薯类和油菜等农作物综合机械化率。

第二，发展农业机械合作与生产服务，提高农业机械利用程度。农业机械投入大，国家补贴高，但不少农业机械利用率低，闲置浪费现象严重。要积极引导农业机械合作社、农机生产服务组织发展壮大，为农产品生产、烘干、储藏、运输提供方便高效的机械化服务。第三，推进农机智能化。美国、欧洲的农机智能化已经在农业中广泛应用，中国在这方面落后不少。要下大力气将卫星导航、传感技术、计算机测控技术、无线通信技术、移动互联网、物联网等先进技术和设备应用到农业机械领域，推广普及智能化农机，以农机智能化引领农业现代化。

（四）提高基础性、关键农业技术研发与应用，不断增强农业科技支撑力量

未来，农业科技仍然是决定农业现代化和农业竞争力的主要因素，要依靠农业科技创新来提升中国农业基础竞争力。进一步加强农业基础性、关键技术以及适用技术的研发，创新农业科研体制机制，积极促进农业科技成果转化，扎实强化农业科技推广与应用，大力培养农业科技人才队伍，不断增强农业科技对现代农业和农业基础竞争力的支撑作用。

执笔人：张云华

（感谢中国人民大学张琛博士协助收集整理数据）

专题二

提升我国农业产业链竞争力

现代农业竞争，已由产品之间的竞争，转为产业链之间的竞争。目前，我国农业产业链正迈入快速发展的新阶段。但产业链组织化和一体化程度较低，利益链接和分配机制不完善，政策支持和要素支撑体系不健全，各行业产业链竞争力总体不强。今后，应把产业链构建作为推进农业供给侧结构性改革、提升农业竞争力的重要抓手，用产业链构建来统领农业园区建设、农产品加工业发展、一二三产业融合、休闲农业发展等政策，并根据农业结构调整的方向，按照“壮大主体、培育载体、提升水平、强化支撑”的总体思路分类推进。

一、现代农业竞争本质上是产业链竞争

（一）农业产业链的理论内涵与实践进展

1. 农业产业链的基本构成

产业链（Industry Chain）是产业经济学中的一个概念。它是指在原材料采购、中间产品和最终产品的生产制造、最终产品配送到消费

者整个过程中所涉及的各个环节所构成的链条。产业链是现代产业组织发展的必然趋势，发展产业链可以节省交易费用，促进产业分工，提高产业效率。产业链与价值链、供应链密切相关。价值链是对产业链各环节价值创造过程的概括，供应链是对产业链上下游环节间物流、商流、信息流管理的概括。因而，产业链的构建必然伴随着供应链的整合和价值链的提升。

农业产业链是指与农业密切相关的上下游产业群关联构成的链状组织，包括为农业生产做准备的科研、农资等前期产业部门，农作物种植、畜禽养殖等中间产业部门，以农产品为原料的加工、储存、运输、销售等后期产业部门，为农业生产加工流通提供服务的部门，以及农业功能拓展出的新兴行业部门。因此，农业产业链的基本构成包括三个部分：基本链（加工链）、服务链和功能链。

2. 农业产业链的兴起与发展

纵观世界农业的发展历史，农业产业链最早产生于 19 世纪 50 年代的美国，然后迅速传入西欧、日本、加拿大等发达国家，充分显示了农业产业链给农业乃至整个国民经济带来的积极作用。虽然各个国家对农业产业链的称谓不尽相同，依托的载体与模式各异，但都具有大致相同的特点，即按照现代化大生产的要求，在纵向上实行产加销一体化，将农业生产资料供应、农产品生产、加工、储运、销售等环节链接成一个有机整体，并对其中人、财、物、信息、技术等要素的流动进行组织、协调和控制，以获得农产品全过程增值。

农业产业链的快速发展，主要有三个方面的原因。第一，技术进步推动农业（食品）生产的分工和专业化，不同环节由具有比较优势的企业（生产者）来生产经营，进而推动了价值链的分解和产业链的延伸。第二，为节约交易费用、追求协同效应和减少市场风险，市场主体自发开展产业链整合，以提高整个产业链的规模经济和范围经济，进而提升整个产业链竞争力。第三，农业产业集群的兴起和农产品供应链管理技术的发展，提高了交易效率，进一步促进了农业产业链的延伸和拓展。

3. 农业产业链的延展模式

与基本构成相适应，农业产业链的延展主要有三种模式：

一是基本链（加工链）的纵向延伸。从初级农产品生产到农产品深加工、农产品分销直到最终用户这一过程中（包括农资供应、农业生产、农产品初加工和精深加工、农产品和加工产品销售等），生产经营环节不断分离，分化出不同的独立行业，并随着科技的进步，不断衍生出新的产品，新的行业，如有机食品、功能食品、生物制药、生物能源、生物质材料等行业。

二是服务链的横向扩展。农业生产加工过程与农业专业化生产性服务分离，与基本链相关的农业科技服务、信息服务、植保施肥服务、农机服务、农产品交易、品牌策划、农产品物流等环节发展为独立的行业部门，成为专门的农业生产性服务业。

三是功能链的融合与拓展。农业由提供食物这一基本功能向生态、文化、旅游等领域拓展，与文化创意、休闲旅游等行业融合，发展出创意农业、体验农业、休闲农业等新兴行业。

4. 全球农业产业链的发展趋势

从全球来看，农业产业链的发展正呈现出一些新的趋势：一是核心企业对农业产业链整合，带动农业供应链、价值链升级，促进一二三产业融合发挥着越来越关键的作用；二是农业产业链整合的驱动力开始由加工环节向流通服务环节转移，农业生产性服务业对现代农业产业链的引领支撑作用不断增强，农业产业链的利润中心也逐步向服务环节转移；三是农业产业链与农业产业集群共生发展，多数农产品的产业链已由线性的单链向非线性的网联转变；四是物联网、互联网、电子商务等新技术、新模式正融入农业的产、加、供、销等各个环节，不仅带动农业产业链的全面升级，也极大地促进了农业产业链的空间拓展；五是伴随着跨国农业投资的发展，一国农业产业链开始向境外延伸，由跨国公司主导的全球性农业产业链整合初露端倪。

目前，农业产业链已发展成为现代农业的核心产业组织载体，是小规模农业与现代化大生产的有效对接方式。农业产业链也进一步提升了现代农业在国民经济中的地位，即使在美国这样的发达国家，农业产业链也是国家经济增长的重要引擎，是吸纳就业的重要领域。

（二）农业产业链竞争力及其影响因素

农业产业链竞争力有两层内涵：第一层是通过构建产业链来提高农业竞争力。在现代农业发展中，任何一种生产要素的缺位都会形成“短板效应”，任何一种产业组织主体都有其局限性，只有构建农业产业链，优化各种生产要素的组合方式，在产业链的不同环节由具有比较优势的企业（生产经营者）来承担，实现优势互补，才能有效提高农业竞争力。因此，产业链越完善的行业，其竞争力越强。第二层是指在同一行业，不同产业链条之间的竞争力存在差距，竞争力强的产业链条往往拥有更高的组织化程度和一体化程度，更多的市场份额，更强的成长性，更高的效率，更好的效益。

农业产业链的竞争力不仅依赖于企业（生产经营者）自身的竞争

力，更依赖于企业（生产经营者）与整个产业链上下游环节的系统协调。主要影响因素包括四个方面：一是生产主体的组织化程度，主要是上游生产主体的规模，核心环节的市场集中度。组织化程度越高的产业链，竞争力越强。二是核心企业（组织）的竞争力，主要是行业技术水平，对产业链内信息、标准、资金、物流的管理水平。核心企业（组织）的竞争力越强，整个产业链的竞争力就越强。三是产业集群的支撑情况，包括产业链内生产、加工、服务、营销等各类主体的空间集聚程度，合作网络的功能和效率。产业集群越发达，所支撑的产业链竞争力越强。四是产业链的一体化程度，包括产业链上下游主体的合作模式、紧密程度，产业链的利益分配机制。产业链一体化程度越高，竞争力越强。

（三）我国加快推进农业产业链整合的必要性和紧迫性

1. 弥补传统农业经营方式竞争优势不足的需要

在大宗农产品领域，在很长时期内，农户家庭生产仍将是主要生产经营方式。但在农资采购和供应、农产品物流与营销、农产品加工和存储、农产品质量安全和品牌建设、农业金融保险和农产品期货市场等领域，农户家庭经营的比较劣势日益突出，必须把这些环节让渡给专业的经营主体来经营，依靠农业产业链的整体竞争优势来弥补农户家庭经营模式的不足。

2. 加快推进农业结构调整的需要

随着农产品供需形势的变化，以及消费者主权的强化，农业供给侧产出不能适应需求侧的变化，是我国农业结构调整要解决的主要问题。农业产业链的构建，能建立最终需求端对最初生产端之间的制度化信息反馈机制，使农业生产活动更接近于最终消费，农业技术创新活动更符合市场需求，通过市场的力量推进农业结构调整。

3. 保障农产品质量安全的需要

农业产业链，通过行业组织或核心企业，采用供应链管理、质量追溯管理、统一标准和品牌等方式，使产业链的参与各方，按照统一的品牌、标准、规范、技术要求开展生产活动，能更好地保障农产品和食品质量安全。

4. 保持农民持续稳定增收的需要

农民以组织化的形式加入到产业链，不仅可以通过订单农业等方式稳定市场销售，减少生产经营风险；还可以通过产业链获取融资、信息、技术支持等服务，通过质量提升、共享品牌等方式获取增值收益。全产业链的产业化经营模式也为农民在本地转移就业、农民工返乡创业提供了机会，促进了农村富余劳动力向非农产业的转移，促进了农民工资性收入的增长。

5. 更好参与全球竞争的需要

在农业的大多数领域，我国难以在短期内形成能与跨国公司竞争的大型企业或企业集团。但通过促进农业产业链不同环节的有效合作，仍然有望形成可与发达国家农业跨国公司有效竞争的农业产业组织体系，进而培育出我国自己的跨国农业企业。

二、提升农业产业链竞争力的国际经验及启示

目前，美国、法国、荷兰等国的农业产业链发展已达到相当高水平，全球范围内颇具竞争力，其一些做法值得我国借鉴。

（一）美国

1. 农业产业链发展的主要特色

上游以家庭农场为主。美国的农业生产经营单位约 90% 是规模不等的家庭农场，其他的则是以家庭农场为基础组成的合伙制或股份制农场。随着美国农业机械化水平的提高，农业劳动生产率和土地产出率大大提高，生产要素逐步向优质农户集中，农场规模逐步扩大。据美国农业部称，美国 2011 年大型家庭农场数量为 42398 个，占全国农场总量的 2%，占全国农业土地面积的 16.2%，平均规模为 2200 英亩，占全国农业总产值的 35%。

中下游以大型农工商一体化企业为主。在产业链的中下游是以沃尔玛这样的超市、嘉吉公司这样的粮商、百姓餐饮集团这样的食品企业为主，这些企业与上游的农场、供应企业有着密切的联系，并通过其全球营销网络，带动上游农场的发展。

产业链一体化水平较高。美国农产品加工体系强大，产业化水平很高，农产品生产、加工、销售各环节紧密相连，实现了“从田间到餐桌”的产加销一体化。

农业产业链竞争力总体都很强。这一方面是由于美国农民自己组织了农协和各种生产者协会，产业组织化程度高；另一方面则是由于沃尔玛、嘉吉公司等产业链龙头企业在全球有很强的竞争力，进而带动和提升了整个产业链的竞争力。

2. 提升农业产业链竞争力的主要措施

增强农业专业化水平。专业化是现代生产方式的最根本特征之一。美国农业专业化发展有区域专业化、部门专业化和企业专业化三种形式。区域专业化体现为玉米带、棉花带、小麦带、牧草奶酪区、山地放牧区和灌溉农业区等 6 个专业化农业生产区。部门专业化体现在美国农业部管理范围广、管理内容宽和管理调控手段多样。企业专业化体现在各类专业化农业服务公司为农业生产和经营过程中各个环节提供服务。

鼓励农、工、商一体化发展。专业化是社会分工深化的结果，它要求以产业组织创新解决不同生产部门和单位之间的协作问题。在推进规模化、专业化生产的同时，美国鼓励农、工、商一体化经营，大型加工和销售企业、食品企业通过合同制等方式将家庭农场生产与农业前部门（农业生产资料的制造与供应部门）和农业后部门（农产品储运、加工和销售部门）有机地结合在一起，加强专业化生产的稳定性和适应性。如美国水果业就是典型的农、工、贸一体化，产、贮、加、销配套一条龙，产业链各个环节相辅相成，形成利害相关的整体，共同促进行业的发展。

政府给予政策支持。为促进农业产业链发展，美国联邦与州政府往往用财政拨款、税收优惠、专项资金等方法扶持农业产业链的发展。例如，美国许多州为“初涉”农业产业链的农民提供财政帮扶计划，美国联邦政府与各州政府对特大城市发展“城市农场”以及“观光农场”给予一定的税收减免。

（二）法国

1. 农业产业链发展的主要特色

上游以中等规模经营的家庭农场为主。“二战”后，法国设立专门的政府机构，出台了包括农地、人口、信贷等一系列政策体系，直接介入土地市场，组织劳动力转移和耕地流转与经营集中，有效地支持了中等规模农场的发展。

合作社在产业链中下游发挥着重要作用。在法国，90% 的农民都加入了农业合作社，农业合作社是法国农业生产体系最基本的组织形式。法国的农业合作社由单纯的生产组织发展成为以生产组织为基础、以产业经营为主导的合作组织，规模逐步扩大，经营内容由最初的农业初级农产品生产，扩展到加工、贮藏和销售领域，形成了从种植、养殖到加工、销售的产业链。农业合作社对外追求利益最大化，对内则注重利益公平化。

农业产业链条较长。法国农产品加工业发达，是法国工业体系中最大的行业，凡是适宜加工的农产品绝大多数都实现了一体化经营，加工后的农产品一般增值 1 ~ 2 倍，高的达十几倍。法国还充分利用农业资源开发观光农业、休闲农业，很多的国外游客和酒商会到波尔多品酒、葡萄园参观村旅游，一、二、三产业形成了良性互动。

2. 提升农业产业链竞争力的主要措施

大力发展农业生产集聚区、农产品加工业集聚区。依靠产业集聚这种机制，依据各地资源禀赋、自然环境、技术、经济状况以及种植传统和耕作习惯等条件，发展农业生产集聚区和农产品加工业集聚区，发挥法国各个地方各自的比较优势，为产业链发展夯实基础。

依靠科技促进农业产业链的发展。通过多项措施促进农业机械化和农机标准化，提高农业生产效率，引导生物技术、电子信息技术等高新技术与农业产业链不断融合，大力发展精确农业、工厂化农业等高科技型农业，延长农业产业链，提升农业价值链。

注重农旅结合，发展新兴产业链。最具特色的就是农庄旅游，目前有 1.6 万多户农家建立了家庭旅馆，乡村农业休闲旅游每年接待游客超过 200 万。法国畜牧业、葡萄酒等行业集生产、加工、观光为一体，产业链竞争力很强。

（三）荷兰

1. 农业产业链发展的主要特色

产业链组织化程度高。荷兰通过“合作社一体化产业链组织模式”，把家庭农场、合作社和公司组建为产业链一体化利益共同体。家庭农场是该组织模式的基础，是农业生产的基本单位。合作社是该组织模式的核心和主导，是家庭农场主以自愿自发方式组成的商业自治组织，它以全力保障社员家庭农场的经济利益为目标。公司负责收购、加工和销售家庭农场所生产的农产品，以提高农产品附加值。

产业链的一体化程度高。以花卉产业为例，花卉培育、生产、分级、保鲜、包装、销售和运输各环节，环环相扣，形成一个完整的产业体系。在完善的产销制度下，花农专注生产高品质的鲜花，花商则专注提供高效率的冷藏供应链，在包装和运输上不断突破，延长产业链。

农业产业链不仅科技含量处于世界领先水平，而且融入大量文化、制度、组织等非技术因素，使其各环节附加值大增。花卉产业链在此方面表现尤为突出，在研发和育种环节，科研机构研发出的花卉新品种、新技术、新工艺、新设备层出不穷。与此同时，政府倡导并推动开发地方文化资源，使花卉新品种体现出荷兰地方特色及其文化附加值。

2. 提升农业产业链竞争力的主要措施

政府高度重视。荷兰政府将农业定位为持续、独立、具有国际竞争力的行业，把农业作为一个高度发达的完整产业体系进行运营和发展。政府对农业的整个产业链都制定了严格的标准，所有生产者都必须对其在整个产业链管理中的作用负责。此外，在政府投资的推动下，荷兰建立了健全的农业产业链教育、科研以及农技推广体系。

建设发达的农产品物流体系。为满足欧洲各个地区、各种类型消费者的需求，荷兰建立了若干个农产品供应基地，并以此作为农产品和信息的后勤结合点，然后通过这些结合点向所有的客户进行配送。此外，荷兰建立了电子化农业商品交易市场，协调联系物流中心和农产品集成保鲜中心，通过网络把供应商、零售商、生产商、种植主、物流供应方和物流各个节点纳入统一管理。

注重提高农业社会分工和专业服务水平。荷兰的农业生产多以家庭为主的大农场经营，多数采取了专业化的生产方式，生产高度专业化，完全从市场和效益出发确定生产和经营，市场高度细分。此外，荷兰高度重视发展农业专业化服务，通过建立合作社体系，在农业生产、加工和销售等环节都实现了专业化服务。

（四）主要启示

第一，要推动农民进入产业链，完善利益链接机制。让农民进入农业产业链的各个环节，通过企业和农户经营的联系，既发挥了农业家庭经营成本低、生产管理精心等优越性，又弥补了小规模农户经营难以调整结构、衔接市场、获得产后利润等缺陷，能使农民从农产品深加工和贸易中分得利益。同时，企业也通过与农户建立稳定的连接，保障了稳定的原料供应，使农户与企业在农业产业链发展中实现双赢。

第二，要推动农业生产的专业化、标准化和集中化，鼓励产业集聚。应根据各个地区自然资源和经济资源优势，以市场为导向，以主导产业、产品为重点，优化组合各种生产要素，实行区域化布局、专业化生产、系列化加工、社会化服务、企业化管理。通过产业链，把农业生产的产前、产中、产后的全过程纳入标准生产和标准管理的轨道，把专业分工和地域集中的优势都发挥出来，培育产业链群，同时获取规模经济效益和范围经济效益。

第三，要坚持创新驱动，注重通过技术创新来提升精深加工水平，提高供应链管理水平。应加快建立以龙头企业为主体、市场为导向、产学研相结合的产业链技术创新机制，提升农产品精深加工水平。积极研发和应用现代信息技术和物流管理技术，提高供应链管理水平，降低供应链交易和物流成本。

第四，要合理发挥政府的作用。政府一方面应制定严格的市场准入制度和公平的交易制度，对市场交易活动进行严格管理，消除产品市场和价格市场的价格扭曲，为农业产业链发展提供良好的市场环境。另一方面，应大力发展农业教育、科研服务体系及产业链公共设施，为产业链提供全链条公共服务。

三、我国农业产业链发展现状及主要问题

（一）产业链发展总体情况

近年来，我国先后出台了鼓励农业产业化、农产品加工业发展、农村一二三产业融合等政策，安徽、河南、浙江等省积极打造现代农业产业化联合体、农业产业化集群等农业产业链发展模式，中粮、新希望、光明、双汇等大型涉农企业经过多年的深耕逐渐建立起全产业链战略布局，来自IT、互联网、金融服务以及房地产的资金/技术密集型企业亦高调入局农业产业链，我国农业产业链正迈入快速发展的新阶段。

1. 基本链（加工链）不断巩固

从产业主体看，到2016年，农民合作社中有53%发展加工流通，7.8万家规模以上农产品加工企业延长农业产业链、提升价值链、重组供应链。从产业载体看，农产品加工园区有1600家，汇聚了3.5万家企业，形成了一批知名品牌和产业集群。从产出看，规模以上农产品加工企

业主营业务收入达到20.1万亿元，占制造业比例为19.6%。农产品加工业与农业产值比达到2.2 ∶ 1，农产品加工率达到65%。从利益带动看，农产品加工业从业人员达1566万人，每亿元加工营业收入约吸纳78人就业，农民人均收入9%以上来自农产品加工业工资性收入，带动1亿多户原料种养殖户增收致富①。

2. 服务链快速发展

在需求带动和政策扶持下，各类新型农业服务主体快速发展。目前，全国公益性服务机构已达15.2万个，乡镇或区域性农业技术推广、动植物疫病防控、农产品质量监管等机构基本建立。经营性专业服务组织超过100万个②，在农产品保鲜、贮运、加工、销售环节，以及金融保险、信息服务等方面发挥生力军作用。市场化运作的农业服务业龙头企业不断壮大，在构建全程社会化服务体系中发挥着重要作用。农业生产型服务的产业形态越来越明晰。

3. 功能链蓬勃兴起

作为农业发展新动能的休闲农业、乡村旅游正由个体经营、零散分布向集约经营、集群分布转变，从单一观光、餐饮功能向体验、食宿、休闲、教育等综合性经营拓展，从最初局限于城市郊区及景区周边向更大范围的适宜发展区域布局转变，从以政府及农户投资为主向工商资本、农村资本融合投资转变。2016年，全国休闲农业和乡村旅游接待游客近21亿人次，营业收入超过5700亿元，从业人员845万，带动672万户农民受益，正成为农村经济发展的重要新兴行业③。

① 数据来源：农业部新闻办公室，来自农业部网站。

② 数据来源：农业部部长韩长赋“积极推进新型农业经营体系建设”，来自农业部网站。

③ 数据来源：农业部部长韩长赋在2017年全国休闲农业和乡村旅游大会上的讲话，来源于农业部网站。

（二）农业产业链整合的主要模式

根据整合主体和产业链一体化程度来划分，主要有 5 种：

一是专业市场带动型。在一个地方建立起农产品专业批发市场，大批中间商在专业市场进行批发交易，中间商再分别联系农户和消费者，专业批发市场成为整合产业链的关键。这种整合模式具有交易的规模效益，也有利于农业的专业化发展，但对于农户而言，价格和交易的不确定性仍无法减少，农户也难以分享农产品加工、销售环节的利润。

二是农民合作组织带动型。农户在自愿互助的基础上成立各种类型的合作经济组织，再由合作经济组织为农户提供产前、产中、产后服务。合作经济组织既可以统一销售初级农产品，也可以自己从事农产品的加工和销售，向产业链后端高附加值环节延伸。农民合作经济组织扮演着整合产业链的关键角色。这种整合模式有利于农民增强在市场交易中的地位，也有利于农户分享产前、产后环节的利润，但农民合作经济组织在各地发展参差不齐，一些地方真正能带动农民进入产业链的合作组织少。

三是龙头企业 + 合作社（基地）+ 农户链接型。由一家或几家农业“龙头”企业通过订单农业、股份合作、全程（半程）服务等形式与合作社（基地）形成紧密合作关系，构建“市场牵龙头、龙头带基地、基地联农户”的农业产业链经营模式，农业龙头企业扮演整合产业链的关键角色。这种整合模式下，企业通过合作社这一中介载体来管理农户，大大降低了企业直接与分散农户打交道的成本。而且，企业建立了与合作社、农户的利益链接机制，增强了公司与农户间的相互信任度与凝聚力，在一定程度上减少了农户面临的市场风险。但我国龙头企业总体上数量不多，力量不强，而且农户在产业链中仍然难以分享农产品加工和销售等环节的利润，没有从根本上改变农户在市场竞争中的弱势地位。

四是产业集群驱动型。农产品加工（流通）企业在空间（产业园区或物流园区）集聚，带动当地特色农产品或优势农产品的基地化生产，以及相关服务行业的空间集聚，形成“产业园区＋物流园区＋服务基地＋区域农业”高度一体化、网络化的产业网络，并形成“品牌＋标准＋规模”的产业体系。这一模式中，产业园区扮演整合产业链的关键角色。目前，农业部指导各地创建了60个国家农业产业化示范基地，集聚各类龙头企业2300余家；浙江和江苏等地依托“两区”，大力推动农业产业集群发展。农业产业集群的理念和模式得到越来越多的认可，但目前还处于初级发展阶段。

五是功能拓展型。近年来一些地方拓展农业功能，将农业生产与文化、旅游业融合，利用乡村景观、农业空间吸引城市游客前来观赏、体验、购物，形成休闲农业等新兴农业产业链。这是一种以市场需求为导向，以农业生产和农村生活为依托，将创意、文化、旅游产业和传统农业紧密结合，涵盖多层次产业链的新型农业产业链发展模式。这一模式，通过供给侧的创新，来满足城乡居民不断增长的旅游、文化、娱乐需求。近两年，休闲农业等新兴农业产业链发展迅速，但发展瓶颈仍然较多。

（三）不同行业产业链成熟度和竞争力状况

不同行业产业链成熟程度和竞争力有较大差异。总体来说，乳业产业链成熟度较高，竞争力相对较强；生猪行业、蔬菜行业的产业链竞争力还不强，但成熟度正在提高；粮食行业的产业链成熟度、竞争力较弱。

表1　不同行业产业链的成熟度和竞争力情况

行业	产业链的组织化程度	核心企业的竞争力	产业集群发展情况	产业链一体化程度
乳业	一般	较强	较好	较好
生猪行业	较低	较强	一般	一般
蔬菜行业	低	一般	较好	低
粮食行业	低	一般	一般	低

1. 乳业

2008年，国家发展改革委制定出台《乳业整顿和振兴规划纲要》，我国乳业进入转型发展期。目前，从上游来看，全国奶牛规模养殖比重超过50%，机械化挤奶率达到90%，养殖“小散低”的局面得到扭转；从下游来看，近年来资本加速进入乳品加工领域，蒙牛、伊利、光明、三元、飞鹤、完达山等乳业企业逐步形成以饲草牧草种植、精饲料加工、良种奶牛饲养繁育、全品类乳制品加工、乳品研发和质量管控等为一体的全产业链发展模式，新建的乳品加工车间无论从设备水平还是管理水平，都达到了欧美主流水平。伊利、蒙牛、光明等企业还纷纷“走出去”，布局海外奶源基地。但乳业上游仍比较分散，龙头企业的集中度也不够高，产品的信任度还需要进一步提高。

2. 生猪行业

经过几轮“猪周期”后，我国生猪产业链由上至下逐渐集中，上游养殖行业最为分散，下游屠宰加工行业集中度在逐步提高。温氏、新希望、双胞胎等大型企业集团都非常重视种植、养殖的一体化扩张，将上游的饲料、种苗，下游的屠宰、产品深加工、物流等都纳入到自己产业链整合规划中，已经建立了养、产、销一体化的产业链。但总体来看，生猪行业产业链的组织化程度和一体化程度还较低。

3. 蔬菜行业

目前，我国已基本形成了八大蔬菜重点生产区域[①]。这些地区依托蔬菜生产的区域集聚，大力发展批发市场，培育龙头企业、地域产业集群和地域品牌，地域产业链不断壮大。被誉为“中国蔬菜之乡”的山东寿光市近年来致力于建设蔬菜批发市场、电子拍卖市场、蔬菜交易市场以及遍布城乡的蔬菜代购销售网络，有效带动了种苗、农资、温室建造、建材生产、物流运输以及加工保鲜等相关产业的发展，打造蔬菜全产业链的领先优势，成为世界蔬菜领域的领先者。但总体来看，目前蔬菜产业链还是地域性的，以专业市场带动型为主，产业链组织化程度较低。

4. 粮食行业

一些粮食购销企业为了提高市场竞争力，开始向上下游延伸产业链，将掌握粮源与服务农民生产生活紧密结合，立足粮食主业，突出产业延伸，拓展辅业支撑，构建全产业链经营模式。如江苏南通市大力推进粮食全产业链联盟建设，成功摸索出一条由国有粮食购销企业牵头，农资企业、种粮大户、农技部门、加工企业共同参与的粮食全产业链联盟的发展路子。但总体而言，我国粮食产业链条较短，上游过度分散，竞争力不够。

（四）存在的主要问题

1. 竞争力总体不强

一是加工链总体较短，带动能力不够。大宗农产品加工水平偏低，目前稻谷加工产能利用率仅为43%左右，小麦加工产能利用率也只

---

① 华南冬春蔬菜、长江上中游冬春蔬菜、黄土高原夏秋蔬菜、云贵高原夏秋蔬菜、黄淮海与环渤海设施蔬菜、东南沿海出口蔬菜、西北内陆出口蔬菜以及东北沿边出口蔬菜生产基地。

有60%左右。精深加工及综合利用不足，如稻谷加工副产品稻壳、米糠、碎米、抛光粉综合利用率低，产业链不完整，缺乏深度开发利用，副产品附加值低。特色农产品链不多、不长、不协调，名牌农产品链少，不适应市场日益多样化、优质化和精细化的需要。多大多数加工企业规模小，生产经营成本高，技术装备水平落后。

二是服务链发展滞后，上中下游不均衡。分散的农户无需任何主体帮助就可以完成农产品生产过程，多数农产品无需加工就能直接进入消费市场，这种状况导致农业对生产性服务依赖性可强可弱，制约了农业服务业的发展。相关资料显示，目前美国农业生产性服务业增加值占农业GDP的比重已达到12.7%，而我国仅为2.3%，农业生产性服务业发展滞后。服务链发展不均衡，产前、产中服务发展较快，产后服务发展滞后。目前，农业产前的种苗繁育、农资供应等服务领域已经高度成熟，农业产中最急需、劳作程度最繁重的农机作业、病虫害防治等服务有了很大发展，但农民产后急需的信息服务、金融服务、销售服务等仍很薄弱。

三是功能链发展才刚刚起步。休闲农业等新功能产业链还很短，主要停留在满足顾客“吃、住”等较低层次的物质需求，缺乏体验、休闲、科普教育等高层次项目，文化内涵发掘不够，产品附加值低，竞争力不强。许多地方引导扶持政策体系不完善，土地、资金、交通、环保设施等要素支撑约束严重，社会资本和生产要素进入新兴产业链还较难。

2. 产业链组织化和一体化程度较低，上游太分散

上游生产主体总体较为分散，农牧业生产主要以一家一户为单位，生产规模小，组织化程度低，60% ~ 70%甚至更高比重的农户自己解决农产品运销问题，脱离产业链。核心企业自身的竞争力和带动力不强，市场集中度低。即使是乳业 D20 企业，其市场集中度也不高。受风险防范和法律制度等方面的制约，农户与企业（组织）之间股份合作等紧密型联结方式不多，以非正式合作为主，订单农业合同不规范，产业链上下游主体的连接方式较为松散，在生产组织、质量监控、信息传输、价格协商等方面难度较大。核心企业的产业链管理水平总体不高，供应链设施落后，产业链的信息化程度整体较低，再加上农户和中小农产品加工企业获取信息能力差，使得产业链信息传递效率有限，信息流的滞缓、偏差、断线阻碍了产业链联结，影响运行效率。

3. 产业链利益链接和分配机制不完善

农产品由于专有性高，生产周期长，生产关系柔性差，对市场需求变化反应滞后，导致农户与农产品加工、销售企业之间难以保持长期稳定的合作关系，农户注重短期收益与农业龙头企业投资周期长之间的矛盾成为制约产业链发展的瓶颈。在“龙头企业 + 合作社（基地）+ 农户链接型”这一主要模式中，上游种养环节的经营主体仍然以农户、家庭农场及合作社为主，他们在信息、流通、销售方面缺乏相应的技能，基本上没有价格谈判能力和权利，在利益链条上处于弱势地位，难以公平分享全链条增值收益。公司（龙头企业）往往控制着产业的关键环节，处于强势地位，产业链收益明显向其倾斜。订单是农户参与产业链的主要方式，但农民与企业之间的交易订单普遍缺乏法律约束力，履约率不高，一旦市场环境发生不利变化，两者很容易出现不合作行为，双方利益都得不到有效保障。

4. 政策支持和要素支撑体系不健全

龙头企业的创新能力不够，上游主体吸收应用新技术的能力不强，农业科技部门产业链全链条技术服务能力不足。金融部门对龙头企业和农户的支持不够，全产业链金融服务的意识和能力不强。产业链发展急需的规划、设计、管理、有效控制、成本核算等专业技术人员缺乏。融资难、融资贵、生产和流通成本高等外部环境制约依然突出。标准化生产是产业链发展的基础，但目前产业链在不同区域、同一区域的不同部门间的标准不一致、不协调，没能形成一个统一的系统，多头管理、交叉冲突是常态，使得企业、消费者混淆不清，也降低了产业链的运作效率。产业链上下游环节之间、不同产业链条之间的信息平台、数据标准不统一，难以互联互通，制约了供应链和电子商务的发展。产业链各环节物流设施和物流技术落后，特别是专用运输设备、装卸设备、存储设备落后，导致产业链间的交易损失过大。

四、提升我国农业产业链竞争力的政策建议

在新的阶段，应把产业链构建作为推进农业供给侧结构性改革、提升农业竞争力的重要手段，用产业链构建来统领农产品加工业发展、一二三产业融合、休闲农业发展等政策，并根据农业结构调整的方向，按照“壮大主体，培育载体，提升水平，强化支撑”的总体思路分类推进。进一步壮大产业链主体，以产业组织结构调整推动生产结构调整，促进新动能的发育；更加重视产业链载体建设，因地制宜规划建设一批园区和基地，培育产业链群，优化产业链布局；以龙头企业（组织）为核心，提升产业链管理水平，健全利益链接机制，提高一体化水平；以全产业链视角，构建创新链、政策链，创造良好的发展环境。

（一）分类指导，以最适合的模式推动不同类型产业链整合

对于粮、油、棉等大宗农产品，要鼓励农民合作组织和专业服务组织主导产业链整合。鼓励农户通过生产经营合作、土地股份合作等

方式，建立起各种农业合作组织。以农民合作社等为主体，支持其把经营活动延伸到农产品产前的服务环节和产后的加工、流通、销售等环节，建立完整产业链，形成各类农业经营主体的利益共同体，让农户更好地分享农业产业链中非农产业环节的利润，并改善自身在市场竞争中的地位。

对于畜牧养殖业，重点是壮大龙头企业，健全“龙头企业＋合作社（基地）＋农户”的链接模式。借鉴乳业D20发展经验，大力支持一批有实力、有品牌的龙头企业，鼓励其加强上游基地建设和下游市场体系建设，推进规模化、标准化、设施化、集约化生产，实现种养加纵向一体化发展。鼓励企业通过兼并重组等方式整合资源，提升健康产能。

对于地方特色农产品，鼓励发展“交易市场（电商企业）+产业集群”融合模式。适应发展趋势，将交易市场带动模式和产业集群驱动模式融合，通过现代交易市场带动产业集群的发展，进而带动产业链群的发展。大力提升交易市场的功能，发展电子商务、现代物流，实现线上和线下互动发展，提升带动能力。

在城市郊区和重要景点周边地区，鼓励发展休闲农业产业链。引导和支持社会资本开发农民参与度高、受益面广的休闲旅游项目，推进农业与休闲、旅游、科普、文化、保健、养老等产业融合发展，延长产业链。积极扶持农民发展休闲农业合作社，鼓励发展以休闲农业为核心的一、二、三产业融合发展聚集村。支持各类经营主体协作联合，打造精品线路、特色产业带和优势产业群。

（二）大力加强载体建设，积极培育产业链群

引导各地结合本地实际，合理规划建设农业产业园区，包括农产

品生产基地、农产品加工园区、现代交易市场（电商产业园区）、物流园区、休闲农业园区，完善配套服务体系。推动各类园区有机衔接，形成梯度布局，为产业链群的发展提供更好的载体。

在产业链上游，发展一批规模化、专业化、生态化、标准化、集约化的原料生产基地，推进种养业集聚发展，更好地保障原料供给和农产品质量安全，强化农业产业链的基础。

充分利用粮食企业、供销企业和农垦企业的现有资产，以及农村废弃校舍、县乡工业区倒闭破产企业的厂房，以大型龙头企业为依托，以规模化精深加工为核心，创建农业产业化示范基地和农产品加工产业园区。支持园区企业集中建设农产品及加工副产物综合利用公共设施，并通过招商引资吸引收储、加工、配送、质检、信息处理等企业入驻，促进加工业集群和服务业集群的融合。

根据资源条件和区位优势，发展一批与农业全产业链相配套的农产品批发市场或农产品电商园区、物流园区，加强区域性储藏、运输和冷链设施建设，推动农业龙头企业集群与专业批发市场和电商园区的对接。

注重发挥美好乡村集群的规模经济效应，带动农村产业的集聚发展。美好乡村规划要以城镇、村庄为点，以公路、河流为线，以农田、片林、经济林为面，实现点上成景、线上成带、面上成片，注重上下水等基础设施建设，通过美好乡村的集群发展促进农村文化旅游产业的集聚发展。

（三）积极培育产业主体，提升领军企业的竞争力

将农产品加工、三产融合政策与产业链建设对接，以三产融合示范企业为龙头，培育产业链领军企业。积极支持领军企业前延后伸建

设标准化原料生产基地、发展精深加工、物流配送和市场营销体系，完善全产业链布局。鼓励领军企业在知名电商平台开辟网店，或自建电商平台，积极抢占网上市场。支持领军企业加大科技投入，开展新品种、新技术、新工艺研发，拓展产业链条。鼓励领军企业建立完善的现代企业制度，广泛吸纳、培养、重用人才，规范企业管理制度，改善企业治理结构，提高企业治理能力。

深化地方粮食、供销、农垦企业改革，积极发展混合所有制经济，推广全产业链发展模式，培育一批集生产、仓储、物流、加工、贸易于一体的领军性企业集团。

大力培育农业生产性服务领军企业。围绕各类农业经营主体对生产性服务的需求，整合服务资源，重点培育一批服务功能全、组织能力强、运行管理规范的综合性农业服务公司，开展覆盖产前、产中、产后全过程的农业社会化服务。

支持工商资本投资现代农业，特别是新兴功能性农业。鼓励农商联盟、农业产业化联合体等新型产业链主体的发展。

（四）提升产业链一体化水平，健全利益链接机制

提高龙头企业（组织）的产业链管理水平。在生产链管理上，要统一全链条专属投入品的生产和供应，统一生产流程和标准；在技术链管理上，要对育种、生产、加工、检测、营销等方面技术进行科学管理；在物流链管理上，要对产业链中的物流进行全面规划，提高专业化、规模化、信息化水平，降低产业链物流成本；在信息链管理上，要建设好综合信息平台、决策支持系统、农业生产平台、加工平台、流通平台等信息系统，对市场和产业链内部各种信息统一管理。

鼓励和引导龙头企业创建产业链品牌，在各环节规范使用品牌，

全链条统一品牌统一销售，提高产品市场竞争力和定价话语权，提高终端产品的品牌溢价。支持龙头企业申请商标国际注册，积极培育出口产品品牌，提高产品附加值，提升竞争力。

创新发展订单农业，规范合同文本、明确双方权责关系，引导和支持龙头企业与农户、家庭农场、农民合作社建立稳定购销关系。设置担保制度和风险基金，将合约引向长期化，加强产业链上下游之间合作的稳定性和长期性。鼓励探索“土地流转集中后再发包”的经营模式，集成企业经营和农户家庭经营的双重优势，并形成更稳定的合作关系。

鼓励发展股份合作，引导农户与合作组织、龙头企业双向入股，开展深度合作，提高彼此的信任度。鼓励龙头企业通过信贷担保、技术支持等方式帮助农户发展，并采取股份分红、利润返还、二次返利等多种形式，将产品加工流通环节获取的附加值收益部分让利给农户、合作社等联结主体，共享产品增值收益。

（五）完善政策和服务支撑体系

围绕产业链构建金融服务链。将以农业产业链为导向的信用评估和征信纳入金融体系建设，将传统的针对特定企业或组织的信贷评估模式延伸到整个农业产业链，增强产业链的整体信用水平。对产业链中各参与主体及关联交易环节实施征信并实现信息整合，消除产业链内部各参与主体信用分割的状况，提高产业链内部的融资均衡性。适应农业产业链整合趋势，鼓励金融机构按照零售业务批发做的理念，创新内部流程，对农户等产业链中小型客户实施金融集中连片服务；根据订单农业生产流程合理确定贷款期限、利率和偿还方式，积极创新开发应收账款质押、动产质押等贷款方式，满足产业链各环节的资金需求。适应各类农业园区快速发展的形势，通过行业、区域等信贷政策，做好对农业产业链和产业集群的金融服务。积极探索以农产品物流市场、电商企业、专业合作社等组织为核心的新型产业链金融服务模式。

围绕产业链构建创新链。以建立与产业链相配套的创新链为目标，重视产业链研发与营销环节的接轨，大力开展以需求为导向的应用性研发，提高农业产业链核心竞争力。依托龙头企业建立产业链技术创新中心，加强核心环节的科研开发应用，突出农产品精深加工和副产物综合利用，研发行业关键工艺和设备，挖掘提升农产品附加值。落实好国家标准化战略，分门别类理顺农业产业链标准体系。

围绕产业链建设多层次人才队伍。采取正规教育、在岗培训和岗前培训等各种方式，加强产业链各环节专业人才的教育与培养。鼓励各类农业大中专院校增设促进农业产业链延伸和拓展的专业和课程。充分发挥农业技术推广机构、农村专业合作经济组织、农业行业协会的作用，有计划、有步骤地对农业产业链从业人员开展多层次、多方面的培训。大力培养具有全产业链战略眼光的高层次人才，重视管理者队伍建设，提高农业企业家的管理素质和水平。

整合财政资金，建立全产业链支持机制。以构建产业链为导向，实施好农产品产地初加工补助、农村产业融合试点示范项目。鼓励将财政现有资金、预算内投资、农业综合开发资金等向农业产业链发展项目倾斜。通过政府和社会资本合作（PPP）、设立基金、贷款贴息等方式，带动社会资本投向新兴产业领域。

加强产业链基础设施建设。以政府为主导，加速实施农村信息化工程，增加县级以上龙头企业上网率和名牌农产品上网率以及农业信息进村入户率。充分利用邮政、供销、电商企业的资源，加快健全以县、乡、村三级物流节点为支撑的农村物流网络体系。完善休闲农业和乡村旅游道路、供电、供水、停车场、观景台、游客接待中心等配套设施。在用地政策上，要将年度建设用地指标中单列一定比例，专门用于农业产业链主体进行农产品加工、仓储物流、产地批发市场等辅助设施建设。

执笔人：金三林　孙小龙[①]

参考文献

[1] Christine Nguyen，2014："Supply Chain Consolidation and Cooperation in the Agriculture Industry"，University of Southern California Working Paper，August 2014.

[2] Magali AUBERT，Geoffroy ENJOLRAS，2016："The case of short food supply chains in French agriculture"，Paper prepared for presentation at the 149th EAAE Seminar，2016.10.

[3] 成德宁. 我国农业产业链整合模式的比较与选择. 经济学家，2012（8）.

[4] 德勤中国公司研究小组. 研究与洞察力中心：变潮涌动—全产业链布局现代农业.中国农业发展和投资报告，2014.

[5] 韩长赋. 积极推进新型农业经营体系建设. http://www.moa.gov.cn/zwllm/zwdt/201308/t20130807_3551651.htm.

[6] 李军民，朱有志，唐浩. 国外农业产业链管理运作研究及其对我国的启示. 世界农业，2017（2）.

[7] 宁波市农业局. 宁波市农业全产业链发展专题报告. http://www.nbnyj.gov.cn/cat/cat63/con_63_45022.html.

[8] 《农资与市场》编辑部. 荷兰农业—产业链式高效农业模式. 农资与市场，2016（6）.

[9] 肖小虹. 中国农业产业链培育论. 北京：科学出版社，2012.

[10] 张利庠，张喜才. 我国现代农业产业链整合研究. 教学与研究，2007（10）.

[11] 张莹，肖海峰. 基于契约博弈模型的农业产业链纵向协作分析. 华中农业大学学报（社会科学版），2016（6）.

[12] 翟雪玲，韩一军. 肉鸡产品价格形成、产业链成本构成及利润分配调查研究. 农业经济问题，2008（11）.

① 孙小龙：中国农业大学经济管理学院博士研究生。

专题三

提升我国农业品质竞争力

在增产导向的政策体系引导下，我国的农业生产取得了巨大成就，农产品数量安全基本得到保障。然而，随着城乡居民收入水平的提高，人民群众的消费观念开始由“吃得饱”向“吃得好”转变，对农产品质量的要求日益提高，对农产品质量安全问题更加关注。近年来，我国农业生产成本不断提高，农产品的利润空间越来越薄。国内外价格倒挂，进口农产品增加，又进一步冲击了国内大宗农产品的生产和销售。增加绿色优质农产品的供给，实行“优质优价”，既能扩大农产品的利润空间，又能有效应对国外廉价农产品的冲击。因此，加强农产品质量安全管理，提升农产品品质，既是适应城乡居民消费观念转变的必然要求，又是深入推进农业供给侧结构性改革、提升农业竞争力的重要举措。

一、我国农业品质竞争力的现状

国家高度重视农产品质量安全问题，为确保人民群众“舌尖上的安全”，做出了一系列重要部署。2013 年中央农村工作会议指出，要“把农产品质量安全作为转变农业发展方式、加快现代农业建设的关键环节”。2015 年中央 1 号文件指出，要“提升农产品质量和食品安全水平”。2016 年中央 1 号文件指出，要“加快健全从农田到餐桌的农产品质量和食品安全监管体系”。2016 年中央经济工作会议指出，“要把增加绿色优质农产品供给放在突出位置，狠抓农产品标准化生产、品牌创建、质量安全监管”。2017 年中央 1 号文件指出，要“全面提升农产品质量和食品安全水平”。

近年来，我国绿色优质农产品的供给稳步增加，人民群众逐渐由“吃得饱”转向“吃得好”。2016 年，我国“三品一标”① 总数接近 10.8 万个，比 2010 年增加 39.0%。2016 年，全国有效无公害农产品种植面积达到 1604 万公顷，绿色食品原料标准化生产基地面积 1100 万公顷，有机农业示范基地种植面积 169 万公顷。

我国始终坚持“产出来”与“管出来”两手抓，努力让人民群众“吃得放心”，农产品质量安全水平呈现总体平稳、持续向好的发展态势。2016 年，我国主要农产品例行监测总体合格率为 97.5%，蔬菜、水果、畜禽和水产品的合格率分别为 96.8%、96.2%、99.4% 和 95.9%。农产品质量安全县成为引领质量安全的“排头兵”，107 个国家农产品质量安全县（市）检测合格率达到 99.3%，较全国高 1.8 个百分点。

虽然我国农产品供给正在逐步向中高端迈进，质量水平稳步提高，但目前我国农业品质竞争力的现状仍不乐观，主要表现在两个方面：一是部分农产品本身质量仍然不高，二是消费者对国内农产品信任不够。

---

① “三品一标”指的是无公害农产品、绿色食品、有机农产品和农产品地理标志。

（一）我国部分农产品本身质量不高

在营养上，我国部分农产品的育种以高产量为目标，营养品质有所欠缺。以我国和日本选育的稻米品种为例，我国稻米的单产水平与日本比较接近[①]，但食用品质不如日本。日本大米在影响口感的几个关键指标如直链淀粉、蛋白质、胶稠度、崩解值上，都好于我国的大米品种。另外，日本将亩产600斤以上的大米用于生产饲料，将亩产600斤以下的大米用于直接食用，进一步保证了大米的食用品质。

在质量安全上，过度使用化肥和农药，农产品的质量安全受影响。以农作物播种面积计算，2015年，我国化肥施用强度达到361.99千克/公顷，是世界平均水平的3.02倍，是国际公认的化肥施用安全上限225千克/公顷的1.61倍。以耕地面积计算，2012年，我国每公顷的农药使用量达到13.36千克，单位面积农药使用量是世界平均水平的2.5倍，是欧洲（1.9千克）的7倍，是美国（1.5千克）的9倍。中国化肥和农药的有效利用率仅30%～40%，残留的化肥和农药破坏了土壤的理化性质，影响农产品质量安全，并通过食物链的富集作用转移到人体，不利于身体健康。

在品质保存上，缺乏烘干和冷藏设备，储藏能力不足，储藏的农产品保质期短、质量下降。以我国和日本的大米储藏为例，我国稻谷仍以自然晒干、常温储藏为主，这种自然储藏方式虽然操作简单、储藏成本低，但大米保质期短，品质损失比较严重。日本则广泛建立低温保鲜储藏设施进行低温储藏，大米入仓后，冷却装置产生冷气，使仓库内的温度和湿度长期保持在合适的水平，大大延长了储存时间，保证了大米品质。

---

① 据FAO数据，2014年，我国水稻单产为454.3千克/亩，日本水稻单产为446.5千克/亩。

（二）消费者对国内农产品的信任不够

近年来，我国农产品质量安全水平总体稳定，继续趋好。根据农业部农产品质量安全监测数据，2013 ~ 2016 年，我国农产品质量总体合格率持续保持在 96% 以上（见表 1）。

表1　　近年我国农产品质量检测合格率（%）

	总体合格率	蔬菜合格率	畜禽产品合格率	水产品合格率
2016年	97.5	96.8	99.4	95.9
2015年	97.1	96.1	99.4	95.5
2014年	96.9	96.3	99.2	93.6
2013年	97.5	96.6	99.7	94.4

数据来源：农业部历次农产品质量安全例行监测数据。

然而，我国是人口大国、农产品生产和消费大国，虽然仅有不足 3% 的农产品质量检测不合格，但农产品质量安全事件的绝对数量仍然不少，被媒体曝光的质量安全事件屡见不鲜。如 2010 年曝出的海南“毒豇豆”、2011 年曝出的“瘦肉精”、2013 年曝出的湖南“镉大米”、2013 年曝出的山东“毒生姜”等问题，都严重挫伤了消费者的信心。2012 年，农业部农产品质量安全监管局的一项专题调研结果显示，有 53.1% 的消费者认为我国农产品质量安全问题比较严重。

随着收入水平的提高，消费者越来越重视食品安全，愿意为信得过的农产品支付更高的价格。2013 年，中国人民大学农业与农村发展学院曾对北京市 500 名消费者进行过一项问卷调查，结果表明，在对购买日本大米的态度方面，受教育程度越高、每月购买食品支出越高、对食品安全越关注的消费者，更加倾向于购买日本大米，且有 48.25% 的消费者表示购买大米时最关注的影响因素是食品安全（巴斯，2015）。

另外，社会公众对食品安全事件也越来越敏感，对质量安全问题

“零容忍”。食品安全事件一旦发生，部分消费者会全面拒绝购买和食用相关产品，甚至在国内产品的品质与国外已无明显差别的情况下，有的消费者仍然会选择消费进口产品。例如，2008 年“三聚氰胺”事件之后，社会公众“谈奶色变”，尽管近年来国产奶粉的质量安全水平有了大幅度提高，但消费者还是愿意以更高的价格购买进口奶粉，这对国内奶业的打击是巨大的。

二、制约我国农业品质竞争力提升的原因

制约我国农业品质竞争力提升的原因主要可以归纳为三个方面：政策导向注重增产目标，农产品质量安全标准不高，农业生产的标准化、组织化程度不高。

（一）增产导向的政策体系

一方面，增产导向的政策体系补贴了一些本该退出的不健康、不可持续的产能，使得部分品质不高甚至存在质量安全隐患的农产品产能能够继续维持。比如东北冷凉区的玉米，这些玉米品质不高，如果没有玉米临时收储政策，东北冷凉区将会调减玉米种植。又如新疆部分低产棉田，由于实行按种植面积补贴的政策，这些棉田仍然存在，这部分产能没有退出。

另一方面，在增产导向的政策引导下，单产高的品种更能得到关注，品质高但产量低的农产品容易被市场淘汰。以生猪为例，目前市场上盛行的是生长周期短、增长速度快的品种，虽然传统土猪品质口感更好，但其近 10 个月的生长周期是目前主流猪种生长周期的 2 倍，加上市场上缺乏“优质优价”的品质质量发现信号，养殖户养殖生长

周期快的猪获利更多，优质的传统土猪容易被市场淘汰。

（二）农产品质量标准不高

从农产品质量标准来看，首先，我国农产品质量标准的技术内容与国际标准差异大。国际上通常的做法是既制定强制性的农产品质量标准，对农产品理化指标和农产品最低质量要求作出规定，又在此基础上制定推荐性的农产品质量分级标准。这两类标准相互配合，形成了一个完整合理的体系。而我国的质量标准和分级标准混合在一起，一些本应强制执行的产品质量要求却在推荐性标准中出现，而一些本应是推荐性的农产品质量分级要求却在一些强制性产品质量标准中出现。另外，目前我国的农产品质量分级标准体系以行业标准为主，国家标准数量较少，且大多数是推荐性标准，标准结构和内容只能满足国内市场需要，很难适应国际市场的要求。

表2　　中日大米品质标准比较

指标	中国（GB1354–2009）	日本
水分指标	≤14.5%	≤15.0%
杂质总量	一等≤0.25%　二等≤0.25% 三等≤0.30%　四等≤0.40%	一等为0 二等为≤0.1%
不完善粒	一等≤3.0%　二等≤3.0% 三等≤4.0%　四等≤6.0%	一等≤1.0% 二等≤2.0%
损害粒	未规定	≤2.0%
碎米	籼米≤15%～30.0% 籼糯≤15%～25.0% 糯米≤7.5%～15.0% 粳糯≤7.5%～12.5%	一等≤5% 二等≤10%
杂色粒	黄粒≤1.0%	杂色粒≤0.2%
垩白粒率	≤30%	≤15%

资料来源：程建军，2016，《中日大米品质对比》。

其次，我国一些农产品质量标准技术指标低于国际先进标准。以大米为例，日本对稻米的加工精度和外观品质要求极为严格，规定碾磨过程应去掉皮层及胚芽（统称糠），而我国的标准低于日本，导致大米的外观品相不如日本（见表2）。再以碎米为例，泰国对大米的分级指标最多，对纯度（品种）和含碎粒的控制最为严格。泰国将整粒米的长度均分为十等份，以达到不同长度的碎米含量作为精米分级依据，而我国碎米仅仅分为两类：大碎米和小碎米。

（三）农业生产标准化、组织化程度不高

目前，我国仍以小规模家庭农户的分散经营为主，存在着“小生产”与“大市场”的矛盾，不利于质量管理。

一是大部分小规模经营者的首要目标仍是“数量扩张”，而不是“质量提升”。实现从“数量扩张”到“质量提升”的转变需要产量和收益的双重支撑，而小规模经营者产量小、收入微薄，增加产量、保证数量是其首要目标，容易只注重追求产出结果而忽略投入要素的安全性。

二是小规模经营不利于增加先进生产设备和监管设备投入。小规模经营者资金实力小，难以增加先进生产设备和监管设备投入。再加上由于缺乏规模效应，先进生产技术和监管设备的效益不能得到充分发挥。在提升质量安全方面的这些投入会增加生产成本，导致产量减少，往往不被采用。

三是小规模经营制约了标准化生产。由于较小的生产规模和土地的细碎化，难以对终端产品进行广泛检测，农产品生产的标准通常执行不到位，专业化生产、标准化管理、产业化经营难以实行，难以做到“统一品种、统一技术规范、统一生产资料、统一品牌、统一销售”。

四是生产缺乏组织，容易出现机会主义行为。在整个农产品供应

链上，分散的小农户处于弱势地位，如果不能使农户更好地分享农产品增值的收益，农户不仅缺乏实施安全生产的动力，还会采取机会主义行为谋求短期的利益，如通过投入禁止使用的农兽药、动植物激素等化学、生物产品提高农产品的产量和外观品质等。

三、日本农业提升品质竞争力的做法：以肉牛产业为例

日本与我国同为人多地少的小农经济国家，农业资源禀赋、饮食文化等有不少相似之处。以肉牛产业为例，与我国类似，日本肉牛养殖的资源禀赋在国际市场上并不具有比较优势。特别是1991年4月，日本实行牛肉进口自由化政策后，牛肉进口急剧增加，对国内肉牛产业冲击很大。为此，日本政府出台了一系列促进生产、改良品种、保障质量安全的政策，有效地提升了本国牛肉的品质竞争力。在并不高的关税税率（38.5%）保护下，日本牛肉仍保持了较高的自给率，2015年的自给率为40%。日本肉牛产业以品质竞争力应对进口牛肉的价格优势、摆脱肉牛养殖中资源禀赋劣势的成功经验，值得我们借鉴。

（一）提升质量安全标准，赢得消费者信任

2000年，日本政府在日本农林物资标准（Japan Agricultural Standard，JAS[①]）中增加规定，要求进口食品必须标识原产国名，本国产品必须标识都道府县名、市镇村名。2001年，日本爆发了牛脑海绵状病变（疯牛病），牛肉质量安全问题成为日本消费者关注的焦

① 1950年制定的《日本农林物质标准化及质量表示规范化法律》，是覆盖面广、具有权威性和普遍性的农产品标准。经过多次修订，其内容不断完善。经过认证的农林物资可根据需要加贴一般JAS标识、特殊JAS标识、有机JAS标识或者生产信息公开JAS标识。

点，随后日本政府对JAS法进行了完善，不断提高质量安全标准，倒逼肉牛产业提升产品质量。2002年，新的JAS法加重了对违反品质标识规则的处罚力度[①]，使虚假标识的产品难以流通。2003年，日本进一步要求肉牛产业引进质量追溯系统，在每头牛的耳朵上安装可识别的标识，要求农户对所有牛的饲料来源、饲料成分、牛的出处等建立个体识别台账；屠宰场对于上述的记录需要输入全国数据库，并在屠宰后的牛肉上标注牛的标识和台账号码；牛肉企业、批发商在生产信息全部公开的前提下购买牛肉。消费者通过互联网输入包装盒上的牛肉身份号码，能够获取他们所购买牛肉的原始生产信息。2004年底，JAS又规定，从连骨带肉阶段到零售阶段都要粘贴标识，并由第三方认证机构进行认证（李学婷等，2013）。此外，日本还实施了肯定列表制度[②]，以十分严苛的标准限制化学投入品的残留量（金少胜等，2010）。由于日本的农产品标准体系覆盖面极广、标准极高，这些措施有力地提升了消费者对国产牛肉的信心，也提高了日本牛肉的品质竞争力。

（二）推进生产全流程的标准化，保障质量安全

近年来，以规模化饲养为契机，日本在育种、饲养、屠宰加工等环节推进标准化生产，有力地保障了“从田间到餐桌”的质量安全。

一是育种。日本肉牛业饲养黑毛和牛等纯种肉牛并以纯种育肥产肉，便于推广标准化养殖技术。目前，日本90%以上的肉牛都是纯

---

① 以前，不追究违反者的刑事责任，对个人、法人罚款都是50万日元以下；如今，对违反者处以1年以下有期徒刑，个人100万日元以下、法人1亿日元以下的罚款。

② 肯定列表制度（Positive List System）是限制农产品、食品中农业化学投入品（包括农药、兽药和饲料添加剂等）残留量的标准。该标准不仅覆盖了国际组织以及世界各国农残限量标准，还对以上参考标准中未规定的农业化学品最大残留量制定“暂定标准”或规定含量不得超过“一律标准”，即0.01毫克/千克。

种肉牛。其中，黑毛和牛产肉量占到各类纯种肉牛产肉总量的 80%。此外，日本还积极推进培育优良品种工程。政府对种公牛的生产性能、繁殖性状、肉用性能等指标进行调查；促进母牛受精卵移植技术的实用化；建设肉牛繁殖示范基地；在各都道府县建立泌乳能力、产肉能力测定等制度；指导生产者跨区域选择种公牛进行计划交配等。

二是人工授精。人工授精能够在规模化饲养的条件下，充分发挥优良种畜利用率，减少公畜饲养量及生产成本，减少疾病传播机会。目前，日本肉牛 95% 以上都是人工授精。

三是饲料。日本的饲料工业的产业集中度很高，有利于控制饲料质量安全，保障肉牛品质安全。日本前十家饲料企业的饲料产量占全国总产量的 90%。仅全农饲料一家的产量就约占全国总产量的 50%。“疯牛病”爆发以后，日本对饲料安全问题尤为重视。政府规定饲料加工企业必须远离养殖场，以避免发生交叉污染。涉及产品安全的饲料检测项目必须直接由农林水产省肥（饲）料检查所进行检测，一般的营养成分则由各都道府县的检测机关进行检测。

四是屠宰加工和销售。20 世纪 70 年代以来，日本地方政府、农协组织设立了产地肉食中心和食肉中央市场，积极整合牛肉供应链，改变了屠宰、加工、销售环节松散无序的局面（韩柱，2013）。销售主要在地方政府出资开设的食肉中央批发市场进行，产品出售者委托批发市场以竞买和投标的方式进行公开竞争交易。批发市场收购活牛，附设屠宰场，屠宰后的肉牛次日上市。屠宰加工主要由农协设立的产地食肉中心负责。

（三）打造特色优质品牌，满足差异化需求

日本在推进肉牛养殖标准化的同时，也着力打造特色优质品牌，

满足不同收入阶层消费者的差异化需求，特别是高端需求。目前，神户牛、松阪牛、佐贺牛等高端和牛的牛肉价格均在5000日元/100克以上（约合每千克3000元人民币）。日本人均月收入约合16000元人民币，即便以这样的收入，和牛肉也是奢侈品。

从1900年开始，日本将本地牛与瑞士西门塔尔牛、瑞士褐牛、英国爱尔夏牛、英国德文牛等品种多元杂交，培育出日本和牛，并于1944年后认证了黑毛和牛、棕毛和牛、无角和牛和短角和牛四个品种。此后，这些和牛被严格禁止与外来的牛种杂交，只在和牛内部进行交配并自然淘汰。日本政府对和牛品种、产地、饲喂方法进行了严格规定，为提升和牛肉品质、打造和牛高端品牌提供了有力支撑（贠志兴，2016）。以神户牛为例，日本对“神户牛肉”实行地理标志保护制度，对其生产过程实施更严格的监管，要求其必须满足特定饲养方法、符合特定品质标准，并接受第三方检验机构的认证，取得相关证明后才能被授予“地理标志产品”称号。政府对假冒、伪造地理标志产品的违法行为给予严厉打击。“神户牛肉”等品牌经过长期改良、培育，通过准确的市场定位、精美的包装、绚烂多彩的广告塑造了产品形象和企业形象，提升了消费者对品牌的忠诚度，“神户牛肉”以高质、高价畅销国内外。

四、提升我国农业品质竞争力的政策建议

从国内一些地方改善农产品品质的实践和日本增强肉牛产业竞争力的做法可以看出，全面提升我国农业品质竞争力，既需要调整政策导向，也需要发挥市场的决定性作用。

（一）调整支持政策，提升农产品品质

提升我国农产品本身的品质水平，关键是要转变当前增产导向的政策。要退出不健康产能，提升健康产能，把农产品种植结构“调优调绿”，增加绿色优质农产品的供给。要加大对仓储设施、物流设施的建设，减少贮藏和运输环节的农产品质量损失，保障产后环节的农产品质量安全。

一是转变当前增产导向的支持政策，改革收储制度，理顺农产品价格形成机制。目前部分农产品的补贴办法与种植面积或产量挂钩，激励了生产者努力提高产量，却不利于培育“优质优价”的市场环境，生产者缺乏动力去提供品质高但产量低的农产品。要尽快推动当前增产导向的政策转型，通过完善补贴办法，使补贴与面积和产量脱钩，促进补贴政策由“黄箱”转为“绿箱”，发挥价格信号的引导作用。要完善玉米临时收储政策，在内蒙古和东北三省按照“市场定价、价补分离”的原则，推行“市场化收购”加“补贴”的新机制，加大对“镰刀弯”地区玉米种植的调减力度。要完善稻谷和小麦的最低收购价政策，根据市场供求、质量等级等因素，进一步调整各等级的稻谷和小麦的最低收购价格，激励生产者增加优质稻谷和小麦的供给。

二是逐步实现化肥、农药零增长，保障生产环节的农产品质量安全。落实农业部《到2020年化肥使用量零增长行动方案》和《到2020年农药使用量零增长行动方案》，切实规范农药、兽药、饲料、添加剂的经营和管理，限制或者禁止高毒、高残留农药的流通，推进化肥减量提效、农药减量控害。同时加大对退耕还林还湿、轮作休耕、重金属污染治理、地下水超采治理、面源污染综合治理等试点的支持力度，提升充裕、可持续、有竞争力的农产品产能。

三是加大对烘干、冷藏等产地初加工设施的建设力度，减少农产品在储藏和运输环节的品质下降。由于产地初加工设施投入不足，农产品产后损失严重，特别是生鲜果蔬。应当因地制宜，在稻谷、小麦等大宗农产品和生鲜果蔬产品的主产区，加大烘干房、冷藏库、冷链物流等设施的建设力度。

（二）提高质量安全标准水平，倒逼高标准的农业生产全流程

要制定更加严格的最终农产品检测标准，尽快改变国内国际“两个市场、两种标准”的局面，以高标准保证农产品的高品质，提升消费者信心。

一是推动质量标准与国际接轨。加快实施农业标准化战略，突出优质安全绿色导向，促进农产品质量安全标准与主要农产品出口国水平接轨。可以借鉴日本的肯定列表制度，完善最终农产品检测标准，确保农产品质量安全。支持地方制定与国家标准、行业标准相配套的生产操作规程。鼓励规模生产主体制定质量安全内控制度，实施严于食品安全国家标准的企业标准。推行更加精细严格的农产品分等分级标准。在等级规定中增加更加明确的量化指标，减少使用“正常”“较正常”“尚正常”“均匀”“较均匀”“基本均匀”等较为模糊的概念。

二是严格执行质量安全标准，加大执法力度。理顺各部门监管职能，强化属地责任，在农产品质量安全管理上权责明晰、形成合力。健全贯通部、省、地、县和乡镇的农产品质量安全监管机构，建立上下联动的监管网络。加强对执法队伍的法律法规和专业知识培训，提高队伍依法行政的能力。加大农产品质量安全执法力度，避免“一阵紧、一阵松”等不良现象。

三是加强产地环境保护和源头治理。牢牢把住第一道关口，确保农产品产地环境安全、农业投入品安全及其科学合理使用。在重要的水源保护区和流域，制定和执行限定性农业生产技术标准。重点加大源头治理的力度，切实从源头上保障农产品质量安全。

（三）发挥品牌的增信作用，缓解信息不对称

品牌向消费者发送了质量信号，可以减少消费者的信息搜寻成本，提高信息对称程度，增强消费者信心。因此，要大力推进农产品品牌建设，建立消费者对优质农产品的信任，使他们愿意支付“信任溢价”。

一是推进区域农产品公用品牌建设。要完善农业科技服务体系，通过地方科研机构加强区域农产品良种培育及栽培技术的创新，确保区域特色农产品的品质。要鼓励各地在各自的特色优质农产品的基础上，打造每个地区独有的品牌。可以打造整体品牌形象，对整体品牌形象进行集体商标、证明商标注册和版权登记，取得产权保护；授权区域品牌和企业使用集体商标或证明商标；借助媒体推介宣传整体品牌；融入区域优势、文化特色和健康养生元素，加强农产品品牌创意设计等多项措施，大力推进区域农产品公用品牌建设。政府和专业合作社、行业协会应通力合作，制定详细的质量标准和标准化生产程序，对使用区域农产品公用品牌的特色农产品的生产过程实施严格的监管，要求其必须满足特定栽培种植方法、符合特定品质标准。

二是完善农产品认证体系，提升农产品认证的权威性和影响力。建立统一、规范的农产品认证体系，实行统一的农产品认证机构、认证咨询机构和认证培训机构的国家认可制度。制定有利于社会监督和促进有序竞争的农产品认证标志（标识）管理办法，加强对农产品认

证机构、认证咨询机构与认证培训机构的管理和监督检查。严厉打击假冒伪劣等违法行为，保护品牌拥有者的权益，维护品牌和认证的公信力。

（四）发挥新型经营主体的示范引领作用

发挥新型农业经营主体在质量管理、品牌培育和科技创新上的示范引领作用，提升农业生产的标准化、组织化水平，增加优质农产品的供给。

一是建立生产记录台账制度，提高生产的标准化、组织化水平。推行农业良好生产规范，在农业生产中按照规定的标准进行操作，并对既定的作业项目执行情况进行记录、检查、评价。扶持新型经营主体创建农业标准化示范园区，通过示范和带动，提升广大农户的生产标准化程度。

二是加强新型经营主体的质量可追溯体系建设。在推进新型经营主体生产标准化建设，实现自身内部生产过程可追溯的基础上，强化农产品产前、产中、产后全程监管，对农产品实行从产地环境、投入品、生产过程、加工贮运到市场准入全过程的质量安全可追溯体系建设。畜牧业与种植业、水产养殖业相比，在建立质量可追溯体系方面具有更强的可操作性。可以借鉴国际上在农产品中率先实施畜产品质量可追溯的做法，率先在畜牧业新型经营主体中加强质量可追溯体系建设，并发挥其示范带动作用，逐步使其覆盖到种植业、水产养殖业，覆盖到众多的小农户。

三是扶持新型经营主体品牌建设。推进农产品商标注册便利化。鼓励和扶持新型经营主体申请“三品一标”认证，打造特色优质品牌。对有发展潜力的新型经营主体提供税收、信贷、出口、技术扶持等优惠和激励政策。加强与有关国家和国际组织的联系与合作，引导适合的新型经营主体争取国际有机农产品认证，打入高端市场，打造知名国际品牌。

执笔人：周群力

参考文献

[1] 巴斯. 中日大米标准对比. 中国青年网，2015-3-5. http：//d.youth.cn/sk/201503/t20150305_6505697.htm.

[2] 程建军. 中日大米品质对比. 黑龙江新闻网，2016-9-21.http：//hlj.hljnews.cn/system/2016/09/21/010360151.shtml.

[3] 韩柱. 肉牛规模化经营及牛肉供应链构筑的国外经验启示——以日本为例. 中国畜牧杂志，2013（8）.

[4] 金少胜，胡亦俊，周洁红. 日本农业标准化实施体系及对中国的启示. 世界农业，2010（5）.

[5] 李学婷，张俊飚，徐娟. 日本肉牛产业发展的相关政策演变探析. 现代日本经济，2013（3）.

[6] 贠志兴. 从日本和牛看中国牛肉产业发展. 中国畜牧业，2016（8）.

专题四

用“互联网+”重塑农业竞争优势

农业生产分散、流通链条长、生产应对市场需求调节滞后的特征，决定了农业始终面临小生产与大市场的矛盾。在我国以小农户为主的生产组织方式下，这一问题更加突出，成为制约我国农业竞争力提升和农民收入增加的重要原因。互联网信息技术在农业领域的应用，带来了生产、流通组织方式的变革和营销、价值增值模式的创新，为解决小农户融入现代化生产、农业生产与市场对接问题提供了新思路和新方法。近年来，各大互联网平台公司在农村的加快布局、各类新型互联网农业公司的加速崛起、大量互联网带动的农村创业创新活动的迅猛发展，促进了农业生产要素和市场资源优化配置，互联网正悄无声息地推动着农业产业链的重构，成为驱动农业竞争力提升的新引擎。

一、“互联网+农业”发展的新机遇

近些年，在国内生产成本不断上升和国际大宗农产品价格持续走低的双重压力下，我国农业发展面临前所未有的困境。一些农产品因价格和品质缺乏国际竞争力而受进口的冲击较大，还有一些农产品因流通渠道不畅、市场供需调节失衡而出现滞销，致使农业生产遭受重大挫折和农业生产者收入大幅下降。而另一方面，随着国家“互联网+”战略的全面实施，以互联网信息技术驱动的农业产业与组织方式创新如火如荼发展，带来一番全新景象，为农业与农村发展注入新的增长动力。

（一）“互联网+农业”战略实施与政策支持

2015年《国务院关于积极推进“互联网+”行动的指导意见》发布实施后，国务院各相关部委相继联合出台多项支持“互联网+农业”的支持政策，包括农业部、发改委、商务部制定的《推进农业电子商务发展行动计划》、商务部等19部门联合印发的《关于加快发展农村电子商务的意见》、农业部等8部门联合印发的《“互联网+”现代农业三年行动实施方案》以及国家发展改革委办公厅、中央网信办秘书局和商务部办公厅联合印发的《促进电子商务发展部际综合协调工作组工作制度及三年行动实施方案（2016–2018年）的通知》等。互联网、电子商务和信息化发展的重要政策将农业纳入了主要支持领域，农业各个领域和各项政策也将互联网和信息化作为推动发展的重要手段和工具。信息技术推动农业全产业链改造升级、互联网促农产品流通和市场建设、电商助力扶贫攻坚、信息化强化农技推广服务等政策行动全面布局。

商务部会同财政部从2014年开始开展电子商务进农村综合示范，三年累计支持496个县，其中国家级贫困县共有261个，占52.6%。国家扶贫开发重点县和集中连片贫困县达到261个。每个县投入2000万支持县（乡）级运营中心和村级服务站点建设，物流进村及邮政和快递企业等物流资源整合，对企业、服务站点及村民的电子商务培训以及与农村电子商务有关的农产品商品分拣、初级加工等设施建设。农业部2016年启动“农业电子商务试点”，在北京、河北、吉林、黑龙江、江苏、湖南、广东、海南、重庆、宁夏等10省（区、市）探索多种模式鲜活农产品、农业生产资料、休闲农业电子商务试点。信息进村入户试点范围扩大到26个省份的116个县。截至目前，益农信息社已覆盖2.4万个行政村，开展便民服务1.1亿人次，涉及金额39亿元；并计划到2020年益农信息社基本覆盖全国所有行政村，修通修好农村信息高速公路。工信部电子商务集成创新试点项目共支持农业类项目35个，占试点项目总数的10.2%。

（二）“互联网+农业”的加速发展

农业供求对接的低效率和分散生产组织的高成本，对互联网信息技术而言是一个巨大的、未开发的市场。近些年，各类互联网平台企业加速布局农村市场，传统农业龙头企业也加快网络化、信息化转型，在政策有力的支持下，以互联网信息技术推动农业生产、组织、流通效率提升的革命已经到来。一场运用互联网信息技术手段创造新价值、重组新产业体系、抢占有力竞争位势的市场争夺战正越演越烈。

阿里巴巴形成了以村淘合伙人、农村物流发展、农村金融扶持以及农村电商人才培养“四位一体”农村战略。村淘模式从最初1.0的代购模式发展为建设生态服务中心、创业孵化中心和文化公益中心的3.0模式。目前，阿里“千县万村计划”已覆盖约450个县2.5万个村，合伙人超过2万人。菜鸟网络已经在全国建立起一张覆盖320多个县，近1.6万个农村服务站的农村末端网络，40%县到村的物流能够当日送达，99%第二天送达。京东经过3年的探索和实践，确立“3F”农村战略，即工业品进农村战略（Factory to Country）、农村金融战略（Finance to Country）和生鲜电商战略（Farm to Table）。目前，京东已在1700余个县建立了县级服务中心和京东帮扶店，培育了30万名乡村推广员，覆盖44万个行政村。截至2016年9月1日，京东在全国建立特产馆376家，分布在7个大区共32个省及直辖市，超过60个贫困县在京东建立地方特色馆，上线单品超过1万个，每月销售额超过2000万元。苏宁在1000余个县建设了1770家直营店和超过1万家授权服务点。中国邮政集团的“邮掌柜”系统已覆盖20多万个农村邮政服务站点。农产品网上撮合平台也初具规模，截至2016年12月底，“一亩田”平台用户规模达346万人，买卖双方占比为2∶8，平台日活（DAU）为16万，日撮合单次为2.79万（按平台撮合标准），平台在售农产品近1.2万种，产品来源涉及2100余个县。

农村物流基础设施和互联网产业环境的改善，带来农村互联网创业的迅猛发展和农产品网络销售量的快速增长。截至2016年9月底，注册地在县和县以下区域的农村网商达800多万家，带动就业超过2000万人。2016年仅阿里平台农产品卖家数量可达103.5万家，农产品销售额超过1000亿元，同比增速超过40%。2016年农村网购市场规模达4823亿元，同比增长36.6%。我国农产品在线经营企业和商户达100万家，预计全年交易额将超过2200亿元，比2015年增长46%，占整个电商交易额的比重从4.6%上升到6.2%。其中，生鲜电商交易额达913亿元，比2015年增长80%。

另外，云农场、农集网、农淘网、田田圈、“农商1号”、农一网、微农商、植品汇、农医师、大丰收等农资电商平台迅猛发展，村村乐、乐村淘等新兴的农村互联网社交平台快速崛起，花卉、生猪、大闸蟹等细分行业领域电商企业纷纷进入，宜农贷、宜信以及各大平台农村互联网金融业务加速拓展，互联网正全面渗透农业生产的全过程。

二、以“互联网+”重构农产品流通链

互联网进入农业打破了传统以中间商为主体的多层次农批市场集散的农产品流通格局，以信息技术促进供求双方直接对接，实现了去中间化、去层级化发展，以开放互联平台为基础重构产业生态，为小农户参与大市场创造了一种新的组织方式。

（一）从中心集散流通向供需直连的定向配送转变

我国传统农产品流通需要经过多级经纪人、批发商，从产地批发市场到销地批发市场再到零售市场，市场层级多、中间环节多。在经销商的前端压价下，农民卖不出好价钱，收入难以提升；层层加价后，消费者得不到实惠，并且市场上不同地区、不同品质产品相互掺杂，好的价格也不能保证买到原产地的好产品。互联网销售则是通过供需信息匹配让产销直接对接，可以在交易目标明确后定向发货并选择距离最短、成本最低的物流路径，将农产品5个以上的流通环节缩短为3个甚至2个，降低了流通成本和产品损耗。目前，互联网进入农产品流通的模式大致可以分为农场直配、平台+产地直销、垂直电商、综合电商和撮合平台五大类（参见表1）。除了撮合平台是一个批发性的服务平台，不直接配送到消费者，其他四种模式或独立运行或组合运行形成新的农产品流通生态，大大提高了农产品流通的效率。前两类模式实现了从产地到消费者的直接配送，流通链条最短，使消费者能够在最短时间获得最新鲜的产品。但平台+产地直销模式受制于第三方物流服务和生产者营销管理能力，会因为产品标准化程度低、

配送不及时影响消费体验。垂直电商和综合电商发挥了市场甄选功能，通过产地直采、与产地供应商和经纪人合作选出品质好的产品，进行标准化分级、分类和包装后，利用紧密合作和自建物流体系及时送到消费者手中，流通环节至多2 ~ 3个。

表1 互联网+农产品流通的模式比较

	典型代表	流通环节	营销和客户	产品品质和品种
农场直配	沱沱公社、多利农庄等	从自营或合作农场直接配送到家，链条最短，但物流成本高	社群营销为主，客户群体较小、较稳定	高品质有机产品，价格较高，品种少，销售季节性强
平台+产地直销	淘宝、微商等平台上卖家	产地组货配送到家，合作社（产地经纪人）+第三方物流，物流成本较高、配送不稳定	平台营销，客户流动性大，平台推广费用高	品种少，销售季节性强，品质差异大，商品化程度低
垂直电商	每日优鲜、天天果园、易果生鲜等	产地甄选+集中采购，自建仓储+合作物流，建仓和物流成本高	社区营销、平台影响，逐渐积累客户群，促销投入大	专注生鲜品，严格筛选和包装，品质好，商品化程度高
综合电商	我买网、京东、喵生鲜等	产地合作，全国仓储物流网络布局，前期物流投入大	广告、活动促销，客户群体大	严格把关采购和合作供应商，品种较好，品类齐全
撮合平台	一亩田、惠农网、电商化批发市场等	供需信息对接，代为验货，整合协调物流，帮助降低搜索成本	面向规模生产者、经纪人、大买家	产品批量大，品种全，品质多样

利用平台进行产地直销的网店和微商有时会利用个人关系网络或微信在当地收货和组货。所以在电商平台打通到村的地区，很多原来的农产品经纪人转变为网商，也有一些新兴的村淘合作人实质上充当了新型经纪人的角色，有些还发展了下线帮助代销、利用上线协调供货。比如，陕西礼泉县前山村村淘合作人发展了多家代理推广“武将山”石榴，武功县凉马村村淘合作人兼信息员利用微信传播需求信息，

从周边的礼泉县收苹果在线销售。垂直电商和综合电商为了保障前端货源供应和提高采购效率，也积极发展当地买手，并利用撮合平台进行采购，天猫生鲜、易果生鲜都已经成为“一亩田”的采购商。

网络的信息汇集功能远强于批发市场，供需双方可以获得更及时、更全面、更大市场范围的信息，需求方可以更好地比价、比货，供给方能够选择更好的卖家和卖价。缺乏市场议价权的农户可以通过更广泛的市场连接，扩大产品销售的市场选择机会，有助于提高农民在产业价值链上的收益分配比例。以“一亩田”为例，通过农产品信息透明化，改变了过去议价定价由渠道商主导的格局，将产地农产品经纪人直接对接集团购买客户，使农产品销售价格至少提高了30%。再比如，陕西礼泉县苹果产地收购价格每斤只有1元左右，而卖到北京超市的价格每斤5～6元，前山村通过淘宝店发货价格为每斤4.5元，以10斤苹果为例，除去17元的运输和包装费，通过互联网直接销售每斤可以多赚1.8元；陕西省周至县的周一村建立村级电商服务点和开设淘宝店后，猕猴桃按客户订单新鲜采摘后快递直送，利润更比传统销售高出三四成；大连的一家海鲜电商也表示，尽管配送的成本相对较高，但因为省去中间环节，总体利润率还比传统渠道高5%左右。再以云南斗南市场的玫瑰花为例，电商进入之前，二次批发价是产地价的1～2倍，而花店零售价是产地的3～5倍，甚至10倍，电商进入发展五六年后，产地价格与花店零售价的差距越来越小，去除运输、损耗等费用，差额仅50%左右。

（二）优化物流结点布局后的“中心”再造

与传统渠道先有交易后有“信息流”和“物流”不同，互联网交易是先有“信息流”后才达成交易和形成“物流”，因而可以根据交易信息优化选择配送渠道和路径，从而减少物流距离不合理带来的浪费和农产品损耗。尽管相对于批量的货物运送，分散的快递物流相对成本较高，但也可以通过物流的规模化集聚发展和物流资源的整合协调来降低物流成本。陕西武功县基于其地理位置优势，确立了“买西北、卖全国”的电商发展战略，在发货规模聚集提升后，县电商办与物流公司进行集体谈判，将快递物流成本降至 4 元 / 单。2014 年以销售新疆特产为主的西域美农公司将配送中心从新疆搬到了武功县，其重要的原因是物流成本下降了一半，公司 CEO 李春望指出，“在乌鲁木齐配送一单限重一公斤，价格在 7 元到 8 元间浮动，而且续重的费用很高，搬迁到武功后通过将新疆及西北各地产品集中到武功后再销往全国，一单限重提高至 3 公斤，价格反倒降到了 3.5 元以内”。目前，武功县聚集电商企业 168 家，入驻物流快递公司 40 余家，建成“村淘”和“京东”村级服务站 300 余家，电商日发货 8 万余单、日交易额 500 余万元，2016 年农产品电商销售额达到 18 亿元，成为区域内电商流通中心。周边地区大量特色农产品也改变了传统批发市场销售渠道，转而向武功县集散并通过电商物流定向配送到消费者手中。

大型生鲜农产品电商加强了物流网络体系的建设，利用大数据优化物流结点布局，形成了以电商物流为基础的产地协同、销地速达的新型农产品流通中心（参见图 1）。京东 2016 年强化农产品生鲜战略，计划投资 100 亿元提升改造冷链物流网络，在供应商产地就近建设京东产地协同仓实现按需的及时补货，已建立涵盖 10 个产地协同仓、10 个中心仓、3300 个配送站的多仓协同、仓配一体、产地直发、全国转运、末端配送的全程冷链生鲜物流网，实现了生鲜农产品产地直接采摘后 48 小时送达全国消费者。随着电商从产地到销地冷链物流网络的布局成型，农产品流通中心正在由传统的产地和销地批发

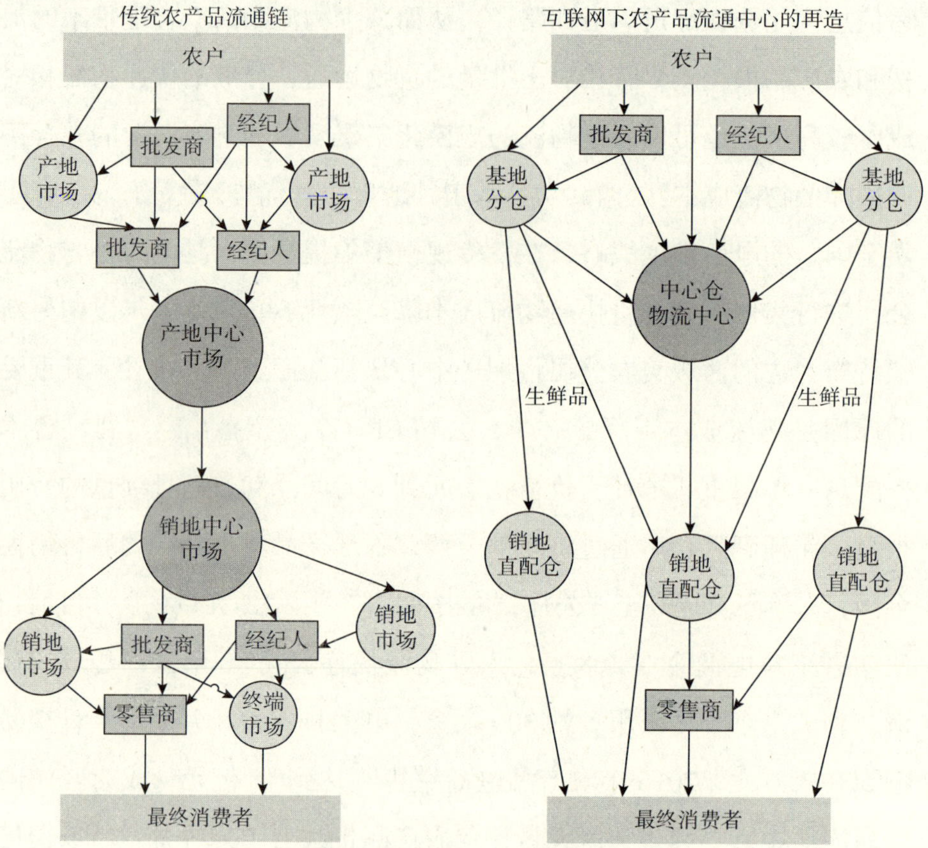

图1 传统渠道与互联网下农产品流通中心比较

市场集散向大型物流公司的产地中心仓和销地中心仓转变。宜花科技已在全国范围内投资建立超过10万平方米的鲜花仓储中心，在云南玉溪和昆明建立了FDC（前端物流中心），并在安宁、宜良等地租用冷库建立了10个产地直采仓，农户采摘鲜花后直接送到产地冷库预冷、冷库车再移送产地物流中心集中，之后再由大容量冷库车从产地仓直送销地仓，将原有鲜花产业流通环节的效率提升了70%，成本节约一半[①]。同时，宜花进入后大量的鲜花直接从产地仓到销地仓，而

① 冷链车每公斤成本为2元，航空运费为3.5元～4元/公斤，高峰期价格可能翻倍。而且航空运输经过多次装卸货，机仓温度不恒定，导致的损耗较大。

不再由市场集散，斗南花卉拍卖市场的交易量下降了20%，已经开始出现由市场中心向产地仓中心的流通中心转移趋势。与传统的批发市场的自然交易集聚和政府选点规划建设不同，电商物流中心和物流路径的选择是以实际业务数据进行最优规划，更具有专业性和科学性。比如，京东是利用青龙智能物流系统支持中心仓、配送站、配送路径的优化选择。

传统的农产品批发市场在互联网带动下也强化了其中心集散功能。甘肃定西市马铃薯年种植面积300万亩以上，居全国第二位，拥有全国首个国家级马铃薯批发市场，但近年来由于内蒙古等地区马铃薯产业快速发展，外地客商前来采购的数量明显下降。互联网技术的应用强化了其与外部市场的连接和对本地市场资源的有效整合。随着开发建设“中国马铃薯信息网”“定西马铃薯网”“定西马铃薯网购专用平台”以及“一亩田”大秦商城、广生源薯业、薯都土特产电子运营部等电商公司的进入，外地客商上线发布信息、询价和交易的流量大幅提升，提高了其在全国马铃薯市场的影响力，并促进实现了区域内247处马铃薯贮藏库库群和153处马铃薯交易市场从产地库到销地的直接运送，减少了中间集散的成本。

三、以“互联网+”重塑现代农业产业体系

互联网销售只能降低农产品流通环节的成本，而农产品电商过热发展中也暴露出了产品质量不稳定、客户投诉率高的问题，让“互联网+农业”进入冷思考。“互联网+农业”开始向“农业+互联网”转变，重点重新回归到了农业，突出强调了用互联网重塑农业生产体系帮助农业提升效率、品质和品牌，通过智能互联改善农业生产管理

实现节本增效、通过全程互联强化品质控制促进转型升级、通过用户互联创造新的体验价值收获增值溢价。

（一）通过智能互联改善农业生产管理，实现节本增效

我国农业生产成本高的一个重要原因是生产投入的不集约、不经济。而且因为大部分农户务农收入在家庭收入中的比例下降，使其在务农投入的精力和时间有限，已达不到传统小规模经营精耕细作的效果。通过信息化、智能化手段减少人工投入、降低劳动强度和提高生产效率是现代农业发展的重要方向。比如，利用物联网技术实时监测土壤和作物生长状况，在智能化控制下给予精准施肥和水肥协同管理，既可以确保充分发挥肥力、降低用肥成本，又能够防止过量使用带来的食物安全隐患和对未来可持续发展的影响。但由于我国农业生产的资源禀赋条件和以小规模农户为主的经营特征，决定了其农业现代化道路与西方发达国家的规模化大农场不同，互联网信息技术在农业的普及化应用难以基于生产者自发对生产系统的全面改造，而更多只能依靠外部服务机构提供信息化与农技、农艺相结合的综合服务解决方案，支撑实现互联网对传统农业的现代化改造。而分散的小规模农户又可以通过在线互联管理实现规模聚集，共享集体采购、集团营销、集约服务带来的成本节约。

大北农集团旗下的农信互联科技有限公司建立互联网生猪管理平台“猪联网”，为注册的生猪养殖户免费安装猪场管理软件，帮助猪场实现数字化、智能化、科学化的规范管理，通过优化猪群规模、精细疫病防治、合理饲料配比，为其节约成本、提高效率，改善了出栏猪的品质。从 2015 年 10 月到 2016 年 8 月，“猪联网”的在网猪场 PSY（每头母猪每年所能提供的断奶仔猪头数）从最初的 20 头提高

至现在的22头，料肉比下降了0.1（即每头猪节约饲料约20斤），配种分娩率上升20%～30%，发病率下降5%～8%，死亡率下降3%～5%，空怀天数下降1天等。基于良好的用户体验和猪场的节本增效，猪场积极参与，截至2016年12月，猪联网管理的活跃商品猪存栏量2022万头，猪场总数达13076个；猪友圈服务的养猪人群达53万，已成为国内服务养猪户最多、生猪出栏规模最大的“互联网+”养猪平台。

“云农场”以测土配方施肥为核心，建立了集农资采购、农技、农机、金融、信息、土地托管的综合服务体系，支持农业生产者实现农资定制化、种地智能化。目前，“云农场”已设立“农资中转中心+农技推广中心+农产品交易中心”“三位一体”的县级服务中心300多个和2.54万个村级服务站点，其业务遍及18个省、市、区460个县的经济作物区和大田作物区。农户利用“云农场”平台仅采购农资一项，就可以实现15%～45%的成本节约。佳格耘境系统利用遥感图像分析技术，整合了气象、植被、土壤和生产监测数据，可以为农场提供地块管理、灌溉优化、风险预警等智能化服务，可支持实现节水30%、节肥20%，并降低气候变化带来的风险。

（二）通过全程互联强化品质控制，促进转型升级

在传统的农业生产模式下，因为生产者与消费者中间环节多，存在信息传递不畅、赢利空间不足的问题，生产者既缺乏能力，也缺乏动力和激励去改进生产。在第一轮农产品电商的市场角逐中，单纯的组货卖货形式因为品质质量难以保证，在市场竞争中开始逐渐被淘汰，而专注于产品质量和品牌建设的专业农产品电商快速崛起，他们的后向延伸加强了对产地和供应商的管理，形成倒逼我国农产品品质提升

的重要推动力量。农产品生产是生物自然生长的过程，周期长、难以控制的因素多，产品要实现相对的标准化需要经过复杂的优选，包括从产品品种的长期培养和筛选、生产过程的标准化流程以及采收、筛选、分级、包装、储运、加工等工序的标准化。一直以来，传统农业生产对农产品的标准化不重视，小农户也普遍没有能力进行这样的生产管控，而在多层次的流通交易中缺乏标准和产品追溯管理也容易导致市场上的鱼目混珠。网销农产品因为客户无法当面验货，对产品的标准化有更高的要求，因而为获得消费者信任和争取黏性消费，农产品电商积极利用信息技术加强全过程管理、保障产品品质。

从平台电商来看，在前期完成销地布局、进一步渗透社区的基础上，他们纷纷加强了对优质供应源的争抢，分别采取了产地直采、垂直整合、供应商扶持等多种方式强化对农产品从生产、采摘、包装等全过程的控制。本来生活通过成立品控委员会，从全国各地筛选优质的供应商和农业基地，围绕生产者、职能部门、认证标准、监控、检测、消费者等环节设立了6道安全屏障，坚持对每一批次的农产品进行43项常规项目抽检。每日优鲜建立一支专业化的采买团队，在水果采购商遵循着“天地园人树果”的六字真言，即“寻觅顶级的产区，守候最佳的成熟时间，选择有科学种植技术的果园和人，并通过考察树根、树干、树叶、花朵及最近几年丰减情况考虑采摘的时机”，并计划投入1亿元品牌孵化基金选拔最优质的生产者进行专项扶持，同他们一起去打造细分品类中的黄金品牌；在供应链保障上，投入1亿元支持现货现结，减少交易环节的风险，免除供应商的后顾之忧；在品质检验检测上，投入3000万元对入库生鲜进行严格检测，还将联合权威食品安全检测实验室，出具产品检测报告，保障消费者获得安全健康的生鲜产品，同时为通过检验的供应商提供认证背书。2016年京东成立了生鲜事业部，启动了“遍寻天下鲜”系列活动，选择与特色产区的优质企业合作，深入原产地与供货商紧密合作，协同推进从生产、加工、包装、仓储、运输、终端配送的全过程品质控制，目前已经与国内三都港黄鱼、华圣苹果、阳澄湖大闸蟹、舟山深海海鲜、查干湖捕鱼渔场、北京小汤山有机蔬菜等签订了合作协议。比如，陕西华圣苹果是京东与企业共同制定产品标准，给农民提供种苗、化肥和技术指导，后期协议价格收购，并把来年的采购计划制订出来，确定品相、规格等标准，以订单保障推动上游生产的标准化；扶贫“跑步鸡”则是京东为每一个贫困农户提供100只鸡和免息贷款，让他们帮忙养殖，每只鸡带计步脚环，通过现场监控了解这只鸡的成长情况，然后京东以远高于市场的价格收购。宜花科技建立了一套花卉质量体系和分级标准，在产地采取分级定价方式采购，改变了过去农户混装、混包的销售方式，与品质好的基地在种植时签订包销协议，以优质优价激励农户种好花和改进采后处理方式。电商平台以订单和合作协议等方式支持产地生产者的优品培育和品质控制，不仅确保了为消费提供了安全优质的产品，增强对客户的持续吸引力，而且稳定的订单和生产改进的投入支持，也大大降低了生产者进行技术改良的风险。

从农业生产者来看，通过电商销售实现的优质优价以及最终消费者对产品的直接反馈，有效激励和保障了产品的持续改进。优质的农产品一般需要优良育种、健康的环境（土壤）、现代的技术（有机生态农业技术，减少农药化肥）、适度的规模以及适应生长条件的持续摸索，这些至少需要5～10年。曾一度网上火爆的“褚橙”2015年因为降雨增加、阳光照射不够，出现了品质下降的问题，褚时健专门对此向消费者道歉，并下定决心加强品质控制。为了提高“褚橙”品质，褚时健砍树达3万余棵、剪枝近一半，减产近9000万吨，着力改善糖酸比，进一步完善了质量标准，在原有直径大小、糖酸比外还增加了重量、固形物等指标，规定了特级果占比不能超过产量的30%。同时，针对投诉集中于淘宝和天猫平台上运营公司的问题，加强了对运营商筛选、包装、配送的要求，对于服务能力达不到承诺要求的不予供货。能进行如此大成本的改进，不仅在于“褚橙”通过互联网推广销售实现了优质优价，其价格是市场普遍橙子的2 ～ 3倍，有充足的超额利润支撑生产改进的投入，而且因为能够从互联网及时获得消费者反馈的信息，把握问题的关键、以需求为导向有针对性地进行改进。同样，农夫山泉17.5° 橙的上市旺销也源于其8年对最佳糖酸比和农产品标准化的苛求，经过摸索为鲜果制定了四大标准体系、34道作业流程、79类管控内容和148项监控细项，并建立了从田间管理到筛选保障的智能化、标准化体系。陕西周至县的周一村通过成立了猕猴桃专业合作社，以A级绿色食品猕猴桃标准化栽培管理为基础，实施“单枝上架，配方施肥，定量挂果，生物防治”四大技术，严格按照标准化、无公害要求生产猕猴桃。在建立电商服务站、实现“互联网”销售后，周一村合作社为保障品质和口感确立了采摘标准、建立了冷藏库，并且只有符合生产操作规程的猕猴桃才能贴“周一村”商标和在“周一村旗舰店”上架。爱必达园艺公司引入了国际最先进的智能温室和盆栽花卉育苗、生产、包装自动化流水线，实现了对产品的标准化控制，使A级品产出率稳定在60%以上。其自建的电商平台和运营团队“花花草草”，强化与客户的强联系，在与消费者沟通中不断改进包装、运输的温度和湿度控制以及完善产品设计。由此可以看出，由于在线销售对农产品的标准化要求高，电商的介入推动了农业从生产、采摘、包装、运输全链条的标准化，而且互联网加强了生产者与消费者的互动，正在逐步支撑建立起以终端消费需求反馈为基础的生产和供应链调整机制，未来将可能成为指引农业供给侧改革的重要信号工具。

（三）通过用户互联创造新的体验价值，收获增值溢价

在传统的农业生产模式下，生产者与消费者是被多个环节所隔离的，除了产品的交付外没有其他的信息能够在两者之间传递，因而导致了生产者生产的盲目性和消费者对产品安全的不信任。“互联网”除了能够帮助买卖产品之外，还能够传递更丰富的信息，强化供需双方的互动交流和深化服务，相比产品本身的功能，用户还能够从中获得意外的体验价值，因而基于用户需求创造多元化的体验价值能够帮助农业实现更高的产品溢价和其他附加值。

城市居民收入水平提高带动了消费升级，对农产品安全、口感、品质、品相、营养功能等多方面的要求提高，对回归自然田园、体验农耕文化、休闲养生度假的需求和对自然美、生态美的追求增加，这些是拉动农业产业升级和价值提升的重要动力。“互联网 + 农业”瞄准了城市居民新消费需求特征和新生代生活方式，推出了众筹预售、“聚土地”、私人定制农场、认养、社群活动营销、团购、“农业 + 电商 + 旅游”等的新模式，不仅实现了农业以消费者需求为导向的定制化生产，大幅降低了农业生产和产地库存的不确定性风险，而且丰富拓展了农产品的价值链，除产品之外还能够从消费者个人所有感、信任安全感、参与满足感以及活动与旅游服务等方面获得增值收益。安徽绩溪的“聚土地”项目，消费者付费认购土地之后，每月将收到两次土地上种植的蔬菜和粮食，还能根据自己的需要种植农产品，闲暇时可以到自己地里享受采摘的乐趣，还提供来绩溪旅游的门票和免费住宿天数，实现了从产品、体验到旅游的综合价值。

肆拾玖坊创立了“众筹 + 众创 + 社群分享经济”的新模式，股东和粉丝能够以实惠的价格获得产地定制的货真价实、及时新鲜的产品。比如，酒坊的酒是茅台镇定制的精品匠香酒，米坊的米是五常专属基地的当月现磨的有机大米，茶坊的茶是国家级非遗大师王顺明自有茶场出产的武夷山岩茶。除此之外，还可以参加丰富的社群活动、交友扩充人脉、分享和推广自己的产品等。据众筹家发布的《中国众筹行业报告（2016）》显示，与绿色农产品、绿色农场及生态农业相关产品众筹成功率高达 90%，远超过其他众筹类项目。这种以互联网为基础的定制化生产和服务模式，不仅大幅降低了农业生产和运销的不确定性风险，丰富拓展了农产品价值链，并通过增强消费者个人所有感、信任安全感、参与满足感、休闲体验感等获得增值收益。

互联网为基础的营销模式，通过新消费理念和消费方式的培养，创造了新的消费需求，使整体市场规模在量级上实现快速提升。以鲜花为例，宜花、花点时间、花加（flower Plus）等花卉电商出现后，推出了鲜花每周定期配送的新业务模式，使鲜花消费从奢侈性、假日性、庆典性、集团性的弱消费转变为经济性、日常性、方便性、家庭性的强消费，带动了消费需求规模的倍增，并且周期配送确保了淡季的需求，发挥了市场价格平抑的作用，明显拉平市场高峰和低谷期的价差。花卉电商平台加大向三四线城市和社区布局，为零售花店和代销点（超市、便利店等）提供及时配送服务，带动了鲜花零售点的快速增长，加速了花卉消费市场的开发，拉动了全国花卉消费额以年均 10% 以上的速度增长。因为信息传播速度更快、瞄准的需求用户更精准，高品质鲜花可以在网销平台上更好地实现价值，新品种能够在网销平台上更快速地推广。全国 20 余家主要电商均已进入我国最大鲜花生产和市场集散地云南，在斗南从事花卉电商业务的企业和个体（淘宝店）有近千个。2016 年，云南省花卉电商销售总额 50 亿元，较上年增长 150%，其中销售鲜切花 25 亿枝，占全省总产量的 24.9%，采购范围涉及全省 5 万亩鲜切花，亩均收入 4.9 万元，较传统销售渠道亩均增收 30%。“互联网 + 农业”的新模式正在快速发展，并不断创新和创造出各种新的体验价值和新经济形式，成为助推农业价值链升级、一二三产业融合和农民收益提升的新动力。

四、“互联网 + 农业”面临的问题与挑战

“互联网”正在向农业生产、销售、流通等各个环节全面渗透，带来了农业生产方式变革和产业链重组的新机遇。但互联网企业进入农业以及传统农业生产者的触网经营过程中仍面临诸多的问题。在新的规则尚未合理确立、新的能力未能有效成长、新的配套体系还未充分发展的条件下，新兴产业的成长和发展依然存在较大不确定性，需要防范互联网对传统农业产业体系冲击后的接续力不足问题。

（一）对前端产品生产的品质控制能力不足

目前，大部分互联网企业进入农业都是一种“采货”“组货”“卖货”模式，只是利用信息化手段缩短流通环节和压缩中间成本，而没有切实深入上游环节改进生产过程和提高产品品质。农产品本身是一种非标准化产品，即使同一农户、同一基地、同一批次的产品在缺乏标准化生产管理条件下也存在差异，不同农户、不同基地生产产品将存在更大的品质差异。如果电商经营主体不与基地建立长期合作关

系，不介入生产和流通过程控制，单靠市场收购后的分级包装，难以实现产品品质的保障。在短期内可以依靠网络营销快速冲高销量，但因为缺乏对产品品质的持续保障，影响了用户体验而难以形成黏性消费习惯和稳定的销售订单，所以网络销售普遍呈现较大的波动性。比如，广东徐闻县电商帮助卖滞销菠萝，由于缺乏品质识别、分类处理和包装保障的能力，遭遇商贩掺杂劣质菠萝；致使消费者收到的菠萝大多是烂的；雷山鱼酱在《舌尖上的中国2》的带动下成为网络爆款，曾一度被抢购一空，带动了网络卖家和生产作坊的快速增长，但却因不能实现产品的标准生产和获得质量认证保障，产业化的发展受到制约。类似的案例比比皆是，由于电商未能与生产者建立紧密的合作联系，没有有效利用需求信息引导生产者进行标准化生产和促进品质的提升，很多产品在一时网红之后销声匿迹，无法推动产业品牌的建设和产业的持续健康发展。

只有让消费者能够在同等价格下获得更高品质的产品，才可能逐渐培育形成网上购买农产品的习惯。根据DT财经发布的《2017中国家庭生鲜消费报告》，生鲜电商的主力消费人群是中高收入者，以高学历家庭用户居多，他们对产品价格的敏感性不高，但却对品质有更高的要求。因而，主要农产品电商平台更多地选择品质稳定、标准化程度更高的进口产品，比如，顺丰优选、沱沱工社、易果网、甫田网等所售商品的60%～70%是进口商品，2016年进口农产品在各类电商平台的增长率在50%～100%之间。在褚橙、农夫山泉17.5°橙等优质品牌的带动下，国产农产品的比重在逐年增多，从发展的趋势看也是拥有“三品一标”①的农产品比例占绝大多数。但目前我国获得“三

① “三品一标”是政府主导的安全优质农产品公共品牌，即无公害农产品、绿色食品、有机农产品和农产品地理标志。

品一标”认证的农产品产量还不到同类农产品总产量的一半，而且农业生产者普遍不具备采后质量检验、清理筛选、分级包装、冷藏保鲜的能力。农产品标准化、品牌化的发展滞后极大制约互联网销售新模式的拓展。同时，由于对产地环境的系统监控措施缺乏，有机产品的发展往往因外部环境不可抗力而难以实现真有机。比如，一些经营者投入大量资金做土地改良，但因为灌溉水源、空气等外部环境因素难以保障稳定达到有机标准。

（二）缺乏稳定、可靠、廉价的物流保障

电商销售模式下农产品流通由过去商贩主导的市场集散转变为高度依赖于快递的定向配送，快递物流的成本高、保鲜性差、及时送达率低等问题是制约农产品电商发展的最大障碍。尽管农产品电商的发展大幅削减了中间流通环节，但却因为独立包装、到家配送的快递物流成本高昂，不能达到节约流通成本的目的，无法让消费者和生产者获得福利增加。从我们调查的多个农产品电商企业来看，快递物流费占到销售额的平均水平在10% ~ 15%。物流费用难以降低的主要原因有以下三个方面。一是到村快递物流存在明显不经济性，物流成本难以降低。农村的分散性和交通的不便利性，使得在农村开展快递物流业务较为困难，快递物流在农村的覆盖面较为有限，且服务能力较为缺乏保障。近年，随着农村电商快速发展，这一状况有所好转，但由于农村快递物流业务尚不成规模，且存在较为明显的单向性和季节性，运行成本难以有效均摊，使单件配送成本仍普遍居高不下。据调查，单件快递配送至县与县城配送到村庄的物流成本甚至高达1∶2；在30公里的范围内，包裹在农村的物流成本是城区的3倍，而到了60公里时，农村的物流成本是城区的5倍（周群力、程郁，2015）。二是

农产品不同品类对物流的要求不同，生鲜农产品对物流的保障条件要求非常高，物流运营成本的控制存在较大挑战。比如，粮油类产品单品价值低但重量大，快递公司会有超重加价，易腐生鲜产品必须走冷链物流，且果蔬、肉品等对冷藏保鲜的温度要求不同，这两类产品的快递成本会占到销售价格的40% ~ 50%。这也是当前农产品电商更多集中在坚果、茶叶、干货、枣以及对保鲜要求相对较低的鲜果（如猕猴桃、橙子、苹果）等品种的重要原因，在产品品类扩展上仍存在障碍。三是农产品集中上市和假日集中消费对短期物流压力大，难以保障及时送达，致使送到消费者手中产品品质下降。在主产区电商发展带动销售的同时，却普遍面临集中上市时物流运力不足的问题。比如，陕西周至县猕猴桃规模上市时，3公斤一件的快递费由平常的5 ~ 6元涨到了15 ~ 20元，并取消了上门取货，需要自己送到代办点，而且由于运力不足，大批的猕猴桃积压无法运出而损耗严重。在主销区部分农产品存在典型的假日型消费特征，集中消费导致快递订单积压难以及时配送。比如，鲜花在节假日使航空运费会从平常的3 ~ 5元/公斤，涨到8 ~ 10元/公斤，情人节期间普通的非情人节礼品鲜花普遍被延迟配送。而且因为对农产品运输的包装、保鲜、装卸等缺乏规范，冷库库点与运输不能实现无缝对接，物流中的损耗比较大，消费者因此的投诉也是最多。

物流之痛使农产品电商企业的发展面临两难决策。自建物流可以保障配送过程的产品品控，保证生鲜产品的“鲜”，比如京东、我买网、易果生鲜、顺丰优选、每日优鲜、沱沱工社等建立了自有物流体系，但其投资巨大、回收存在较大不确定性，这是其当前普遍陷入亏损的重要原因。利用第三方物流大大节约了运营成本，保持了电商企业轻资产的优势，但却难以把控配送的服务质量。

（三）日益增长的平台推广费蚕食利润空间

互联网在打破农产品传统流通利益格局的同时，也正在利用其信息和渠道控制权建立新的价值链分配方案。随着电商渠道上下游的全面打通，网店经营者对平台销售的依赖性增强，各大电商平台开始从最初的免费开店、免费推广，转变为通过店铺升级和点击流量提升等方式向店家收取推广费用。由于绝大部分农产品网络卖家缺乏自主营销推广渠道，又没有能够通过特色化产品和服务培养起客户的消费黏性，只能依靠电商平台的推广来促升销量，业务模式陷入了以点击流量赚取销量的恶性循环。因为高昂的推广费蚕食经营利润，使得经营者无力投入改进产品和服务，进而又强化对网络推广的依赖。我们在调研中发现，在阿里、京东等开设店铺虽不需要太大资本投入，最初也没有什么费用，但新建店铺一般不会有人点击，只有缴纳推广费后才容易受到更多消费者关注、赢得销售量。当店铺交易量达到一定规模后，如果没有缴纳费用和参与活动，就会被平台隐性降级，进而影响销售。电商平台收取的费用可以分为直接费用和间接费用两类：直接费用即与营销推广直接相关的费用，包括按交易额 3% 的提点、生鲜产品的强制保险、广告推广费、参加活动的摊位费、按点击次数计算的流量费等；间接费用是平台以服务形式收取的费用，包括技术维护费（比如，天猫网店 6 万元 / 年）、数据服务费、改善网页界面、提高视频展示效果等，比如，网店为了充分了解用户需求和市场行情就要购买数据，阿里平台购买高级数据每年需要 6 万 ~ 7 万元。我们调研发现，稍微上一点规模的农产品网店每年支付给平台的推广费用，少则几十万，多则上百万，一般占到了其销售收入的 10% ~ 15%，而且近年来平台要求收取的费用呈现倍增趋势。农村淘宝店在短期内可能获得平台免费推广支持，但要长期维持销量也不得不支付费用提高自己的点击率。陕西武功县某村信息员兼村淘宝店店主指出，阿里按点击一次0.5～1元收取费用，只要点击不管是否购买产品都要付费，很多根本不是目标用户，瞎点击，导致推广费用非常高，网店实际利润很薄。

尽管其他各类电商平台的快速发展，增加了农产品网店多元化渠道选择的机会，但阿里、京东这样的大平台仍处于绝对主导地位。特别是小微网店和农村网店由于网络销售经验欠缺和了解信息不充分，对大平台的依赖程度比较大。过高的推广费用会抑制农村互联网创业的发展。而且一旦平台全面渗透农资、销售、物流、金融、保险等全产业链，强化对“互联网＋农业”新产业体系的控制权，平台进一步开拓新市场和创造价值增值的创新动力将会下降，而利用其控制地位抢占和瓜分产业体系内利润的欲望会加强。

（四）参与的被动性致使农民增收效益不明显

根据2016年《中国互联网络发展状况统计报告》，我国农村网民规模达2.01亿，农村地区互联网普及率为33.1%。因为电脑应用能力和互联网知识的缺乏，农村互联网普及率比城市低36个百分点，且发展增速也明显慢于城市。参与能力的不足使得农民在“互联网＋农业”的大潮中，处于被动卷入状态，难以积极捕捉发展机会和充分分享新模式的增值收益。从当前农村电商发展的实际来看，普通农户成功实现互联网创业的数量非常少，能够有效利用互联网和信息化手段经营农业的主要是返乡创业者、下乡新农人（大学生创业者）、转型的经销商或农产品经纪人、合作社以及企业等。农业生产者的参与只是把原来卖给经销商的农产品卖给了网络经营的卖家。一些地区由于电商进入带来了对农产品收购的竞争，带动农产品产地价格的提高，比如宜花科技进入云南后花卉产地收购价上涨了 30% ~ 50%。但更大多数情况是，电商对产地货源的组织仍离不开本地经纪人，也有不少电商是本地经纪人和经销商转型的，他们能够利用熟人关系网络和长期信任关系从农户手中低价稳定地收购农产品，销售形式的改变并没有影响产地收购价，农户并没有因后端价值的增值而获得更多收益。特别是农户普遍没有保鲜储藏、烘干加工的设施，既没有定价话语权，也缺乏主动应对市场变化的能力，产品收获后仍只能是随行就市卖掉。

（五）整合障碍下农业经济系统难以实现整体优化

互联网技术在农业领域应用的价值不仅在于帮助提高单个农业生产者和农产经营者的经营效率，而更重要的是通过全产业链的信息贯通和产业融合，促进实现农业经济系统的整体效率优化和产业竞争力提升。“互联网 + 农业”的发展虽正在推动农业产业链结构的重组，但各部门之间的利益割据致使资源、信息的共享和整合面临重重障碍。

一是新型互联网企业携资本的强势进入与传统渠道利用人缘地缘优势的转型防卫，使得线上与线下的融合分立推进、貌合神离。互联网企业纷纷加紧自己布局线下渠道，但往往因为不熟悉农业生产和运销的特殊性以及农村关系型社会的复杂性，进入农村后难以适从，甚至因“抢地盘”而恶化产业生态关系。比如，阿里与江西于都县达成协议，引入菜鸟物流后由阿里替代政府给予到村物流补贴，但其结果是阿里系物流对本地物流公司的挤出。传统经销商借助互联网平台转型过程中，受平台推广和客户关系维持的诸多制约，有实力的企业均想搭建自己的平台。一些传统交易市场纷纷开建自己的网络交易平台，比如斗南花卉拍卖中心花拍在线、北京新发地批发市场的新发地生鲜网等；越来越多的网销企业也搭建了自己的网络和微商平台以逐步降低对阿里、京东等大平台的网络零售依赖，积累自己的消费客户数据资源，强化专业化营销，比如花花草草、flower plus，等等。

二是平台和网络创业者对互联网及其信息的利用尚处于初级阶段，没有能够充分挖掘需求信息数据用以指导下一生产周期的经营。网络平台仅关心的是现实交易额，靠的是活动和“眼球经济”推高交易额，而没有积极挖掘需求信息用以引导生产应需调整和推动产业组织方式的创新融合。部分专业领域电商企业虽然利用互联网强化了与客户之间的联系和沟通，但仍尚未做到深度分析客户需求并以需求为导向推进产品和服务创新。农产品电商发展正在快速增品扩量阶段，交易数据受推广活动影响而波动较大。如果没有将产地生产情况与线上推广活动有机结合，势必向生产者传递不准确的市场信号，加剧市场波动。另外，大量离散的农业电商创业者呈现非信息对称的自由竞争状态，相互之间的供需信息不能整合，供应链的前端无法形成规模化的供应集聚，后端也不能有效将需求集合，产地与销地之间网络卖家未能有效联合，网络经济的效率与成本优势难以显现。

三是缺乏促进各部门信息数据联通和共享的制度机制，数据“孤岛”下农业大数据应用难以实现。互联网带动实现更有效的信息收集、积累、传输和应用挖掘后，数据被认为是最重要的资源，各个部门均将其视为自身专有资产不断强化数据资源积累和价值挖掘，而使信息数据资源的跨部门共享整合非常困难。在现实应用中农业互联网企业已经初步积累了大量的生产监测和市场交易数据，特别是大型平台公司，但企业出于自身利益考虑普遍比较抵制数据资源向政府的开放。因而，目前政府对于这些数据信息难以充分掌握，仅出于统计需要向各个企业定期收集汇总数据，而无法将这些数据整合利用到农业大数据系统中支持农业生产监测、市场形势研判和政策决策。随着互联网应用的深化，农业生产和市场交易开始大规模向线上转移，传统线下调查统计采集数据将越来越难以全面反映真实的情况，缺乏农业生产、市场整体情况及时、全面的信息，将会制约政策决策的科学化和精准施策，甚至引致政策判断失误和决策偏差。

五、用“互联网 +”提升农业竞争力的政策建议

互联网作为一种外在的技术手段和渠道，并不能完全解决我国农业生产成本高、不具价格竞争力的问题。但伴随着收入增长带动的消费升级，新消费理念和模式的快速发展，互联网能够促进供需双方的及时互联，帮助农业提升消费体验、创造和实现产品的价值增值，通过强化优质优价的市场信号和过程控制倒逼农业生产的转型升级。因此，以“互联网 +”促进农业竞争力提升的关键是有效发挥其在控制品质、连通市场、引导生产和激活创新的作用，相应地需要在上述环节强化政策与服务支持。

（一）加强农产品产地管理和标准化体系建设

加强产地环境监测，遴选特色优势农产品主产区，打造农产品产地品牌。有效将信息技术与生化、理化技术相结合，整合利用遥感、水文、土壤、气象等数据监测产地环境变化，建立起应对产区环境危害和农业生产风险的预警和应急管理机制。支持特色优势产区以整村、整镇、整县为单位集中连片发展有机、绿色、无公害农产品生产区，采取严格的投入品市场准入控制、产地环境保护、公共防治服务、产品离地检测等综合措施，实现产地环境的整体优化，促进产地品牌价值提升。

以市场价值为引导，强化服务体系支撑，建立农产品标准化体系。发挥农业龙头企业在标准建设中的主体作用，在市场上摸索建立农户会用、市场认可、管理方便的农产品分级标准，以分级定价实现产品优质优价，通过规范生产操作流程引导生产者加强质量控制、改进产品品质、强化采后管理。在农产品重要主产区合理规划建设农业综合服务中心，引入农业机械化、植保、病虫害（疫病）防治、检验检疫等社会化服务团队，通过统一的农业专业生产服务强化对生产过程的标准化控制。支持生产者联合或集体建设农产品保鲜储藏、筛选分拣、去核（壳）烘干、净化包装等初加工设施，提高采后产品的品质和产品标准化、商品化程度，提升其产后延伸发展能力和市场话语权。

（二）建立新型智慧互联农产品冷链流通体系

以信息互联为基础推进农产品物流服务体系的资源整合。搭建全国联网的农产品物流资源信息网，由当前主要的农产品物流服务企业、快递公司、电商企业等加载近期流通流量数据，整合各部门已有的全国冷库库点和库容数据，基于数据分析未来农产品冷链升级流通需求，合理布局新的农产品冷库库点和冷链运输投资，制定新的“农产品智能冷链物流发展规划”。通过财政奖补、电费优惠等措施支持农产品产区、农业产业园区、重要物流结点等地区的冷库建设和智能化冷库的升级改造，实现智能控温和库容空间的及时监测。通过农产品产地运输专线补助、冷链车投入奖补等政策支持冷链物流企业深入产地开展冷链运输服务，切实改变“有库无链”的冷链流通困局。支持组建农产品智慧冷链物流联盟，基于全国联网的农产品冷藏仓库、冷链车的及时的库容、流向数据和需求信息的充分对接，协调仓储资源和进行联合配送，科学优化物流路线，通过提升满容率、满载率精准降低冷链物流成本。

（三）以需求为导向推进农业供给侧改革

加强对农产品消费需求的研究。综合利用农产品采购、消费需求调查以及电商平台数据，分析农产品消费需求升级的趋势与特征，着眼于新需求的变化积极引导农业生产结构调整和产品创新。支持和鼓励农产品电商平台企业、行业协会、各大交易市场等定期研究和公开发布分品种、分区域的农产品供需形势分析报告，并通过互联网、村信息服务站、农经站等向生产者传递市场需求信息，引导主产区合理规划来年的生产布局。

强化农业生产与市场需求的信息互联互动。积极利用互联网信息技术改进我国农业信息数据采集方法，整合调查统计数据、农业互联网企业数据和农产品市场数据，建立完善各区域重点农产品生产和市场监测体系。支持农产品电商平台企业做好产销信息收集和发布以及产销对接工作，鼓励需求企业以订单、包销、预订等方式进行前置采购，通过对各区域产量数据的预估和实时的市场需求行情，提前对区域内可能出现的农产品滞销状况做出预判，及时对接经销商、主销区和电商平台积极开展市场推广工作。

建立网络化的新产品测试和推广平台。联合主要农产品电商，利用信息化手段建立农产品新产品推广的新机制。通过推广费补助、新品种创新奖励等措施，支持符合上市要求的农产品新品种在电商平台上推广，借助互联网信息扩散优势促进新产品推广，有效追踪市场消费情况和及时收集用户反馈信息，低成本、高效率实现对产品的市场检验，并通过将新产品的市场销售量与对新产品开发运营者的奖励相挂钩，激励新产品创新和基于市场反应的持续改进。

（四）支持各类“新农人”的农业互联网创业

建立和完善“新农人”创新创业的政策支持体系。支持各地因地制宜发展农民创业园、农业创客空间、农村电商孵化器等各类农业互联网创业支持平台，由平台集成整合各类政策资源和对接服务合作伙伴，以集体谈判获得优惠服务价格，形成完善的办公、商务、金融、培训、试验、技术、信息、物流、网络、创业导师、人力资源等孵化服务支持体系。加大对农业生产者互联网应用和电商创业培训的支持力度，整合农业、人社、商务、扶贫等部门的培训资金开展创业集中营式的综合型培训，联合京东、阿里等大型电商平台、行业和区域龙头企业等为创业企业提供开放创新空间和免费创业推广，进行创业实战性训练。设立农业互联网创业引导基金，为优秀的“互联网+”农业项目提供微利退出的长期投资支持，并由基金提供担保为创业项目提供创业贷款支持。

构筑开放创新、合作共赢的“互联网+农业”创业生态。鼓励行业领域、细分环节的专业化新兴互联网农业平台的发展，通过其深耕细分市场、创新商业模式、促进合理竞争，为广大“互联网+农业”创业企业提供低成本的精准营销和精细化服务。充分利用微信、电商平台等互联网信息工具强化和扩大传统农村的社会联系，积极探索众筹、众包、众创等模式在农村社会的应用创新，促进农村创业者之间的连接互助和产业链的分工协作，建立起分散农业生产者之间联合发展的新型组织机制，形成大量小微经营主体合众创业有机组织生态，奠定与大企业公平合作发展和合理分享收益的实力基础。

执笔人：程　郁

参考文献

[1] 崔丽丽，潘善琳. 农村电商新生态——互联网+带来的新机遇和挑战. 北京：电子工业出版社，2016

[2] 傅泽田，张领先，李鑫星. 互联网+现代农业——迈向智慧农业时代. 北京：电子工业出版社，2016

[3] 刘健. 供给侧结构改革——互联网+重塑农业产业链. 北京：人民邮电出版社，2016

[4] 李宁，潘晓，徐英淇. 互联网+农业——助力传统农业转型升级. 北京：机械工业出版社，2015

[5] 裴小军. 互联网＋农业——打造全新的农业生态圈. 北京：中国经济出版社，2015

[6] 文丹枫，徐小波. 再战农村电商——“互联网+”时代的下一个战场. 北京：人民邮电出版社，2016

[7] 中关村大数据产业联盟和清华大学两岸发展研究院. 互联网+农业——大数据引爆农业产业结构变革. 北京：中国社会出版社，2016

[8] 张喜才. 互联网+背景下现代农业产业链整合管理. 北京：中国商业出版社，2016

[9] 周群力，程郁. 发展农村电商面临的突出问题及建议——江西省于都县调查. 国务院发展研究中心调查研究报告第174号（总4859号）.

[10] 赵晓萌，寇尚伟. 农业互联网——产业互联网的最后一片蓝海. 北京：机械工业出版社，2016

专题五

改革农业支持政策　提升我国农业竞争力

近二十年来，在农业支持水平越来越高、支持力度越来越大的情况下，我国农业国际竞争力反而在进一步弱化。重要原因就是我国农业支持结构不合理，相比于世界其他主要农业大国，我国生产者支持比重过大，一般服务比重偏小；市场价格支持比重偏大，农业知识创新和一般基础设施建设投入不够。当务之急，就是针对当前农业竞争力不足这个突出问题，抓住深化供给侧结构性改革这个有利时机，推动“一降两提高”：降低市场价格支持水平、提高农业知识创新体系和提高基础设施建设投入。改革农业支持政策，提升我国农业国际竞争力。

一、我国农业国际竞争力进一步弱化

在如何理解农业竞争力方面，专家学者的观点不尽相同，主要有产业比较优势（薛亮，2003）、农业发展能力（游士兵、肖加元，2005）、农业竞争力体系（陈卫平，2005）、农业产业多环节产业链竞争能力（万宝瑞，2016）等观点。但农产品长期价格差距、进口数量和生产者利润变化，大致可以反映一个国家的农业竞争力。当前，我国部分农产品国内国际价格差距进一步拉大，特定农产品及其替代品大量进口，国内粮食、棉花等库存急剧增加，农业种植收益不断下滑，充分表明我国农业国际竞争力在进一步弱化。

（一）部分农产品国内国际价格差距进一步拉大

这两年，尽管大豆、玉米、棉花国内国际价格倒挂程度有所减轻，但稻谷、小麦国内国际价格差距在拉大，尤其是猪肉、食糖价格与进口价格差距进一步拉大。

1. 玉米国内国际现货价[①]差距逐步缩小

近几年来，玉米国内国际现货价一直保持很大差距。2014 年玉米国内现货价比国际现货价甚至高出 1700 元 / 吨左右。但自 2015 年下半年以来，随着国内玉米市场价格改革，国内国际现货价差距在逐渐缩小，目前价差在 700 元 / 吨上下。

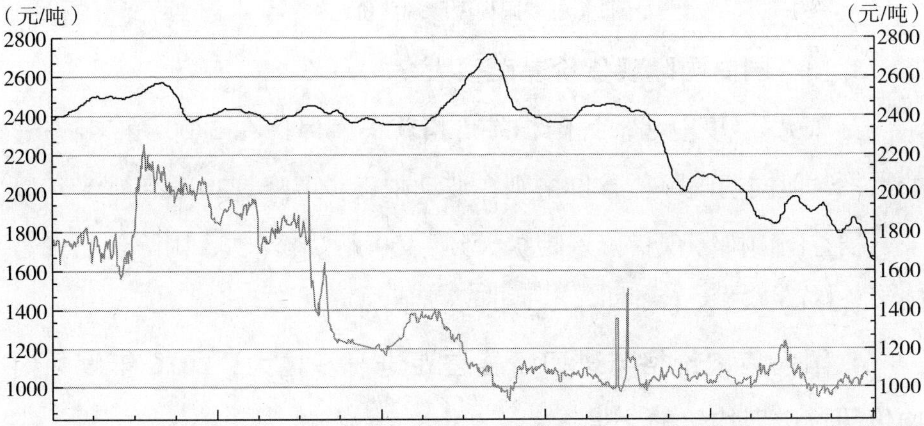

数据来源：Wind资讯 。

图1　玉米国内国际现货价比较

① 为更好地比较我国和其他农业大国农产品竞争力，这里采用农产品国内国际现货价进行比较。

2. 小麦国内国际现货价差距逐步拉大

近四年，国际小麦现货价持续走低，而国内小麦现货价则一直保持高位，国内国际现货价格逐步形成“剪刀差”。2015 年年末以来，小麦国内国际现货价差距保持在 1000 元 / 吨以上，到 2016 年年末，小麦国内现货价比国际现货价已高出 1400 元 / 吨左右。

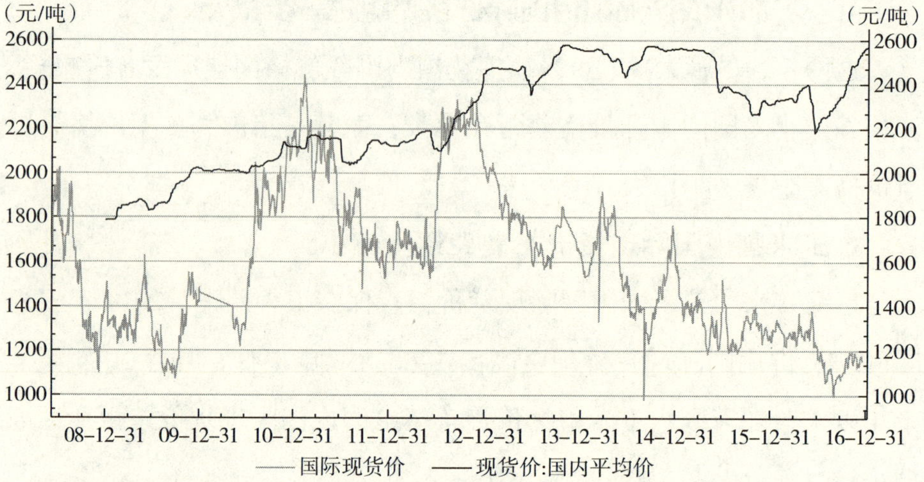

数据来源：Wind资讯。

图2 小麦国内国际现货价比较

3. 稻谷国内国际现货价差距很大

自 2012 年年中起，我国稻谷价格就一直保持在 2800 元 / 吨左右的水平，但同期国际稻谷价格则在波动中逐步下降。2016 年下半年以来，稻谷国内国际现货价差距扩大到 1400 元 / 吨左右，国际价格仅为国内价格的一半左右。

4. 国内猪肉价格与进口价格差距进一步拉大，2016 年度国内均价超过进口均价的 2 倍

2009 ~ 2015 年，国内猪肉价格在 24 元 / 公斤上下波动，同期进口价格在 12 元 / 公斤上下波动，国内价格约为进口价格的 2 倍。2016 年我国猪肉价格保持高位运行，在 28 ~ 32 元 / 公斤上下，而进口价格在 13 元 / 公斤左右波动，猪肉年度平均价格约为进口价格的 2.3 倍。

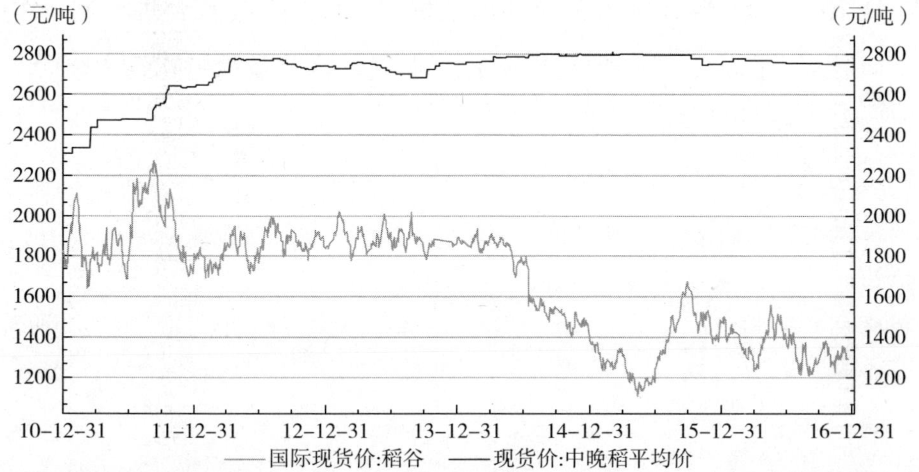

数据来源：Wind资讯。

图3　稻谷国内国际现货价比较

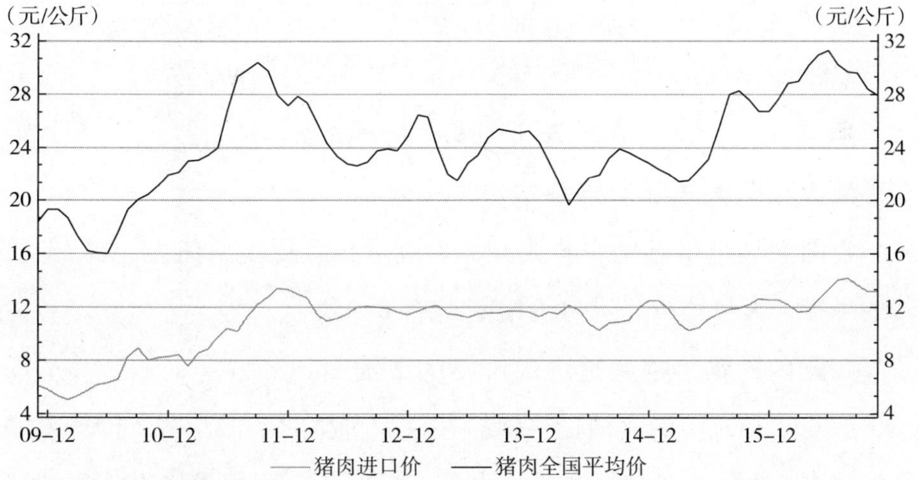

数据来源:Wind资讯。

图4　国内猪肉价格和进口价格比较

5. 棉花价格差距处于较为合理的区间中，但比上一年度有所扩大

2014 年我国试点棉花目标价格补贴政策以来，国内棉花价格大幅

度下降，从 2 万元 / 吨左右的水平下降到 12000 元 / 吨。与此同时，进口棉花价格（到港价）也逐步下降，从 13000 元 / 吨左右的水平下降到 10000 元 / 吨，计入关税、增值税，价格差距比较合理。2016 年年初以来，国内、进口棉花价格有所上涨，目前差距提高到 4000 元 / 吨左右，差距有所扩大。

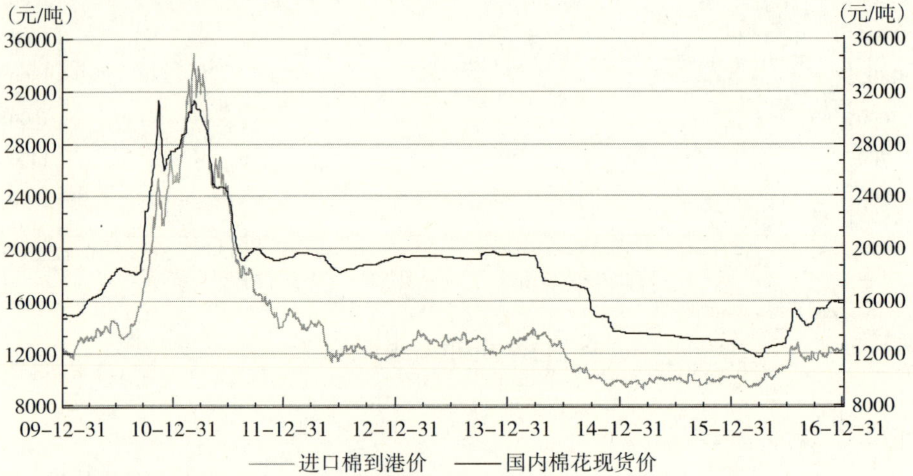

数据来源:Wind资讯。

图5　国内、进口棉花价格比较

6. 大豆国内国际价格基本趋于一致

我国大豆进口已经完全放开，大豆进口关税税率仅为 3%。计入其他税费，大豆国内和进口价格基本趋于一致。

7. 国内白糖价格超过进口价格的 2 倍

近几年看，国内食糖价格保持在进口价格的 2 倍左右，价格差距则保持在 2000 ~ 3000 元 / 吨的水平。近两年，国内价格上涨很快，与进口价格差距逐步扩大。据农业部统计，2015 年我国原糖进口均价仅为 2224 元 / 吨，折合配额内进口税后价（精炼后）仅为 3393 元 / 吨，即便算上配额外进口关税，进口食糖价格仍然只有 4304 元 / 吨，远远低于国内 5200 元 / 吨的榨糖成本。根据 2016 年 11 月份数据，北京绵白糖现货价格 6800 元 / 吨左右，进口均价仅为 3084 元 / 吨，国内白糖价格比进口价格高出 3812 元 / 吨，与上一年相比差距进一步拉大。

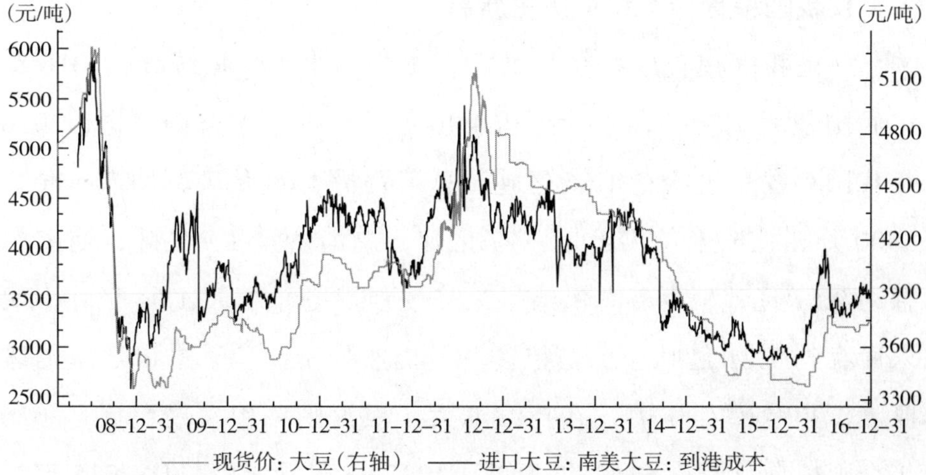

数据来源:Wind资讯。

图6　国内大豆现货价与进口大豆到港成本价比较

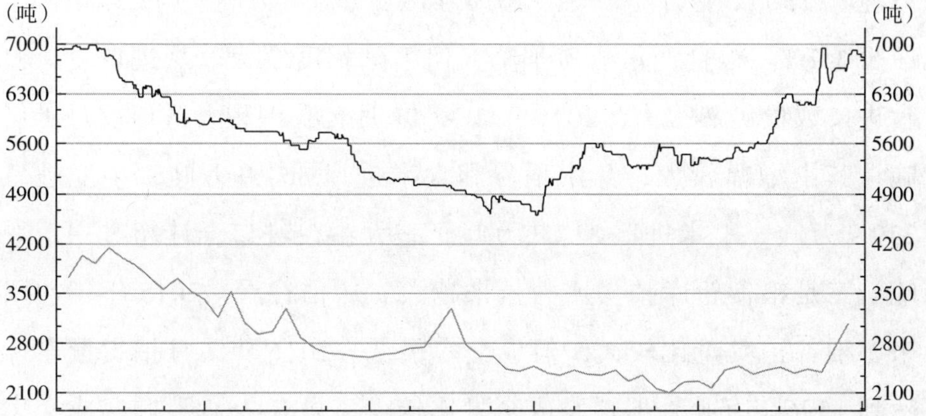

数据来源：Wind资讯。

图7　国内白糖现货价和进口价格比较

价格差距是我国食糖进口的主要驱动力。近几年我国食糖大量进口，远超年度进口关税配额总量。2015 年我国食糖进口达到 484.6 万吨，远远超过194.5万吨的配额总量。

（二）粮食库存进一步恶化

1. 我国粮食库存攀上历史新高

一是我国粮食库存总量处于历史最高水平。据统计，2016年末我国三大主粮库存合计高达4.46亿吨。据万德咨询数据，2016年我国小麦总供给量1.66亿吨，总消费量1.08亿吨，期末库存约5800万吨；玉米总供给量4.57亿吨，总消费量1.9亿吨，期末库存约2.67亿吨；稻谷总供给量2.85亿吨，总消费量1.64亿吨，期末库存约1.21亿吨。二是粮食产量仍然处于高位，进口数量仍然巨大，粮食库存压力还在持续增大。根据国家粮食局数据，2016年全国粮食总产量61623.9万吨（12324.8亿斤），只比2015年减少520.1万吨（104.0亿斤），减少0.8%。其中谷物产量56516.5万吨（11303.3亿斤），只比2015年减少711.5万吨（142.3亿斤），减少1.2%。粮食产量有所下降，但下降幅度不大。从进口看，粮食进口数量仍然很大，2016年1 ~ 11月，我国粮食进口超过1亿吨，其中增幅较大，其中稻谷和大米进口351.9万吨，小麦进口339.9万吨，玉米进口317.3万吨，三大主粮进口合计超过一千万吨。三是粮食轮库拍卖压力越来越大。从稻谷看，2015年年初以来，稻谷拍卖量比较大，但成交率很低。2016年7月拍卖量累计达到1596.2万吨，但拍卖成交量比较少，只有76.3万吨，成交率只有4.8%。与前两年相比，稻谷拍卖成交率很低，稻谷轮库情况很不理想，仓容难以腾出。从小麦看，最近两年，小麦计划拍卖数量越来越高（含最低收购价小麦），2016年6月累计超过1000万吨，2016年7月更是达到了1002.2万吨，但成交量很低，2016年

7月成交量只有1.9万吨，成交率不到0.2%，小麦轮库压力越来越大。从玉米看，玉米库存压力极大，计划拍卖数量越来越高，但成交数量越来越小，成交率越来越很低，腾库情况也很不理想。尽管2016年7月底国家粮食局组织开展“分贷分还”方式竞价交易国家临时存储玉米，但整体成交率并不高。

2. 国家粮食收储潜亏巨大

这些年来，我国实际上是在以举国之力为世界农产品市场托底，不仅使我国面临极大的去库存压力，而且付出了巨大代价。就拿玉米来说，一方面，玉米库存成本很高，或超1700亿元。玉米储备远超国家粮食安全需要，仅是库存成本，就给国家财政造成巨大负担。玉米库存成本主要由保管费、收购费、利息、做囤费等四部分组成（见附表）。据计算，玉米库存1年成本为265元/吨[①]。按照我国2.76亿吨玉米库存计算，每年玉米库存成本为731.4亿元。以目前玉米出库速度，入库玉米至少要储存3年，储存成本639元/吨[②]，库存成本或将高达1763.6亿元[③]。另一方面，玉米库存潜亏巨大，接近2000亿元。国家高价收购玉米，低价销售出库，潜亏巨大。国家临储玉米收购均价为2155元/吨，当前出库均价约为1450元/吨，购销差价高达705元/吨，国家潜亏达到惊人的1945.8亿元。超期玉米出库价格更低，据调研，近期定向销售给燃料乙醇公司的超期玉米价格只有1240元/吨，远远低于收购价格，国家潜亏可能更大。

造成库存潜亏最主要的原因是库存玉米质量劣变严重。从玉米

---

① 1吨玉米库存1年成本=86+70×40%+50+(玉米收购均价+86+70×40%+50）×4.35%=164+101=265元。

② 1吨玉米储存3年成本=86×3+70×40%+50+（2155+86+70×40%+50）×4.35%×3=336+303=639元。

③ 2.76亿吨玉米库存成本合计为639×2.76=1763.6亿元。

库存结构看，截至2016年9月9日，临储收购的2012～2015年生产的库存玉米总量为2.78亿吨，已经拍卖了3973万吨，还有2.38亿吨，若按照保管期超过3年视为超期玉米计算，2012年、2013年生产的超期玉米还有3123万吨，占13.1%；2014年生产的超期玉米超过8000万吨。

表1　　我国临储玉米库存结构　　单位：万吨

生产年份	拍卖前	拍卖量	库存量
2012	1067	726	341
2013	5817	3035	2782
2014	8329	212	8117
2015	12543	0	12543

数据来源：粮油信息交易中心、布瑞克、作者整理。

（三）部分农产品生产净利润进一步降低

国内主要农产品价格居高不下的同时，大宗农产品生产净利润反而很低。即便计入家庭用工折价、自营地折租等，农民仍有一定收入，但生产净利润降低，说明农民务农机会成本上升，农民务农积极性必然下降。

1. 三大主粮生产净利润较低

据发展改革委数据，我国粮食种植净利润很低。2015年稻谷种植净利润为175.40元/亩，小麦为17.41元/亩，玉米为–134.18元/亩，比2014年度状况有所恶化。

2016年我国玉米价格进一步降低。从各地调研看，2016年年底玉米市场价格平均比上年降低600元/吨左右。按照2016年我国玉米产量21955.4万吨估算，农民收入将减少1317.3亿元。算入玉米生产者补贴，农民收入仍将减少927.3亿元。按照2016年我国乡村常住人口 58973 万人计算，仅玉米一项，全国农村居民人均可支配收入约减少收入 157 元，拉低我国农村居民人均可支配收入 1.4 个百分点。

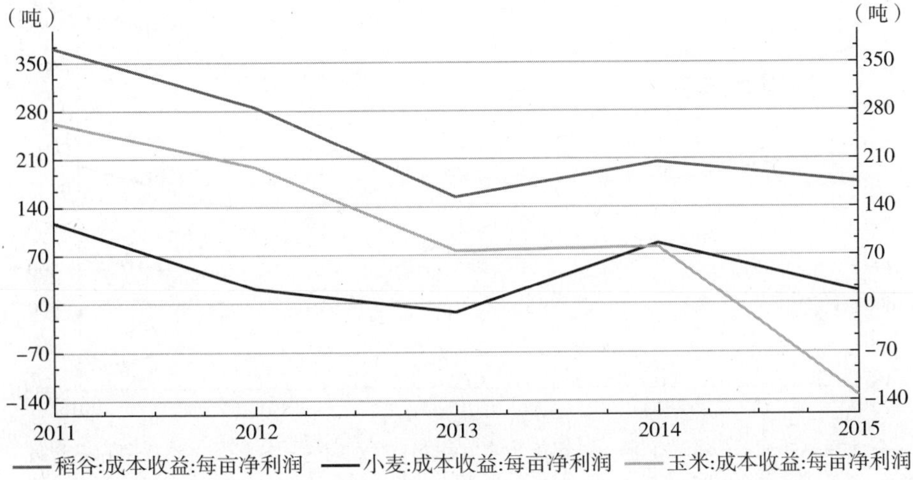

数据来源:Wind资讯。

图8　三大主粮生产净利润

2. 棉花、油菜籽生产净利润很低

根据国家发展改革委数据，2015 年我国甘蔗种植净利润为 117.8 元 / 亩。甜菜种植净利润为 228.67 元 / 亩，比上年小幅下降。油菜籽种植净利润为 –259.65 元 / 亩，棉花净利润为 –921.55 元 / 亩，与上年相比下降更加严重。大豆每亩净利润下滑到 –115.09 元 / 亩，也在下降。可见，即便 2016 年劳动力成本、物质费用不提高，农民生产情况仍在恶化。

3. 生猪产业得到改善，但竞争力仍然较差

2015 年下半年以来，猪肉进入新一轮上涨周期，截至 2016 年 12 月 28 日，国内猪肉均价已经高达 28.33 元 / 公斤。根据发改委数据，2015 年全国生猪养殖净利润为 104.34 元 / 头，其中散养生猪为 –8.16

元 / 头，规模生猪为 217.04/ 头。在猪肉贸易进口限制下，我国生猪产业情况得到改善，但生猪养殖中饲料成本过高、饲料转化率低、猪种单产水平低等问题仍未得到解决，生猪养殖竞争力仍然很差。

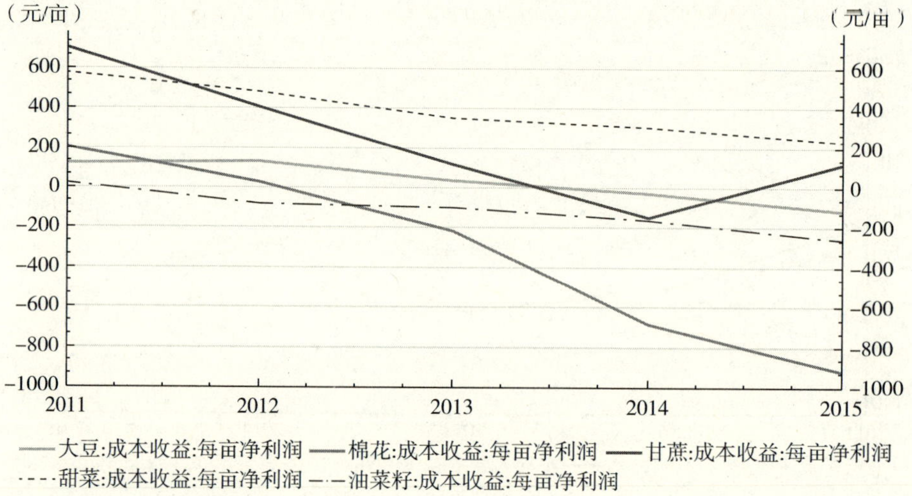

数据来源:Wind资讯。

图9　甘蔗、棉花、大豆、甜菜、油菜籽种植净利润

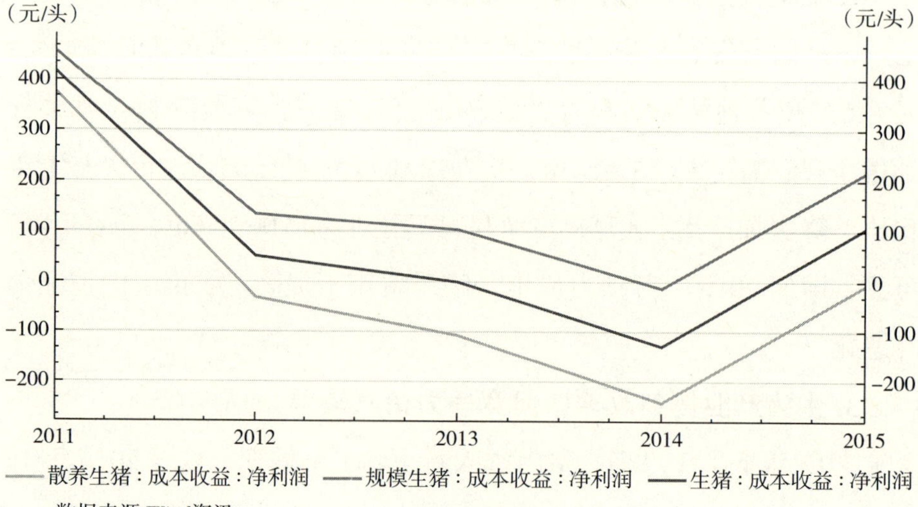

数据来源:Wind资讯。

图10　生猪养殖净利润

二、我国农业支持水平不断提高

（一）我国农业支持保护力度快速提高

纵向看，近二十年来，我国农业支持保护力度在不断快速提高。反观其他国家，同期农业支持力度却在不断下降。日本和韩国在1995年分别达到较高1.83%、5.42%的支持水平，但到了2015年，分别降低到0.97%和1.66%的较低水平。尤其是我国农业竞争对手，包括欧盟、美国、加拿大、澳大利亚等农业支持水平都在逐步降低。

（二）农业支持总额保持较高水平

横向看，无论是和发达国家相比，还是与部分发展中农业大国相比，我国当前农业支持水平很高，远远高于OECD主要国家及南非、俄罗斯、巴西等国家。尤其是远高于我国农业竞争对手，比如欧盟仅有0.70%，美国仅有0.42%，巴西仅有0.29%，澳大利亚仅有0.12%。

三、我国农业支持结构极不合理

我国农业支持水平不断提高，并达到很高水平，而与此同时，我国农业国际竞争力反而进一步弱化，主要问题出在农业支持结构上。

（一）在我国农业支持总额中，生产者支持占比过高，一般服务占比过低

当前，我国仍然以生产者支持为主，导致了农产品过剩、财政负担重、市场调节失灵、农业竞争力下降等问题。实际上，这些问题欧美国家在20世纪90年代就经历过，并留下了深刻教训。

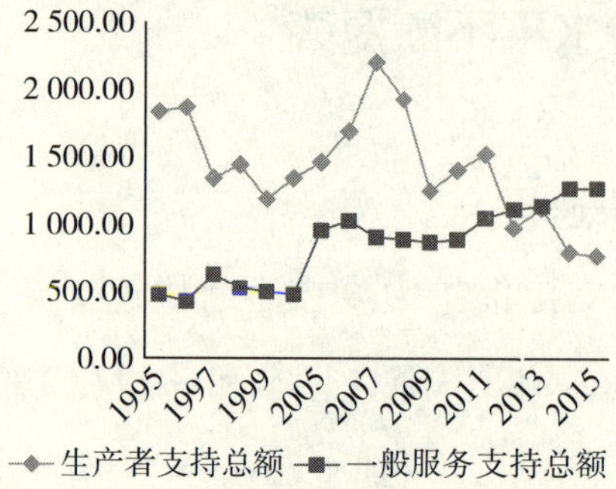

澳大利亚农业支持结构

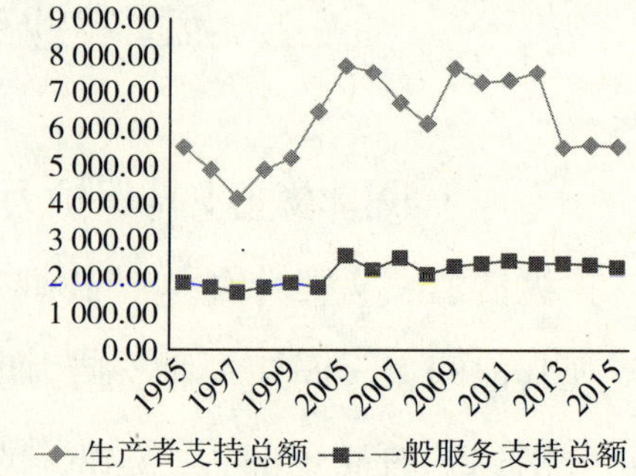

加拿大农业支持结构

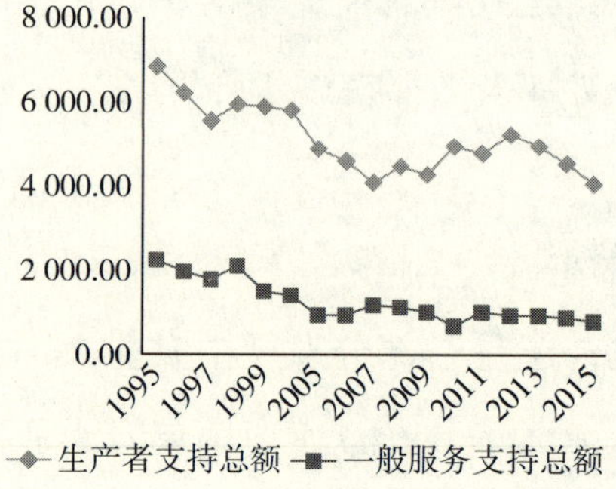

日本农业支持结构

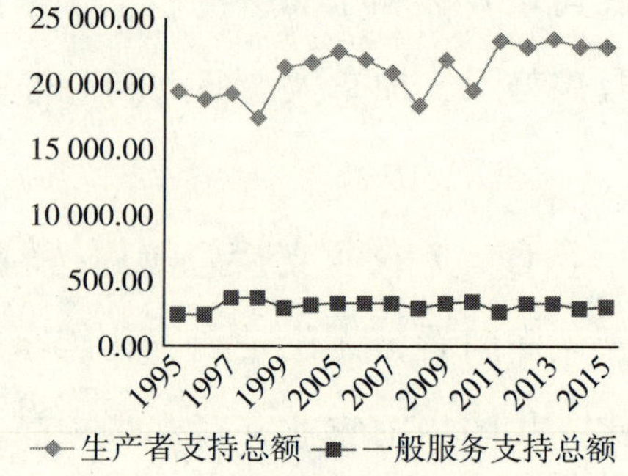

韩国农业支持结构

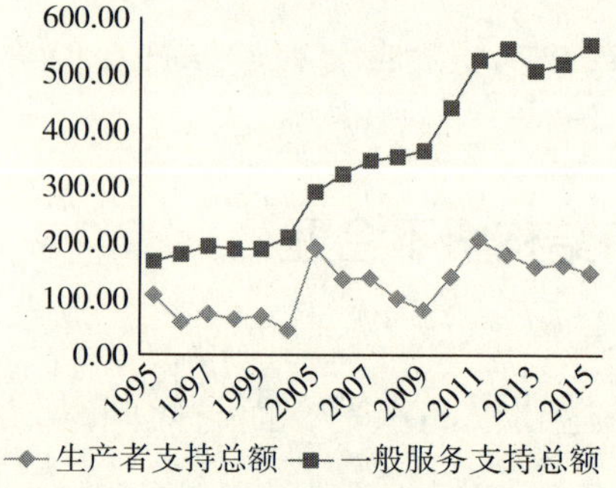

新西兰农业支持结构

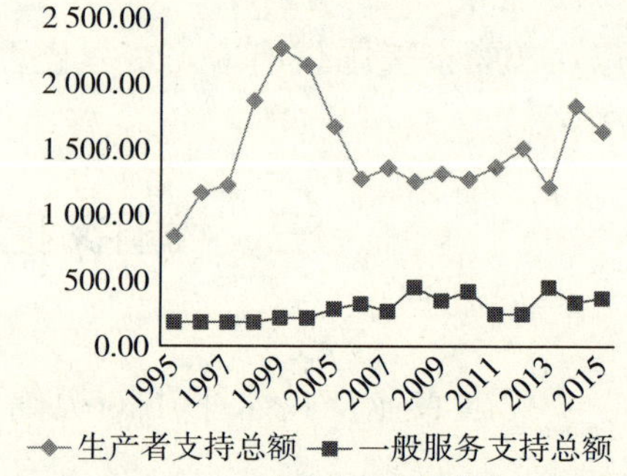

美国农业支持结构

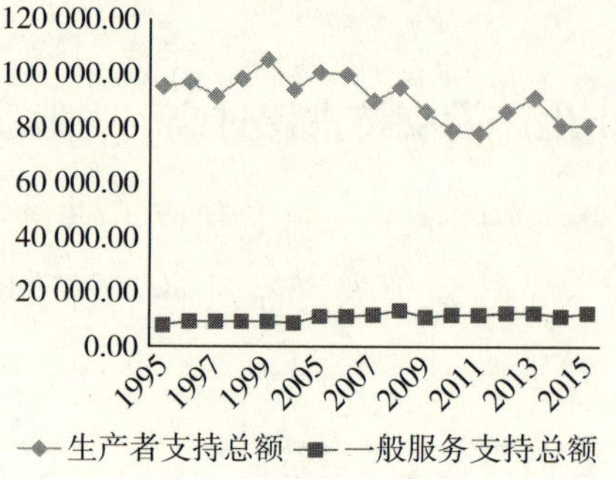

欧盟农业支持结构

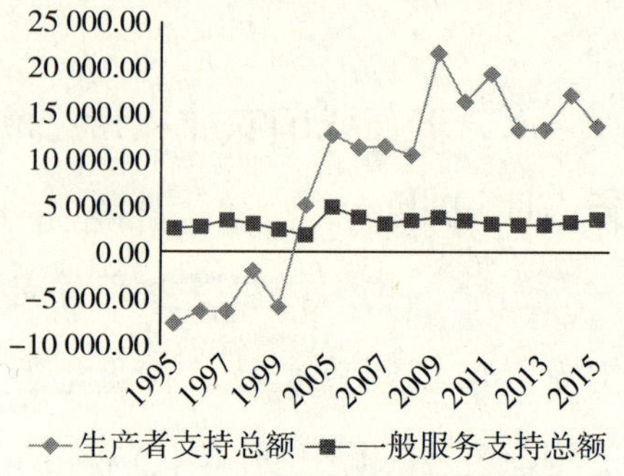

巴西农业支持结构

欧盟农业支持结构

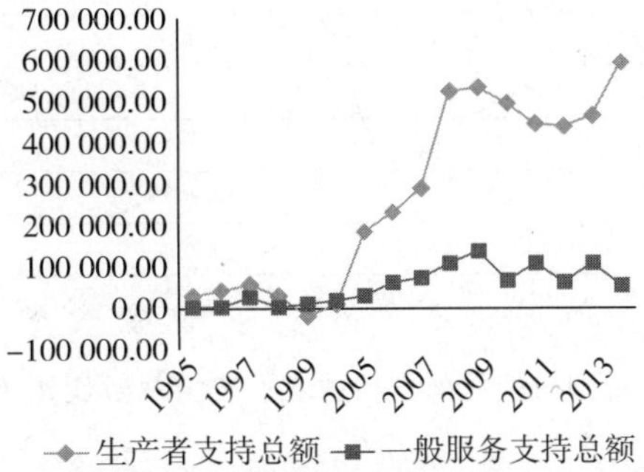

俄罗斯农业支持结构

图11 主要国家农业支持结构比较（单位：本国货币，百万元）

数据来源：OECD数据库。

一是在大部分国家生产者支持水平有所降低的同时，我国生产者支持水平在快速提高。近20年看，只有中国、俄罗斯生产者支持水平在快速上升，美国、欧盟、澳大利亚、新西兰等国家，甚至连日本这种对农业高度保护的发达国家，巴西这个发展中国家生产者支持也在降低。二是大部分国家一般服务支持总额有所提升，并保持在较高水平，而我国一般服务支持总额增长很慢，且保持在较低水平。尤其值得指出的是，相对于生产者支持力度，我国一般服务支持比例还在快速降低。2008年我国一般服务支持总额占农业支持总额的49.3%，之后逐年快速下降，到了2015年，仅占农业支持总额的9.5%。

结果就是，与其他农业大国相比，我国一般服务支持水平显得过于低下。远低于日本（16.7%）、美国（18.4%）、加拿大（29.1）、巴西（21%）的水平，远远低于新西兰（79.1%）、澳大利亚（61.9%）的水平。

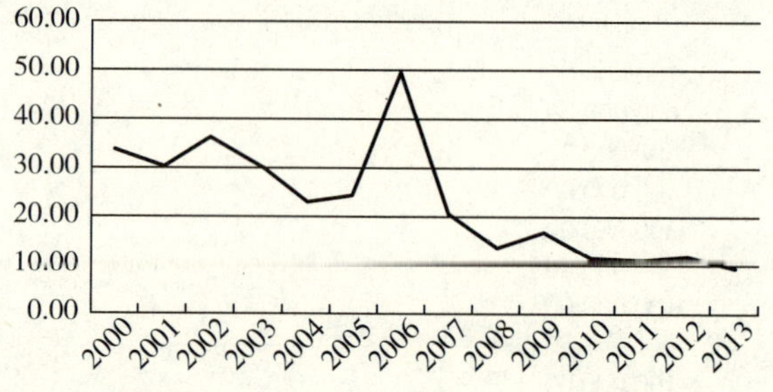

图12　我国一般服务支持占农业支持总额比重（%）

数据来源：OECD数据库。

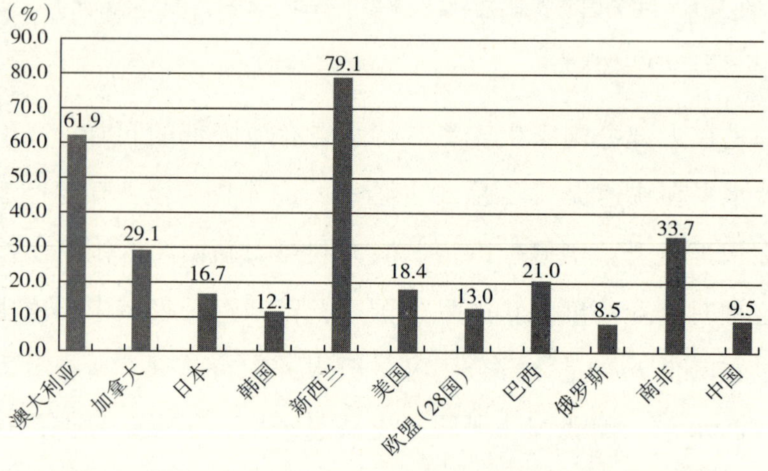

图13　2015年主要农业大国一般服务支持占农业支持总额比重

数据来源：OECD数据库。

（二）在我国生产者支持总额中，市场价格支持占比过高

我国生产者支持中，市场价格支持占比尤其过高。特别是2008年之后，我国市场价格支持占比从55.56%快速提升，并在2015年提高到81.75%。反观其他国家，市场价格支持比例基本上都在逐步降低。尤其是我国农业竞争对手，美国、巴西、欧盟、澳大利亚、新西兰等国家，在新世纪以来市场价格支持比例都在快速降低。2000～2015年，美国市场价格支持比例从52.01%降低到28.07%，欧盟从51.71%

降低到 26.42%，澳大利亚从 7.08% 降低到 0.01%。极高的市场价格支持，导致了市场机制失灵、价格倒挂、农产品大量进口、库存激增等问题。程郁、叶兴庆（2016）认为，我国现行以市场价格支持为主导的农业支持政策造成“高价格、高库存、高进口”等问题。比如，我国玉米临储政策效果显现后，玉米库存大幅度攀升。2010 ~ 2016 年，我国玉米期末库存从 2375.5 万吨飙升到 2.76 亿吨，提高了 10.6 倍，接近粮食库存的一半。

（三）在我国一般服务支持总额中，农业知识创新体系及农业基础设施建设和维护投入过低

在有限的一般服务投入中，我国对农业知识创新体系投入明显不够。且近五年来，我国农业知识创新体系投入比例还在逐步降低，2015 年我国农业知识创新体系投入只占一般服务投入的 27.03%。而其他国家，尤其是对我国大量出口农产品，与我国农业发展存在一定竞争关系的国家，非常重视农业知识创新体系建设，投入一直都比较高。比如，澳大利亚（54.39%）、加拿大（42.08%）、新西兰（49.84%）、欧盟（48.87%）等都远远高于我国。鉴于我国极低农业一般服务投入水平，从农业知识创新体系投入占农业支持总额的比例看，投入水平更低。2015 年，我国农业知识创新体系投入占农业支持总额的比仅有 2.57%，而澳大利亚是 33.67%、新西兰是 39.4%。

虽然，与其他农业大国相比，我国农业基础设施建设和维护投入占一般服务的比例不是很低，但由于我国农业一般服务投入水平极低，总体来说，我国农业基础设施建设和维护投入仍然处于很低的水平。

表2 主要国家生产者支持结构比较（%）

		1995	2000	2005	2006	2007	2008	2009	2010	2011	2012	2013	2014	2015
澳大利亚	市场价格支持	45.14	12.20	...	...	...	0.08	...	0.12	...	0.02	0.01	0.01	...
	基于投入品的支付	41.07	46.38	43.94	50.67	50.56	44.65	55.82	48.70	34.38	54.97	57.64	58.65	62.05
	基于当期生产的支付	1.84	0.56	3.32	4.14	1.61	5.89	5.98	18.79	27.02	10.03	7.64	13.83	13.62
	基于非当期生产的支付	11.87	40.84	52.73	43.37	46.97	48.44	36.27	30.67	36.57	33.90	28.84	22.24	19.99
	基于非产品标准的支付	0.05	...	...	1.80	0.85	0.92	1.91	1.70	2.02	1.05	5.85	5.25	4.32
加拿大	市场价格支持	45.08	51.19	42.94	55.30	39.94	44.56	57.00	57.62	57.19	62.06	66.08	63.69	63.02
	基于投入品的支付	14.44	9.84	8.02	8.99	10.32	9.84	6.68	6.88	7.55	7.50	8.02	8.15	7.74
	基于当期生产的支付	16.69	25.39	25.27	21.83	25.98	31.24	29.38	29.01	30.59	28.55	25.58	27.87	29.05
	基于非当期生产的支付	22.70	12.59	22.50	13.51	23.45	13.96	3.04	5.52	4.27	1.48	0.01	0.01	0.01
	基于非产品标准的支付	...	...	0.92	0.06	...	...	3.71	0.78	0.20	0.16	0.01	0.01	...
日本	市场价格支持	94.07	93.62	93.04	92.93	88.96	88.86	87.99	84.24	81.05	85.81	84.78	83.74	80.73
	基于投入品的支付	4.61	3.59	2.85	2.79	4.16	3.52	3.51	3.51	2.62	2.74	3.18	3.55	3.23
	基于当期生产的支付	...	...	0.60	0.51	0.31	1.44	1.95	5.77	8.84	4.54	4.85	4.43	7.73
	基于非当期生产的支付	1.30	2.77	3.48	3.74	6.54	6.16	6.54	6.46	7.47	6.88	7.18	8.27	8.29
韩国	市场价格支持	94.70	95.62	88.12	89.54	88.99	87.78	92.35	88.13	90.01	93.65	93.31	92.94	90.82
	基于投入品的支付	4.12	2.81	2.29	2.59	3.35	4.48	3.06	3.65	2.53	2.40	2.32	2.41	2.99
	基于当期生产的支付	1.17	1.55	6.83	4.43	4.10	3.71	1.58	4.60	4.64	1.10	1.27	1.15	2.29
	基于非当期生产的支付	...	...	2.72	3.42	3.54	4.01	2.99	3.60	2.80	2.83	3.08	3.48	3.88
	基于非产品标准的支付	...	0.00	0.02	...	...	...	...	...	...	...	...	...	...

续表

		1995	2000	2005	2006	2007	2008	2009	2010	2011	2012	2013	2014	2015
新西兰	市场价格支持	63.64	...	59.66	68.39	78.22	68.61	61.17	78.39	85.42	82.69	80.11	81.17	79.00
	基于投入品的支付	36.35	88.43	17.71	25.53	21.39	30.61	38.10	21.29	14.16	17.18	19.51	18.65	20.65
	基于当期生产的支付	...	11.56	22.62	6.06	0.38	0.77	0.72	0.31	0.40	0.12	0.37	0.17	0.33
	基于非当期生产的支付	...	...	...	...	...	...	...	...	...	...	...	...	...
美国	市场价格支持	41.98	51.12	36.40	21.73	38.32	6.89	14.64	23.90	14.05	19.92	11.72	31.98	28.07
	基于投入品的支付	33.50	14.25	23.14	31.28	27.87	28.74	27.84	29.07	28.42	32.54	31.83	19.22	21.69
	基于当期生产的支付	15.30	10.17	7.22	13.43	8.78	33.14	28.99	19.90	31.62	24.24	31.13	18.41	20.40
	基于非当期生产的支付	...	20.69	27.23	25.49	17.72	23.35	20.23	18.63	17.74	16.04	17.21	25.96	24.88
	基于非产品标准的支付	9.20	3.74	5.99	8.04	7.29	7.85	8.29	8.47	8.16	7.23	8.08	4.42	4.92
欧盟（28国）	市场价格支持	62.14	58.09	49.54	39.15	33.32	31.49	26.22	18.17	14.88	20.58	25.47	20.89	26.42
	基于投入品的支付	5.61	7.38	9.98	11.06	12.58	11.98	13.06	14.92	15.32	14.84	12.86	13.75	14.43
	基于当期生产的支付	31.13	34.18	23.55	17.18	16.52	17.37	18.48	17.86	19.02	16.74	15.86	16.76	14.05
	基于非当期生产的支付	0.02	0.02	16.09	31.06	35.74	35.76	39.96	46.79	48.08	45.03	42.71	45.57	42.63
	基于非产品标准的支付	1.25	1.28	1.33	1.82	1.90	3.37	1.97	2.15	2.28	2.63	2.91	2.82	1.69
巴西	市场价格支持	115.27	25.05	36.84	34.97	52.73	33.81	74.11	66.17	54.00	46.18	27.68	21.57	16.08
	基于投入品的支付	−15.27	74.94	62.84	64.53	45.65	65.33	25.28	31.86	45.31	49.13	64.97	73.08	76.64
	基于当期生产的支付	...	...	0.30	0.49	1.61	0.84	0.60	1.95	0.67	4.67	7.33	5.34	7.27
俄罗斯	市场价格支持	−5.31	−258.83	71.74	79.64	72.70	78.17	74.21	71.93	64.12	50.35	55.84	70.38	...
	基于投入品的支付	94.85	291.58	25.75	17.90	22.68	21.68	25.36	26.00	35.20	48.18	35.42	24.02	...
	基于当期生产的支付	...	...	0.25	1.02	0.56	0.14	0.42	2.05	0.67	1.46	8.72	5.58	...

续表

		1995	2000	2005	2006	2007	2008	2009	2010	2011	2012	2013	2014	2015
南非	市场价格支持	93.72	97.47	65.48	85.99	71.03	58.80	57.68	31.51	45.14	60.23	49.72	50.04	66.46
	基于投入品的支付	1.64	2.52	23.64	13.43	23.30	37.91	39.12	68.48	44.85	34.57	41.29	40.84	29.96
	基于当期生产的支付	4.63	…	10.86	0.57	5.65	3.27	3.18	…	9.99	5.18	8.98	9.11	3.57
中国	市场价格支持	87.71	13.70	40.42	55.94	44.32	−66.93	55.56	74.03	61.83	76.56	79.03	79.21	81.75
	基于投入品的支付	9.10	74.38	41.07	28.06	33.89	59.28	18.70	9.49	13.68	9.01	7.96	8.09	6.11
	基于当期生产的支付	2.76	6.68	9.76	11.12	16.61	86.71	19.98	12.79	20.33	12.13	10.87	10.57	10.21
	基于非当期生产的支付	0.42	4.99	2.03	1.25	1.19	5.57	1.46	1.10	1.67	1.13	1.22	1.20	1.06
	基于非产品标准的支付	…	0.21	6.70	3.61	3.97	15.36	4.28	2.57	2.47	1.14	0.90	0.91	0.85

数据来源：OECD数据库。

表3 主要国家一般服务支持构成比较（%）

		1995	2000	2005	2006	2007	2008	2009	2010	2011	2012	2013	2014	2015
澳大利亚	农业知识创新体系	82.21	73.54	58.98	57.25	68.99	64.42	72.27	67.06	60.16	60.77	62.93	55.95	54.39
	品质监测和管理	6.69	4.00	7.29	8.33	9.46	10.36	11.13	10.73	10.39	9.05	9.12	9.11	10.74
	基础设施建设和维护	6.31	21.04	30.98	32.44	19.90	23.91	15.48	21.03	28.78	29.41	26.32	34.27	32.61
	市场营销及推广	4.77	1.41	2.73	1.95	1.62	1.29	1.10	1.17	0.66	0.76	1.11	0.65	2.24
加拿大	农业知识创新体系	41.19	40.05	33.42	37.96	42.37	35.97	35.03	34.92	36.13	39.94	39.36	38.78	42.08
	品质监测和管理	20.81	27.71	28.94	36.71	37.25	40.57	42.09	41.69	40.96	42.13	40.96	43.52	36.66
	基础设施建设和维护	11.45	13.76	10.60	14.67	11.32	14.69	13.53	14.40	12.73	8.68	8.79	8.07	11.06

续表

		1995	2000	2005	2006	2007	2008	2009	2010	2011	2012	2013	2014	2015
	市场营销及推广	23.54	17.76	26.06	9.06	7.78	7.82	8.21	8.09	9.57	8.11	9.96	8.90	9.19
日本	农业知识创新体系	4.71	6.94	9.63	9.28	11.24	11.23	12.38	15.93	11.86	14.53	12.98	12.60	12.99
	品质监测和管理	0.43	0.53	0.94	0.98	0.82	0.98	1.07	1.42	1.42	0.98	1.23	1.21	1.33
	基础设施建设和维护	91.07	87.47	86.85	87.41	86.16	84.51	83.89	79.79	83.66	80.60	83.65	83.72	82.83
	市场营销及推广	1.18	2.02	0.24	0.21	0.17	1.48	0.71	0.25	1.41	2.28	0.59	0.79	0.85
韩国	农业知识创新体系	13.86	8.39	15.24	15.77	17.27	20.41	21.16	21.88	26.15	23.40	26.09	25.31	25.40
	品质监测和管理	2.09	4.18	8.08	9.61	7.72	8.11	4.71	4.58	6.14	6.03	5.91	6.70	7.28
	基础设施建设和维护	68.24	70.42	56.94	51.18	58.24	57.19	59.49	51.85	51.92	50.07	50.76	58.17	55.79
	市场营销及推广	0.22	0.78	1.28	1.25	1.31	1.89	1.96	2.00	2.50	2.24	1.96	2.37	1.17
新西兰	农业知识创新体系	64.47	64.60	49.15	45.16	47.96	43.39	42.26	45.22	42.18	48.26	50.32	49.43	49.84
	品质监测和管理	22.40	25.85	32.28	31.99	29.86	32.10	33.37	33.37	40.00	31.28	31.03	32.32	32.97
	基础设施建设和维护	13.11	9.54	18.56	22.84	22.16	24.49	24.36	21.40	17.80	20.45	18.63	18.24	17.17
美国	农业知识创新体系	35.86	31.49	26.14	24.21	36.30	23.39	27.94	23.82	41.95	38.86	22.07	29.14	26.73
	品质监测和管理	12.82	12.37	12.02	11.21	12.81	9.05	11.88	10.47	18.39	19.70	12.82	16.83	15.11
	基础设施建设和维护	0.63	0.67	13.70	13.24	2.48	44.76	29.83	38.74	−4.05	−1.18	41.12	25.56	29.47
	市场营销及推广	15.77	13.48	15.26	21.74	14.49	9.83	14.48	13.59	21.73	22.53	12.16	12.92	14.64
欧盟（28国）	农业知识创新体系	37.28	43.72	41.45	41.33	41.84	34.76	43.23	45.09	43.18	45.06	45.11	48.21	48.87
	品质监测和管理	2.11	3.41	6.57	5.64	6.27	6.01	7.64	8.25	5.66	5.35	5.51	5.96	5.89

续表

		1995	2000	2005	2006	2007	2008	2009	2010	2011	2012	2013	2014	2015
巴西	基础设施建设和维护	21.64	25.46	26.56	31.84	31.92	36.90	28.88	27.38	29.88	29.32	31.12	30.10	28.09
	市场营销及推广	20.35	10.30	17.76	20.08	17.56	20.21	18.20	20.18	20.12	19.71	17.79	15.35	16.48
	农业知识创新体系	21.96	40.28	46.73	12.93	16.45	16.61	20.92	15.60	13.43	16.65	15.17	12.50	12.50
	品质监测和管理	2.81	6.08	2.84	4.25	3.67	6.11	5.96	8.59	8.26	6.96	8.80	5.12	5.12
	基础设施建设和维护	58.29	49.00	42.79	73.08	67.75	61.97	57.49	55.09	55.26	47.46	51.99	54.24	54.24
	市场营销及推广	..	0.68	1.73	2.59	2.47	3.09	3.19	5.79	7.06	15.10	1.64	2.04	2.04
俄罗斯	农业知识创新体系	19.05	22.78	45.60	22.65	22.80	21.44	20.44	39.82	28.15	47.66	32.07	46.44	
	品质监测和管理	18.62	21.86	34.69	28.70	30.56	18.06	15.64	28.32	17.68	31.79	18.82	19.20	
	基础设施建设和维护	29.22	23.27	9.99	9.53	11.70	5.40	5.40	7.98	6.46	11.03	11.71	15.57	
	市场营销及推广	3.38	..	1.57	0.36	0.45	0.02	0.02	0.02	0.01	0.08	0.50	0.67	
南非	农业知识创新体系	91.58	60.19	39.04	42.17	50.75	43.66	42.39	43.35	44.00	43.97	43.06	40.02	33.49
	品质监测和管理	3.33	15.37	18.87	11.57	12.40	17.33	13.01	16.56	17.32	16.13	16.24	15.91	18.91
	基础设施建设和维护	4.86	24.37	41.91	45.77	36.16	38.59	44.23	35.53	33.68	34.43	32.98	36.40	38.82
	市场营销及推广	0.21	0.04	0.17	0.47	0.67	0.40	0.36	4.54	4.99	5.46	7.69	7.64	8.76
中国	农业知识创新体系	9.15	10.09	16.15	18.57	18.73	16.45	16.86	29.06	29.62	29.25	28.64	26.70	27.03
	品质监测和管理	5.54	2.22	6.23	7.04	6.98	8.76	9.40	7.16	7.32	6.83	6.38	6.12	6.80
	基础设施建设和维护	22.97	26.84	30.51	28.84	24.88	28.51	33.61	29.67	37.25	39.89	35.39	32.81	32.73
	市场营销及推广	..	..	..	0.01	3.16	3.61	4.09	2.29	2.26	2.41	2.35	1.63	1.05

数据来源：OECD数据库。

四、改革农业支持政策，提升农业竞争力

“我国在世界7%的耕地上，养活了世界22%的人口。”这句话我们都非常熟悉，经常提起并引以为豪。实际上这句话有三层潜在含义：农业增产导向，自给自足，“吃饱”而非“吃好”。几十年来，我国农业政策体系就是围绕这三层含义，不断完善并强化，从而形成了我国特有的产品产业体系、技术进步体系和资源配置体系。习近平总书记指出，推进农业供给侧结构性改革，提高农业综合效益和竞争力，是当前和今后一个时期我国农业政策改革和完善的主要方向，把提高农业竞争力作为我国农业政策的主要方向之一。2017年中央一号文件提出，农业农村工作的主线，是围绕加大农村改革力度，培育农业农村发展新动能，提高农业综合效益和竞争力，也把提高农业竞争力作为年度工作的主线之一。我国已经逐步融入世界农业体系，当务之急，就是针对当前农业竞争力不足这个突出问题，推动“一降两提高”：降低市场价格支持水平，避免市场价格扭曲；提高农业知识创新体系投入水平，重视农业科技创新；提高基础设施建设投入，开展农村土地整合工作。通过这些改革举措，推动我国农业资源科学合理配置，降低生产成本，提高生产效率，提升我国农业竞争力。

（一）降低市场价格支持水平，减轻市场价格扭曲程度

加入WTO之后，我国大幅度开放国内农产品市场，农业国际化进程不断加快，我国农业也越来越融入世界农业体系之中。国内国际大宗农产品价格严重倒挂的现象，实际上表明我国未能根据国际农业资源的变化来配置国内农业资源。我国作为全球农业体系中的一员，若不能根据国际农业资源的变化来配置国内农业资源，既不符合世界

农业经济发展潮流，也违背了基本的经济规律。根据《农业协定》的政策分类，农产品价格支持措施属严重扭曲市场和贸易的“黄箱”政策，将受到WTO的严格限制。即便日本作为世界上对农业实行高支持、高保护政策的典型代表国家，也在沿着WTO所倡导的市场化的农业政策改革方向，积极改革调整农业政策，减少严重扭曲市场和贸易的国内支持措施使用（朱满德、江东坡、徐雪高，2016）。欧美农业大国自20世纪90年代就开始推进农业支持政策改革，逐步削减价格支持而转向与价格和生产脱钩的其他支持，新的以“绿箱”为主的支持政策更加强调农民收入、风险管理、环境外部性和创新问题（OECD，2016）。

借鉴发达国家经验，尤其与我国农业存在竞争关系的国家的经验教训，应在WTO《农业协定》框架内，根据世界主要农业国家政策最新变化，改革我国以生产者支持为主，尤其是市场价格支持政策。充分利用WTO规则允许范围下的“黄箱”支持，优先保口粮供给，支持口粮生产发展。突出重点，用足“黄箱”，用好“黄箱”。要慎重出台实施目标价格补贴政策，涉及品种尤其不宜过多。基于价格的补贴政策，尽管可以减缓某个特定品种的市场价格风险，增加农民收入，有一定的积极作用。但不利于完善农产品市场价格形成机制，并对市场配置资源形成扭曲。除了对稻谷、小麦提供必要的市场价格支持之外，降低生产者支持尤其是市场价格支持比例，逐步转向与价格和生产脱钩的其他支持政策，是赢得国际竞争主动权的必然选择。

（二）大力发展农业科技，加快农业知识体系创新

应针对我国一般服务投入不足，尤其是农业知识体系创新投入不足问题，加大投入、加快农业知识体系创新。随着工业化、城镇化、

农业现代化的快速发展，我国农业发展已进入由生产主导型传统农业向技术主导型现代农业转变的新阶段，农业发展面临更加严峻的挑战，对农业科技发展提出了更加紧迫的需求（吴敬学、毛世平、王志丹，2012）。赵其国、黄季焜（2012）认为，农业科技创新是发展农业和保障国家粮食安全的重大需求，面对农业发展和粮食安全的挑战，我国急需在植物种质资源利用与现代育种、动物种质资源利用与现代育种、资源节约型农业、农业生产与食品安全、农业信息化和精准农业等五大科技领域实现突破。农业科研具有周期长、风险大、短期经济效益不明显等特点，尤其是具有原始创新意义的重大突破更是需要有长期的科研积累和渐进的过程，有的甚至需要几代科学家的持续奋斗。

实际上，长期以来，我国农业科技创新投入水平极低，增长非常缓慢。我国农业科技，尤其是知识体系创新投入长期严重不足，创新基础差、条件落后、力量薄弱的局面尚未根本改变（伍振军，2012）。党的十八大明确提出要实施创新驱动发展战略，强调科技创新是提高社会生产力和综合国力的战略支撑，必须摆在国家发展全局的核心位置。农业知识创新，同样应成为提高农业生产力和农业国际竞争力的战略支撑，应摆在农业转型发展的核心位置。陆建中（2014）提出，未来 10 ~ 20 年农业发展的主体方向是转型发展和升级发展，农业科技发展的主导方向是主导技术和先导技术。随着我国进一步融入世界农业体系，扩大“绿箱”政策支持范围已是必然趋势。发展农业科技、加快农业科技创新和农业技术推广，尤其是要加大种业这个国家战略性、基础性核心产业投入，促进我国种业发展转型。这举措属于《农业协定》所允许的“绿箱”政策范围，也将是各国政府今后最主要的农业支持措施。

（三）加强基础设施建设，促进农业生产降成本

加强农业基础设施建设，属于一般服务支持范围，也属于《农业协定》所允许的“绿箱”政策范畴。促进农业生产和降低农产品生产成本的根本措施是提高农业生产力，而提高农业生产力主要依靠农业技术进步、水利基础设施改善、土壤改良（例如中低产田改造）和农业资源优化利用等方面的政策。增加对以上领域的投入，不但能提高农产品供给能力，还可显著降低农产品生产成本。比如，根据日本的经验，通过农地整合，提高单个地块面积，使之适用于大型农业机械设备，更容易实现规模化生产，土地耕种效率大幅度提高，农业生产成本相应地大幅度降低。据日本农业主管部门测算，土地经营规模不同，大米生产成本差别很大。规模为 1 公顷的地块生产一公斤大米成本为 201.67 日元 / 公斤，而规模为 15 公顷以上的地块生产成本只有 120 日元 / 公斤，土地整合之后，成本可以降低 40.5%。据日本测算，推进土地整合之后，日本平均农业生产成本将降低 55% 左右（叶兴庆、伍振军等，2015）。差距就是潜力，我国通过土地置换整合，降低农业生产成本、提高农业生产效率还有很大的空间。

当前，我国土地细碎化，已经越来越成为机械化耕作，乃至实现农业现代化的“拦路虎”（伍振军，2017）。农村土地地块过小，机械化水平低，对农业利润的影响超出想象。实际上，我国部分土地细碎化较为严重的地区在土地整合方面进行了有益探索，也取得了一些成效。截至 2016 年 3 月，广东省清远市农村通过互换并地等方式，整合耕地 151.4 万亩，占耕地总面积的 58.2%。清远市东风村村民小组进行土地整合之后，水田田块由 42 块调整为 23 块，平均每块面积扩大到 1.27 亩，扩大了四分之三，最大的一块扩大到 2.92 亩，最小的一块扩大到 0.47 亩，实现了一户一地。并且，东风村村民小组与邻

近各村（组）通过调整置换解决了11.9亩的“插花地”问题，土地相对集中起来，减轻了土地细碎化程度，为规模化、机械化耕作打下基础。应以解决土地细碎化问题为抓手，加大对土地集中连片整理、农田基础设施、机耕道等农业基础设施建设和维护的投入力度，推动规模经营和机械化作业，为农业降成本、提效率创造有利条件。

执笔人：伍振军

参考文献

[1] 陈卫平，赵彦云. 中国区域农业竞争力评价与分析——农业产业竞争力综合评价方法及其应用. 管理世界，2005.

[2] 程郁，叶兴庆.2016，借鉴国际经验改革我国农业支持政策，中国经济时报，2016.12.

[3] 陆建中. 新时期我国农业和农业科技的发展方向与重大命题分析. 中国农业科技导报，2014.

[4] 万宝瑞. 加快提高我国农业竞争力的思考. 农业经济问题，2016.

[5] 吴敬学，毛世平，王志丹. 提升我国农业科技原始创新能力的思路与对策. 农业经济问题，2012.

[6] 伍振军.我国农业科技改革发展的成就与问题，国务院发展研究中心《调查研究报告》第54号，2012.

[7] 伍振军. 农村土地整合是个潜力股，人民日报，2017.1.

[8] 薛亮. 提高我国农业竞争力的战略思考[J]. 管理世界，2003.

[9] 叶兴庆，伍振军，祝卫东，司伟. 日本加入TPP对农业的影响及其应对. 国务院发展研究中心《调查研究报告》第83号，2016.

[10]游士兵，肖加元. 农业竞争力的测度及实证研究. 中国软科学，2005.

[11] 赵其国，黄季焜. 农业科技发展态势与面向2020年的战略选择. 生态环境学报，2012.

[12] OECD.Agricultural Policy Monitoring and Evaluation 2016，2016.

专题六

我国政策性金融提升农业竞争力：体系变革

一、近几年我国金融支持“三农”的总体进展

“十三五”以来，我国金融部门支持“三农”进展明显，其总体特点是以发展农村普惠金融为主线，发挥信贷、信托、保险、期货、金融租赁等各类金融工具的作用，全面提升农村金融服务能力，为下一步提升农村金融服务质量奠定了坚实基础。就其主要方面看：

（一）服务“三农”银行信贷资金与农业保险明显增加

银行信贷资金：截至2015年末，金融机构本外币涉农贷款余额26.4万亿元，占各项贷款的比重为27.8%，比2010年末分别高出1.24倍、4.7个百分点；农户贷款余额5.36万亿元（2014年），比2010年末的2.6万亿元增加1倍多。

农业保险：2015年农业保险保费374.7亿元，参保农户约2.3亿户次，提供风险保障近2万亿元；农产品价格保险试点扩展到26个省份，承保农作物增加到18种；农房保险已覆盖全国所有省市，参

保农房 9358 万间，提供风险保障达 1.4 万亿元。

（二）服务“三农”金融产品和服务方式大幅度增加

通过发展普惠金融，优化农村金融机构网点布局，改善农村支付服务环境，推进综合惠农支付服务体系建设，推动农村地区基础金融服务全覆盖。在创新农村金融产品方面，发展农村电话银行、网上银行业务、“信贷 + 保险”产品、中小企业集合票据和“惠农卡”等，推广农村金融超市“一站式”服务和信贷员包村服务，推广手机银行、联网互保、农民工银行卡等农村金融服务新方式，开展大型农机具抵押贷款、农业机械等方面的金融租赁业务，进行集体林权抵押贷款、土地承包经营权和宅基地使用权抵押贷款等试点。

截至 2015 年末，农村地区金融机构开立的单位和个人银行结算账户 33.20 亿户，各类银行卡 22.22 亿张，人均持卡 2.39 张；银行机构网点 12.17 万个，接入中国人民银行跨行支付系统的网点近 11.55 万个，覆盖率近 95%；助农取款服务点 99.75 万个，覆盖行政村 53.49 万个，行政村覆盖率超过 90%。

【专栏1】　开展农村“两权”抵押贷款试点

根据党的十八届三中全会总体部署和《国务院关于开展农村承包土地的经营权和农民住房财产权抵押贷款试点的指导意见》要求，加快农村金融改革创新步伐，拓宽农村承包土地的经营权和农民住房财产权等农村抵质押担保范围，盘活农村现有资源资产。中国人民银行牵头中央农办等11个部门积极组织开展农村“两权”抵押贷款试点工作。2015年，经国务院审定和全国人大授权，确定了北京市大兴区等232个试点县（市、区）开展承包土地经营权抵押贷款试点，天津市蓟县等59个试点县（市、区）开展农民住房财产权抵押贷款试点，两项改革试点总计278个县级地区（13个地区重叠），占全国县域行政区域的9.7%。

试点主要任务包括五个方面：一是赋予农村“两权”抵押融资功能，维护好、实现好、发展好农民土地权益，盘活农民土地用益物权的财产属性。二是推进农村金融产品和服务方式创新，在贷款利率、期限、额度、担保、风险控制等方面加大创新支持力度。三是建立抵押物处置机制，允许金融机构在保证农户承包权和基本住房权利前提下，依法采取多种方式处置抵押物，完善抵押物处置措施。四是完善配套措施，试点地区要加快推进农村土地承包经营权、宅基地使用权和农民住房所有权确权登记颁证，建立完善农村土地产权交易平台，建立健全农村信用体系。五是加大扶持和协调配合力度，在货币政策、财政政策、监管政策、保险保障等方面加大扶持和协调配合力度。

资料来源：中国人民银行网站。

（三）金融组织创新服务“三农”体制机制

一是推进银行业金融机构体制机制改革，强化支农服务能力建设。农业银行建立“三农”金融事业部改革，加大“三农”信贷投放和资源配置力度；推进信用社改革为农村商业银行，截至2016年3月末，全国农村商业银行数量达到1000家，数量占农合机构（农村信用社、农村商业银行和农村合作银行的统称）的44.4%，资本、资产和利润分别占农合机构的66.7%、63%和70.5%；国家开发银行创新服务“三农”融资模式，加大对农业农村建设的中长期信贷投放；邮政储蓄银行发展小额涉农贷款业务，逐步扩大涉农业务范围。二是建立多种形式的金融服务机构，提供多种金融服务平台。培育发展村镇银行，目前已经达1000余家。建立政府支持的融资性担保机构和再担保机构，鼓励其开展涉农融资性担保业务。支持组建主要服务“三农”的金融租赁公司，开展大型农机具融资租赁试点。鼓励和引导汽车金融公司、消费金融公司加大对农村居民消费的支持，激发农村地区消费潜力。三是实施精准扶贫，建立工作机制。创新产品服务，单列信贷资源来对接“五个一批”扶贫工程，对扶贫贷款实行单独统计、考核。国家开发银行、农业发展银行发挥主渠道作用，对扶贫开发金融服务进行单独管理、单独核算、单独调配资源，推进金融服务与精准扶贫机制衔接，支持贫困地区发展和贫困人口脱贫致富。截至2015年末，贫困地区人民币各项贷款余额4.15万亿元，同比增长18.17%，比全国平均增速高出3.14个百分点。

【专栏2】　推进农村金融改革试点

中国人民银行针对不同地区农村经济结构和金融需求的特点及当地经济金融发展实际，有序推进农村金融改革试点工作，为推进全国范围的农村金融改革积累先行先试经验。

2012年，以农村支付体系、信用体系等基础设施建设为重点，在浙江丽水开展农村金融综合改革试点，目前，丽水试点形成了“林权抵押贷款、农村信用体系建设、便农取款”三大亮点，初步形成了金融支农惠农的“丽水模式”，丽水市涉农贷款增速和农村居民人均纯收入增速连续6年居浙江省首位。

2014年，中国人民银行牵头有关部委制定印发了《黑龙江省“两大平原”现代农业综合配套改革试验金融改革方案》，2015年，又牵头研究制定了《吉林省农村金融综合改革试验方案》，在黑龙江“两大平原”和吉林围绕金融支持现代农业规模经营和相关产业转型升级开展改革试点。

2015年牵头制定印发《成都市农村金融服务综合改革试点方案》，以突出金融服务城乡一体化发展为重点在四川成都开展改革试点。

此外，还积极推动广西田东、安徽金寨等全国农村改革试验区建设。

资料来源：中国人民银行网站。

二、目前我国金融扶持提升农业竞争力的主要缺陷

农村金融长期以来是整个金融体系中最为薄弱的环节，这是从国家层面到实际操作机构的共识。近几年，根据农业适度规模经营、城乡一体化发展等新情况新趋势新要求，国家层面采取积极推动以进一步提升农村金融服务的能力和水平。2014 年，国务院办公厅提出关于金融服务“三农”发展的若干意见。同年，中国人民银行、中国银行业监督委员会、中国保险业监督委员会等相关部门也就发展现代农业提出了指导性意见。尽管目前我国金融业服务“三农”进展明显，但满足“三农”资金需求还存在明显短板以至弊端。

第一，从统计数据看，信贷资金支持农业发展仍然是短板。从《中国金融年鉴》数据可以看出，尽管涉农贷款规模较大，但实际上农业获得的金融支持是相当低少的。其一，在所有涉农贷款中，最能体现金融支持农业的是农户贷款比重偏低。2014 年末，农户贷款占全国各项贷款的 6.4%，占全国涉农贷款余额的 22.7%。其二，在涉农贷款中，农田基本建设贷款、农业科技贷款的占比一直是 0.1%，总额很小，

农业科技贷款不足 500 亿元。其三，全国涉农贷款总额中，“其他”贷款占比达 45% ~ 54%，挤占农业贷款。即是说，全国涉农贷款总额中约一半不是相关农业贷款，或者其与农业关联并不紧密。

表1　　涉农贷款简况

项目		2014年余额（万亿元）	2010年余额（万亿元）
涉农贷款总额		23.6	11.77
农户贷款		5.36	2.6
农田基本建设贷款		0.28	0.15
农业科技贷款		0.0464	0..34
其他贷款	数额	12.82	5.44
	占全部涉农贷款比重	54.3%	45.9%

资料来源；2011、2015年《中国金融年鉴》。

第二，从调查反映看，农户与涉农企业的融资需求满足程度存在很大缺口。据农业部农村经济研究中心农村固定观察点的随机抽样调查，2015 年农村金融需求状况：①农户资金需求满足程度下降。与 2010 年相比，农户向正规银行（包括信用社）平均申请贷款额度由 5 万元增长到 13.9 万元，农户资金需求满足程度由 90% 下降到 55.4%。②农户银行贷款来源较为单一。2010 年、2015 年农户向正规银行申请贷款的主要来源是信用社（包括农村商业银行、农村合作银行），超过 80%。③农户间借贷行为较多。2010 ~ 2015 年，有 9.3% 的农户有过私人借贷，其满足程度均在 95% 以上，但平均利率由 1.3% 上升到 4.26%。④贷款期限较短。2015 年，从银行获得贷款的农户平均年利率为 4.2%，平均贷款期限为 22 个月，其中 58% 获得贷款农户的贷款期限为 10 ~ 11 个月。⑤农业企业的金融需求，被调查企业 90% 认为没有得到满足；申请银行贷款，期限短，1 ~ 2 年占 80%；保证费用高，上浮抵押担保 1.2% ~ 2% 的费用，10% ~ 20% 的保证金。

这也表明，我国政策金融提升农业竞争力方面存在着明显缺陷[①]。

与普惠金融有所不同，目前阶段金融提升农业竞争力主要是促进新型农业经营主体的集约化经营，促进其扩大生产规模、提高产出与质量、降低经营成本等，尤其是提高新型农业经营主体的竞争力。从这一角度看，虽然已经存在各种形式的金融支持，但还没有形成有力支持提升农业竞争力的金融支撑体系，其主要的问题在于：

第一，现有金融机构的商业化经营目标与为农服务的矛盾。目前，所有涉农金融服务的金融机构（包括信用社），大多数（理论上除了中国农业发展银行之外）都是以利润为主要目的的商业化、多元化经营，为农业提供服务只是其业务的一部分，与农业生产经营利润微薄、事务繁琐的服务效果不相兼容，缺乏压力、动力为农业提供到位服务。政府通过财政补贴、指令信贷指标、划定经营区域、中央银行优惠贷款等方式，也难以解决其主动积极为农业提供金融服务的持续充足动力。

值得注意的是，“半官半民”的信用合作社正在改组为农村商业银行，其资本社会股份化必然导致其商业化经营倾向越来越强烈，将会严重影响甚至削弱其为农服务的主动性。从已有的信息看，目前改组后成立的农村商业银行服务“三农”的水平还有所提高，但这只能是暂时现象，缺乏持续服务“三农”的动力。目前农村商业银行引进的民间资本占总股本比例达到80%以上，私人资本占绝对优势，此种股权结构决定农村商业银行的经营将完全以资本回报为主要目标。

① 张承惠、郑醒尘等编，《中国农村金融发展报告（2015）》，中国发展出版社2016年5月版。

【专栏3】　农村信用社改革为农村商业银行情况

截至2016年3月末，全国农村商业银行数量达到1000家，北京、天津、上海、重庆、江苏、安徽和湖北等7个省（市）已全面完成农村商业银行组建工作。

经营活力全面激发，显著提升整体实力和社会地位。截至2016年3月末，农村商业银行数量占农合机构（农村信用社、农村商业银行和农村合作银行的统称）的44.4%，资本、资产和利润分别占农合机构的66.7%、63%和70.5%，存贷款占比分别从2002年末的59%和58%提高到64%和65%，涌现出一批定位“三农”、财务健康、内控严密、治理有效、服务优质的农村商业银行，有21家入选英国《银行家》杂志世界银行业1000强。

保持“三农”战略定力，显著改善农村基础金融服务。农村商业银行涉农贷款余额4.9万亿元，较2007年增长262%。其中县域农村商业银行涉农贷款占各项贷款的76%，高于农合机构13个百分点。农村商业银行新增存款一定比例用于当地贷款考核达标率77%，远高于农村信用社（64.5%）。县域营业网点数量2.5万个，县域网点密度高于农村信用社22%，山东、浙江等省农村商业银行实现村级便民服务点全覆盖，农民实现了“基础服务不出村、综合服务不出镇”。

系统性风险有效化解，主要监管指标达到良好银行水平。2003年以来，通过组建农村商业银行，累计处置不良资产和弥补亏损挂账2756亿元，成功处置了160家历史遗留的高风险机构。目前，农村商业银行资本充足率13%，拨备覆盖率185.5%，资产利润率和资本利润率分别达到1.1%、13.8%，经营实力大大增强，抵御风险和服务“三农”能力大幅度提高。

现代银行制度从无到有，打造成行业发展领先标杆。股权结构不断优化，农村商业银行法人股比例从改革前的45%提高至60%，有效克服了股权分散和内部人控制的缺陷，建立了适合小法人特点的灵活、简洁、有效的治理模式。风险管理机制和流程银行建设全面推进，开展资本高级计量法试点，实施标杆银行制度，初步建立了现代金融企业的运行机制。重庆农村商业银行在香港成功上市，4家农村商业银行通过境内上市发行审核，6家农村商业银行准备挂牌新三板。

保持民营银行特色，成为引进民间资本重要渠道。全面放开民间资本的投资地域限制，持续放宽并购重组高风险机构准入政策，允许民间资本阶段性控股高风险机构。截至2016年3月末，农村商业银行通过改制和增资扩股引进民间资本4604亿元，民间资本占总股本比例达到83%，在农村商业银行优化股权结构、有效处置风险和提升服务“三农”能力等方面发挥了重要作用。

资料来源：中国银行业监督委员会网站。

第二，缺乏专门有力的农业政策金融组织主导。我国商业性银行固然也在为农业发展服务，但缺乏专门有力的农业政策金融组织发挥主导作用，降低了整体农业金融服务的效能。农业发展银行作为唯一的农业政策性银行，主要是为农产品购销企业、农村基础设施建设提供贷款，并不对农民直接贷款。其他专业银行也同样如此，主要与地方政府、企业产生融资关系，与农民联系几乎断绝。即使中央银行降低存款准备金率、支农再贷款等支持手段，也由于依靠商业性、混合性的金融机构操作而降低效能。

此种专门农业政策金融组织缺位的局面，导致多种严重问题。一是难以实现金融对农业的精准服务。特别是不能随着需求而开发适合农业特点的金融产品。二是缺乏主导性政策金融，导致农业金融服务缺乏竞争性，农户可选择余地窄小，不能迅速改善为农金融服务质量。三是实施政府的农业发展战略缺乏有力的金融操作组织，农户也难以从中获益。四是农民难以了解、识别政策性金融服务与政策性金融机构，政府的工作效能大为打折。

第三，合作金融没有得到政府的有力支持。合作金融是政策性金融实施的重要平台，也是农民进行经济自我保护的重要手段。我国目前的基本状况是：在各种各样迅速出现的银行之中，没有一家属于农民的合作银行；在200多家各类保险公司之中，没有一家属于农民的合作保险公司；在各种各样的非金融机构融资平台之中，只有从2016年开始在全国建立省市县农业信贷担保公司，没有一家属于农民的合作担保公司等。总之，这一状态与目前农业现代化程度与新型农业经营主体发展状况非常不适应。

问题的关键在于目前缺乏扶持农民互助合作的基本政策。目前农村信用社逐步改革为农村商业银行，无疑将强化其商业化经营导向；农民自我服务的信用合作、保险合作以及依托农业生产合作社、供销社开展的资金互助合作还处于少量甚至零星试点阶段，还没有明确的系统性支持发展政策。

目前，存在“三试一非”的新型合作金融发展状态。一是中国银监会主导的农村资金互助社试点，从2007年开始，到2015年末仅49家。二是国务院扶贫办和财政部主导的贫困村资金互助组织，但银行监督部门不认可。三是供销社系统主导的内部资金互助，从2014年开始到2015年末设立资金互助组织502家，分别在16个省级社立系统，吸收股金33亿元，互助金发放余额51亿元。四是完全由农民自发组织的“非法”资金互助组织，没有获得银监部门、地方政府的批准。总体来看，新型合作金融起步晚发展慢，显然与政府支持力较小密切相关①。

第四，国家层面支持现代农业金融政策力度较小。目前，国家财政每年对县域金融机构涉农贷款增量奖励、农业保险保费补贴共约300亿元左右，人民银行每年发放支农再贷款3000多亿元、再贴现约4000亿元，以及税收优惠、降低县域银行存款准备金率等。相比农村的人口、资源、经济状况，这些政策力度不大，又是传统的“大水漫灌”操作模式，几乎适用于所有涉农贷款和国有农业保险业务，落实到农业特别是现代农业项目上则更少。从2016年开始建立省级市县粮食主产区及农业大县的农业信贷担保体系，才具有专门服务于农业发展的性质，但产生实际效果还需要时间。

第五，缺乏监督实施政策性金融的部门协同机制。近几年国家层面相关机构对农业现代化提出指导意见，提出扶持现代农业的金融政策导向，但效果并不明显，其原因除了存在前述问题之外，还在于缺乏监督实施政策性金融的部门协同机制，导向成为软约束，难以将金融政策导向落实到操作层面。目前我国部门协同的状态方式是协商，在推进政策性金融服务上就产生力度偏小问题。目前政策性金融实际的状况是：一是缺乏专门的政策性金融资金及运作组织，二是相关部门没有参与其实际运行，即使人民银行也没有参与其中。

① 张承惠、郑醒尘等编，《中国农村金融发展报告（2015）》，中国发展出版社2016年5月版。

三、国际政策性金融支持农业的主要特点[①]

国际农业政策性金融具有普遍性，发达国家已经形成较为完善的农业政策性金融体系，发展中国家大多建立相对独立的专门农业政策性金融机构。其共同点是：大多数国家设有专门的农业政策性金融机构，专司其职，推动有力有效，政策性金融产品全面多样；一般都重视发挥农业合作社的功能，以其为基础形成农业政策性金融实施“管道”；都有长期逐步发展的过程，在起步阶段政府特别支持是关键因素；组织与治理模式不拘一格，注重发挥政府、合作社、社会机构及其资金的各自功能，或者政府为主，或者“上官下民”，或者合作社为主等，政府给予专门的资金及补贴、税收、专营等优惠支持等，以尽可能动员全社会资金支持农村发展。

对我国尤其具有借鉴意义的是以下组织与治理模式。

1. 多元结构设置模式，以美国为代表

其特点是以美国政府农业信贷管理局作为监管机构，农业政策性金融机构众多，各司其职，行使不同功能，相互间不存在交叉关系，仅仅存在业务交往关系。

美国农业政策性金融机构包括美国政府农业信贷管理局、美国农场信贷系统、美国农场信贷系统保险公司、联邦农业抵押公司、联邦农业信贷银行融资公司。其农业政策性金融体制包括信贷体系和保险体系，农业政策信贷体系又包括美国农场信贷系统、联邦政府保证信贷、联邦政府直接信贷和出口信贷。

农业保险体系由政府组织并给予补贴，委托大型商业保险公司办

---

① 白钦先、徐爱田、王小兴著，《各国农业政策性金融体制比较》，中国金融出版社2006年9月版。

理业务。美国联邦政府农作物保险公司在联邦层次设立再保险基金，向开展农作物保险的保险人提供超额损失再保险，再保险按照赔付率分段确定，既向私人农作物保险公司提供超额损失再保险，又限制农作物保险公司的盈利水平。

联邦政府提供保证信贷，即在农场贷款不能按时归还时，联邦政府支付由私人信贷机构提供的贷款本息。此类贷款可以是在资本市场出售的债券，也可以是卖给联邦银行的债券。此类贷款对象为政府确定的急需发展而风险较高的行业或者产品。

联邦政府提供直接贷款。美国农业是获得联邦政府直接贷款最多的经济部门，其贷款利率低、时间长。其贷款渠道有三：①美国农业部所属农产品信贷公司贷款，主要是农产品储存销售信贷。②美国农业部所属农场主家庭管理局贷款，分为三大类：农场主贷款计划，包括紧急灾害、经济紧急、农场所有权、农场经营、土壤改良和水利、灌溉和土壤保护、少数民族土地、经济社会个人发展、牲畜紧急、娱乐等项目；农村住房贷款计划，包括农村住房、农业工人、农村出租住房、农村宅基地和自助开发等项目；农村社区贷款计划，包括水和废物处理、工商业发展、社区设施建设、资源保护开发等项目。③联邦政府小企业局贷款，作为独立的政府机构向难以从私人信贷机构获得贷款的小企业贷款。年收入100万美元以下的农场主在农场主家庭管理局不能满足其贷款需求时，可从小企业局申请贷款。

联邦政府提供出口信贷，由美国进出口银行、农产品信贷公司提供，主要有3种：①短期商业信贷，对农产品出口给予本国出口商的买方信贷和外国进口商的买方信贷，其期限可达3年，主要由农产品信贷公司提供。②信用担保，农产品信贷公司为农产品进出口商提供信用担保，使其获得一般商业银行贷款。③长期优惠贷款，主要为政府项目下农产品出口的进口国提供贷款，期限可达 20 ～ 40 年。

美国农场信贷系统是农业政策性金融体系的核心，已经形成独立的强大系统，其包括：12 家联邦土地银行及地方土地银行协会，向农场提供不动产抵押贷款；12 家联邦中期信贷银行，向农场提供中短期贷款；12 家生产信贷公司及其地方生产协会，向农场提供生产贷款；13 家合作社银行，向农业合作社贷款。其资金来源不能接受存款，通过政府拨款、农场主入股、私人投资、资本市场销售债券和票据获得。

2. 农业合作社中央银行模式，以日本为代表

其特点是只设立一家独立的农业政策性金融机构，基本不按照行政区划层次设立分支机构，直接对合作经济组织提供政策性金融支持，由合作金融组织完成"最后一公里"的农村金融服务。其显著特点是以合作金融组织为载体实施农业政策性金融。

日本农业政策金融的核心是日本农林金库。1923 年由政府出资成立，后全部偿还政府资金，成为民营机构。其在全国设立分库，资金来源主要是吸收农村存款，服务对象限定在农协系统内部的会员农户和农业团体，不以盈利为目的。日本农林金库依托日本农业合作社系统即农业协同组合系统实施政策性金融业务。

日本农林中央金库是日本农业、林业、渔业合作社系统的中央银行，资金来源是"信农联"上存资金和发行债券。其农村信用合作体系是农户入股形成"信农联"，"信农联"又入股组成农林中央金库。作为农协信用业务的最高机构，日本农林金库协调全国信农联的资金运作，支持信农联的资金需要，并按照国家法令运营自身资金，向农业生产资料大中型企业提供贷款。日本农业协同组合系统的金融机构与其整体一样分为三级组织，但三级组织不是领导与被领导关系，而是各自独立核算、自主经营，上级组织为下级组织提供管理服务。日本农林中央金库已经国际化经营，在世界主要金融中心设立分支机构，网络在24小时覆盖全球金融市场。

3. 依附于农业合作经济组织模式，以韩国为代表

其特点是不建立单独的农业政策性金融机构，而是将农业政策性金融体制“嫁接”于农业合作经济组织之中，由其行使国家农业政策性金融的职能。

韩国全国农业合作社联盟是地区性农业合作社的中央组织，1961年由原农业协同组合和韩国农业银行合并而成。其重要特点是其全国系统不是自下而上逐级联合形成，而是自上而下由政府推动支持层层建立。其资金运用是通过农协的信贷保险部向社员提供低利率贷款、办理农村保险业务，也向农业及相关工程项目提供贷款。其资金来源：①吸收公众存款。原来邮政部门的邮政储蓄体系并入，以利其存款业务。②向政府和中央银行借贷。③发行债券，在金融市场筹资。④其他金融机构贷款和外国贷款。

4. 总分行模式，为大多数发展中国家采用，如泰国、菲律宾等

其特点是国家只设立一家农业政策性金融机构，全权负责本国农业政策性金融业务，并且一般在各地区按照行政区划层次设立分支机构。

泰国农业和农业合作社银行是该国唯一的农业政策性金融机构，建立于1966年，属于政府所有，由财政部监管，在全国设立分支机构，其业务范围是为农业家庭提供与农业相关的融资，其资金来源于公众和商业银行存款、股份和增加资本，泰国银行、政府储蓄银行的贷款以及国际融资。

四、战略目标与可选择的农业政策性金融体系模式

如前所述，长期以来，尽管我国农业政策发挥政策性金融作用支持农业的战略是明确的，采取了许多相关金融、财政政策，金融、财政等实施机构也积极进行了大量工作，但实际上农业政策性金融存在职能不清、功能较弱、主体缺失、体系残缺、对象模糊等问题，结果仍然很难满足现代农业发展的需要。其带有根本性的问题是缺乏专门实施体系，政策性金融的主导性弱化，尽快建立高效的农业政策性金融体系十分必要。

建立高效的农业政策性金融体系必须明确两个战略性目标。首先要明确农业政策性金融所支持的现代农业发展战略目标。基于目前我国农业现代化水平发展程度，特别是新型农业经营主体成长状态，已经显示出我国农业现代化发展的方向、模式和实施主体，已经能够确定农业政策性金融支持对象的战略目标，农业政策性金融体系必须围绕其设计与运行。其战略目标是：在 5 ~ 10 年内，确保支持 500 万户以上经营 200 亩左右规模的农新型农业经营主体（家庭农场、农业合作社、专业大户），使其获得充足的金融服务保障，至少覆盖 10 亿亩以上耕地，形成农业现代化经营的主导力量。其次，要明确农业政策性金融体系目标。鉴于现行金融体系服务“三农”的状况，既要发挥现有金融机构“混业”功能，又解决农业政策性金融主体缺少问题，以形成有力的政策性金融导向。从战略上考虑，在 5 ~ 10 年内，按照“政主众辅”的思路，建立以专门性政策贷款为主体，以农民合作金融、其他金融机构信贷为辅体的现代农业金融支持体系。

从上述两个战略目标出发，根据我国的现实状况，借鉴国际经验，未来我国农业政策性金融体系模式尚有以下三种可供选择：

第一种是“政主民辅”多元主体模式，即在政府专门机构监管下，建立多个执行不同职能的政府政策性金融机构系统，起主导作用；多种类型的合作社组织承担部分政策性金融实施业务，起重要辅助作用；其他金融机构信贷起一般辅助作用。

第二种是“半官半民”合作社系统主导模式，即由目前信用社、供销社全国性系统为主要载体，吸纳地区性农民专业合作社，联合形成上下统一的合作社金融体系联盟，担负资金农业政策性金融实施职能，资金由政府、信用社、供销社、农民专业合作社共同入股，基层社层次实行新型农业经营主体入股。同时，现有“混业”的金融机构继续发挥重要辅助作用。

第三种是“官民并行”模式，即政府农业政策性金融机构与多种合作社、商业性金融机构并行模式。在政府系列，可以采取多种形式设立农业政策性金融机构，可以是总分行模式，可以是中央总部加经济区域模式，可以是综合业务，也可以按照业务类型单列；现存信用社、供销社可以采取联合组成合作社金融体系联盟，也可以各自建立合作社金融系统，并接受政府委托实施政策性金融业务；专业合作社可以与信用社、供销社联合组成合作社金融体系联盟，也可以独立开展合作金融业务，并接受政府委托实施政策性金融业务；现行商业性金融机构继续发挥一般性辅助作用。

上述三种农业政策性金融体系模式各有利弊，关键取决于政府决策者如何选择。“政主民辅”多元主体模式建立快、见效快，但容易抑制合作社金融功能的发育；“半官半民”合作社系统主导模式相对单一，便于直接到户和监督，但长期看我国合作社的组织协调能力不足，很难解决大范围、中上层次的问题；“官民并行”模式能够兼顾前两者的不足，覆盖层面到位，但建立和操作过程略显复杂。就我国农业现代化长期发展而言，“官民并行”模式的效果更好。

“官民并行”模式的独特效果，一是能够发挥“半官半民”信用社、供销社从中央至乡镇系统性组织的平台作用，便于直达农户，可尽快实施政策性金融业务。二是有利于形成政策性金融业务的内部竞争性，减少惰性，促进优化服务，也有利于带动金融业提供服务“三农”水平。三是带动扶持新型合作社规范健康发展，不仅有利于最大可能减少农业经营成本，更有利于提高农业经营主体的组织化程度，增强其抵御市场风险的能力。四是有利于贯彻政府意图，实施产业导向，并便于政府监管信贷行为，防止出现大规模呆坏账以及非法集资等。五是可以兼顾我国金融业服务“三农”的历史与现实状况，充分发挥各种类型金融机构的优势，形成服务“三农”的强大合力。

五、现阶段操作战略

目前涉农金融机构及贷款类型众多，加以现代农业经营主体还处于发育阶段，现阶段操作战略应该采取积极审慎、重点推进、注重实效的方针。

1. 设立全国性现代农业信贷基金

中央和各省财政出资设立现代农业信贷基金，用于建立“官民并行”模式的农业政策性金融体系。其资金来源采取多种形式，可适当吸收社会资金。其用途有二：一是投资建立支持现代农业的政策性金融机构，逐步形成农业政策性金融的主导。二是诱导所有金融机构与合作金融的农业投入，尤其是要支持信用社、供销社的农业政策性金融业务，支持农民的信贷、农业保险的互助合作，支持方式多样化，可以采取补贴利息、补贴业务费用、入股、借贷、借款等多种方式。

2. 相关政府部门协同“贴身”监管农业政策性金融

对新设立的现代农业信贷基金、现代农业政策性金融机构，政府应当委派相关职能部门（财政、银行、农业、林业、水利等）代表进入董事会、监事会，并授予其特别职权，进行政策监督。对现存的农业政策性金融机构如农业发展银行、政策扶持金融机构如信用社和农业银行，也要委派相关职能部门代表进入董事会监督政策实施。

3. 严格规范操作，精准选择扶持对象

政策性金融发挥高效作用的关键是要严格规范操作，避免流于形式。我国目前的特殊情况是传统农业与现代农业并存，金融扶持“三农”的“混业”状态突出，精准支持现代农业无疑是新挑战。

建立精准高效农业政策性金融支持体系的核心，是要准确判断我国农业现代化经营模式的战略方向，并确定能够长期带动农业整体提升市场竞争力的农业经营主体，围绕其制定操作规程。我国传统农业经营模式的弊端主要是生产缺乏集约功能、质量缺乏安全性、经营缺乏稳定性。从发展趋势看，我国未来农业经营模式的战略方向必将是规模化、标准化、生态化、企业化经营（简称“农业经营四化”）。“农业经营四化”是一个整体，能够形成稳定、优质、高效的农业生产经营，有利于国家政策精准支持、引导农户经营行为，也有利于农户自身提高市场竞争力。

现阶段，我国农村经济社会结构正处于持续变动之中，各种类型的农业新型职业农民、新型经营主体不断产生，选准政策扶持的重心非常重要。农业部《关于新型职业农民培育试点工作的指导意见》提出新型职业农民的主要类型及内涵特征，即“从我国农村基本经营制度和农业生产经营现状及发展趋势看，新型职业农民是指以农业为职业、具有一定的专业技能、收入主要来自农业的现代农业从业者。主要包括生产经营型职业农民、专业技能型职业农民和社会服务型职业农民。生产经营型职业农民，是指以农业为职业、占有一定的资源、具有一定的专业技能、有一定的资金投入能力、收入主要来自农业的农业劳动力，主要是专业大户、家庭农场主、农民合作社带头人等。专业技能型职业农民，是指在农民合作社、家庭农场、专业大户、农业企业等新型生产经营主体中较为稳定地从事农业劳动作业，并以此为主要收入来源，具有一定专业技能的农业劳动力，主要是农业工人、农业雇员等。社会服务型职业农民，是指在社会化服务组织中或个体直接从事农业产前、产中、产后服务，并以此为主要收入来源，具有相应服务能力的农业社会化服务人员，主要是农村信息员、农村经纪人、农机服务人员、统防统治植保员、村级动物防疫员等农业社会化服务人员”。显然，上述三类新型职业农民的作用不能并列，起主导作用的是生产经营型职业农民（简称“农场主”），起辅助作用的是专业技能型职业农民、社会服务型职业农民（即农业工人、农业服务工人），政策支持应当是以扶持新“农场主”为主，其他相关主体为辅。进一步说，应当以支持200亩左右及以上规模的农业生产经营主体为核心。目前，我国比较稳定规范的农民合作社、家庭农场、专业大户、农业企业正在快速发展，政策实施具有可靠的现实基础。

4. 加快扶持新型农业政策性金融载体发育

政府要在全面规划、制定制度、投入资金、简化审批程序等方面加快步伐，有重点、有步骤、有规程地扶持新型农业政策性金融载体发育。最具实际效果的方法是设立专项扶持基金，用于在重要农产品主产区、经济发达地区加快建立“三社”联合信贷平台，扶持农民专业合作社开展信用、农业保险业务，鼓励农民、私人及其他社会资金入股。

5. 依托政策性农业抵押担保机构、邮政储蓄系统扶持农民合作组织。

建立农民信用合作组织需要保障资金流程监管、资金存贷便利、贷款担保可靠，目前政府正在建立省至县级政策性农业贷款抵押担保机构，国有性质的邮政储蓄系统网点延伸到乡村，能够担负起保障农民信用合作组织安全、可靠、便利运行的任务。可以考虑，农民信用合作组织的资金存入邮政储蓄系统，其申请邮政储蓄系统贷款由政策性农业抵押担保机构担保，其资金使用由邮政储蓄系统控制，农民信用合作组织的资金流始终处于监管之中，能够避免出现大的问题。目前应该尽快试点，主要选择重要农产品规模经营程度较高、农民合作组织发育较好的地区。

执笔人：肖俊彦

专题七

提升我国农业贸易竞争力研究

加入 WTO 以来，中国农业对外开放日趋深化，农产品贸易持续发展，贸易规模不断扩大。但是，农产品进口特别是粮食进口对国内粮食市场和粮食生产的冲击不断显现，粮食产量每年增长，粮食进口每年增加，粮食库存也在急剧增加，粮食市场价格总体保持高位运行态势。出口方面，中国农业大而不强、多而不优的问题突出。劳动力、土地等生产成本持续攀升，粮食等大宗农产品在价格上缺乏国际竞争力，传统优势农产品出口增长乏力。如果不及时调整粮食进出口策略和国内粮食政策，农业贸易的矛盾和冲突会进一步加剧，中国的农业就会衰弱，发展到了一定程度，农业或许就会出现产业危机。本专题对中国主要农产品贸易发生的变化、面临哪些问题和挑战进行分析，提出调整中国农业贸易政策的思路。

一、中国主要农产品贸易情况

在过去十几年中，中国农产品国际贸易快速发展，贸易商品日益增多，贸易市场也从原来高度集中在某几个国家（地区）发展到一定程度上分散到更多的国家和地区。这是中国融入以WTO规则为基础的国际贸易体系以及中国农业生产和消费发生显著变化的结果。

下面利用商务部2002～2015年中国农产品进出口月度统计报告，对中国农产品贸易的市场结构和商品结构的变化趋势进行分析。该列数据反映了以下几个事实。

1. 贸易规模持续扩大

2002～2015年，中国农产品贸易从304亿美元增长到1861亿美元，年均增长14.9%。其中进口额从124亿美元增长到1159亿美元；出口额从180亿美元增长到701亿美元（表1）。“十二五”期间，农产品贸易额累计8919亿美元，占我国货物贸易总额19.9万亿美元的4.4%。

表1　2002～2015年中国农产品贸易额变化情况　单位：亿美元

年份	总额	出口	进口	顺差
2002	304.3	180.2	124.1	56.1
2003	401.3	212.4	188.9	23.5
2004	510.6	230.9	279.7	–48.8
2005	558.3	271.8	286.5	–14.7
2006	630.2	310.3	319.9	–9.6
2007	775.9	366.2	409.7	–43.5
2008	985.5	402.2	583.3	–181.1
2009	913.8	392.1	521.7	–129.6
2010	1208.0	488.8	719.2	–230.4
2011	1540.4	601.3	939.1	–337.8
2012	1739.4	625.0	1114.4	–489.4
2013	1850.1	671.0	1179.1	–508.1
2014	1928.2	713.4	1214.8	–501.4
2015	1861.0	701.8	1159.2	–457.4

资料来源：根据商务部历年《中国进出口月度统计报告（农产品）》整理。

2. 贸易额从长期顺差已转变为持续性逆差

2012 ~ 2015 年逆差额扩大到 489.4 亿美元、508.1 亿美元、501.4 亿美元、457.4 亿美元（表 1）。形成逆差的重要原因是国内市场对大宗农产品的需求急剧增长、国内外差价增大导致的大规模进口。

3. 大宗农产品贸易呈现全面净进口趋势

2008 ~ 2015 年，谷物进口额从 2007 年 51494.8 万美元增加到 2008 年 69870.6 万美元，2015 年达到 927780.9 万美元，2007 ~ 2008 年进口额年均增长 43.5%（表 2）。

表2　　2002 ~ 2015年中国谷物贸易额变化情况　　单位：万美元

谷物	进口	增长（%）	出口	增长（%）
2015	927780.9	52.0	32180.8	−27.8
2014	614420.5	22.1	44542.1	−13.3
2013	500029.0	5.4	51396.2	16.0
2012	474317.3	135.6	44307.6	−27.2
2011	201307.6	34.1	60837.2	12.8
2010	150139.2	71.2	53943.6	−12.7
2009	87686.2	25.5	61770.9	−8.3
2008	69870.6	35.7	67339.5	−65.8
2007	51494.8	−37.3	196977.0	89.8
2006	82082.0	−41.1	103800.6	−26.5
2005	139378.1	−37.2	141245.5	90.8
2004	221851.2		74046.3	−71.4
2003			258855.3	56.9
2002			164987.2	59.5

资料来源：根据商务部历年《中国进出口月度统计报告（农产品）》整理。

谷物出口总体持续减少。2007 年谷物进出口额基本持平，到了 2015 年，出口额仅占进出口总额的 3.5%（表 3）。

表3 2002～2015年中国谷物出口额变化情况 单位：万美元

年份	出口额	占农产品总出口额（%）
2015	32180.8	0.46
2014	44542.1	0.62
2013	51396.2	0.77
2012	44307.6	0.71
2011	60837.2	1.01
2010	53943.6	1.10
2009	61770.9	1.58
2008	67339.5	1.67
2007	196977	5.38
2006	103800.6	3.35
2005	141245.5	5.20
2004	74046.3	3.21
2003	258855.3	12.19
2002	164987.2	9.16

资料来源：根据商务部历年《中国进出口月度统计报告（农产品）》整理。

根据美国农业部的数据，2012/2013 年度～2016/2017 年度，中国玉米进口量年平均达 353 万吨，占全球进口总量的 2.77%。而玉米出口量非常有限，2015 年中国出口玉米 1 万吨左右。小麦进口量年平均为 373 万吨，占全球进口总量的 2.28%。小麦出口量年平均约 80 万吨。中国也是全球最大稻米进口国，从 2012 年的 350 万吨增加到 2016 年的 500 万吨，年平均进口量为 454 万吨，占全球进口总量的 10.95%。大豆进口持续增长，成为世界最大的大豆进口国。2015 年进口达到 8169 万吨，占到了进口粮食的近 2/3，2016 我国进口大豆 8391 万吨，比 2015 年增加 222 万吨，增长 2.7%。

4. 出口品种比较稳定，优势产品出口总体保持增长

2002 ～ 2015 年，7 类主要产品（水、海产品，食用蔬菜，蔬菜、水果、坚果等制品，水产品制品，食用水果及坚果，畜类产品，禽类产品）贡献了近 70% 的农产品出口总额（表 4）。水、海产品占据最重要地位，

表4　　主要农产品出口情况　　单位：亿美元

年份	水、海产品	占比（%）	食用蔬菜	占比（%）	蔬菜、水果、坚果等制品	占比（%）	水产品制品	占比（%）	食用水果及坚果	占比（%）	畜类产品	占比（%）	禽类产品	占比（%）	7类主要产品出口额占比（%）
2015	133.2	19.0	90.2	12.9	73.9	10.5	62.7	8.9	51.6	7.4	31.0	4.4	23.8	3.4	66.5
2014	140.8	19.7	82.3	11.5	73.7	10.3	68.1	9.5	43.2	6.1	33.8	4.7	30.8	4.3	66.2
2013	125.3	18.7	78.7	11.7	78.5	11.7	69.3	10.3	41.7	6.2	31.0	4.6	30.7	4.6	67.8
2012	113.2	18.1	69.1	11.0	75.7	12.1	68.2	10.9	37.7	6.0	33.0	5.3	28.3	4.5	68.0
2011	109.9	18.3	87.2	14.5	69.8	11.6	60.0	10.0	31.9	5.3	31.6	5.3	24.9	4.1	69.1
2010	88.1	18.0	74.8	15.3	55.5	11.3	44.2	9.0	26.8	5.5	25.6	5.2	18.6	3.8	68.3
2009	68.2	17.4	48.5	12.4	47.6	12.1	34.3	8.8	23.8	6.1	22.5	5.7	14.0	3.6	66.0
2008	51.9	12.9	42.2	10.5	58.4	14.5	49.3	12.3	21.1	5.2	26.7	6.6	14.2	3.5	65.6
2007	47.6	13.0	40.4	11.0	54.4	14.9	45.0	12.3	16.3	4.5	23.0	6.3	14.9	4.1	66.0
2006	47.4	15.3	37.1	12.0	37.8	12.2	42.3	13.6	12.8	4.1	21.7	7.0	13.3	4.3	68.4
2005	43.5	16.0	30.5	11.2	30.9	11.4	31.8	11.7	10.7	3.9	13.6	5.0	21.0	7.7	67.0
2004	40.6	17.6	25.4	11.0	25.8	11.2	26.0	11.2	9.2	4.0	10.7	4.6	19.8	8.6	68.2
2003	33.4	15.7	21.8	10.3	21.7	10.2	19.3	9.1	7.5	3.5					
2002	28.7	15.9	18.8	10.5	17.6	9.8	16.3	9.1	5.5	3.1					

资料来源：根据商务部历年《中国进出口月度统计报告（农产品）》整理。

份额从 2002 年的 15.9% 增长到 2015 年的 19%。食用蔬菜出口比较稳定，占 10% ~ 12%。蔬菜、水果、坚果等制品和水产品制品分别占 10% 左右。食用水果及坚果出口增长明显，份额从 2002 年的 3.1% 增长到 2015 年的 7.4%。畜类产品和禽类产品份额呈下降趋势，2015 年分别占 4.4% 和 3.4%。谷物产品出口比重变化很大，2003 年出口比重达 12.19%，2008 年以来比重在 2% 以下，2015 年仅占 0.46%。

5. 出口市场总体变化不大

2015 年，对亚洲、欧洲、北美洲的出口比重分别为 64.59%、14.63%、11.87%。从国别（地区）看，日本、中国香港、美国、韩国、泰国为前五大出口市场，合计占出口总额的 49.2%。对日本的出口额最高，占农产品总出口额的 14.4%；对泰国出口快速增长，2015 年比上年增长 33.5%；对中国香港的出口额增长 2.2%；对日本出口下降 8.3%；对美国出口下降 1.2%；对韩国出口下降 10.6%。

二、中国农业贸易政策

中国始终把确保国家粮食安全和农民增收作为农业政策的重要目标。改革开放以来，特别是加入 WTO 以后，中国农业贸易日益开放，国际市场份额持续提升，逐步完成了加入 WTO 的关键承诺，成为农产品市场最开放的国家。中国取消了农业出口补贴，农业贸易政策主要集中在市场准入和国内支持方面。市场准入方面，通过对大米、玉米和小麦的关税配额进行进口管理，其他的粮食（包括大豆）实行单一关税政策。国内支持方面，在 8.5% 的微量允许范围内，通过“蓝箱”措施支持农业。从长远看，中国将主要通过“绿箱”政策，鼓励农业科技、增加对农民的培训、增加农业基础设施建设等，提高农业的整体素质和竞争力。

（一）农业贸易体制改革

改革开放以前，中国对外贸易被12家国有外贸公司垄断，由国务院制订国家进出口计划，然后委托外贸部实行管理和控制，并指定国有外贸公司在外经贸部的监督下从事进出口业务。农产品出口更是被国家高度垄断，明文规定对出口实行指令性计划管理，指定国有外贸进出口公司统一经营、统一管理、统一核算。在这种严密的控制系统之下，出口的主要目的是换取外汇。

1984年以后，国家对农产品实行了一系列改革。对粮食实行双轨制，对蔬菜、水产品中的部分品种以及水果采取了放开的政策。但是，粮食和其他一些商品的贸易仍然由国家垄断。粮油食品的出口完全由国家垄断，由国家颁发出口许可证，由中国粮油食品进出口总公司控制其进出口，总公司在各省下设分公司具体完成出口任务。出口价格方面，粮食出口收购包括在国家合同定购任务中，由国营粮食部门统一完成。外调出口时，价格为合同收购价加上经营费用，因而，出口收购价要比真正的市场价格低很多。利润分配方面，创汇收入全部交给国家。具体来说，就是省级粮油进出口公司的创汇收入全部上缴给总公司，再由总公司返还全部外汇额中的10%给省政府。

20世纪90年代中期以后，顺应整个经济体制改革的要求，国家对农业贸易制度进行了相应改革。首先，打破中国粮油进出口总公司独家垄断，更多国有公司被授予进出口贸易的权利，这些公司通过许可证和配额制度与中国粮油进出口总公司竞争，从而获得自己的进口份额。其次，国务院成立了新的公司，归外经贸部管理，对粮食的国内流通和国际贸易进行协调。在粮食进出口方面，调整了粮食的进口，由单一进口小麦改变为小麦、玉米和大米等多种粮食品种进出口，满足了国内的需求，也发挥了国内的比较优势。

总体看，到20世纪90年代中后期，农业贸易政策起着平衡国内需求的作用，具有明显的计划经济特征，如果国内生产多了就寻求出口，如果生产少了就组织进口。

（二）农业贸易政策的市场化改革

加入WTO以后，中国逐步完成了加入WTO的所有关键承诺，农业贸易政策转向为市场导向，取消出口补贴，进口的计划管理改为关税配额管理等。根据WTO的分类，农业贸易政策主要包括三个方面：农产品市场准入、农业出口补贴和农业国内支持。由于中国加入WTO后就取消了全部农产品的出口补贴，因此这里主要分析市场准入和国内支持两个方面。市场准入主要就是关税和关税配额。国内支持主要是与贸易相关的国内支持政策。

1. 出口补贴方面

在出口竞争上，中国承诺取消各种形式的出口补贴。为弥补出口补贴取消对农产品出口的影响，采取了另外两项政策：一是对大宗农产品免征铁路建设基金。对经铁路运输的稻谷、大米、小麦、面粉、玉米、大豆，以及皮棉、籽棉征收的铁路建设基金实行全额免征；按国家计划出口离岸的粮食、棉花也一并实行免征。这项政策有利于缩小国内与国际市场的价差。二是出口退税。对大米、小麦和玉米实行零增值税税率政策，出口时免征销项税。这项政策对粮食出口企业是实质性利好，旨在降低出口成本。

2. 市场准入方面

中国根据加入世界贸易组织货物贸易减让表所承诺的配额量，确定实施进口关税配额管理农产品的年度市场准入数量。实施进口关税配额管理的农产品品种为：小麦（包括其粉、粒）、玉米（包括其粉、粒）、大米（包括其粉、粒）、豆油、菜籽油、棕榈油、食糖、棉花、羊毛以及毛条。对小麦、玉米、大米、豆油、菜籽油、棕榈油、食糖、棉花进口关税配额分为国营贸易配额和非国营贸易配额。国营贸易配额须通过国营贸易企业进口；非国营贸易配额通过有贸易权的企业进口，有贸易权的最终用户也可以自行进口。对大豆、园艺产品、畜产品等其他农产品实行单一关税管理。按照加入 WTO 作出的承诺，取消了数量配额、许可证等所有非关税措施。关税和关税配额制度成为中国调控农产品贸易的唯一手段。

中国承诺的平均关税只有 15.2%，是世界平均水平的 1/4，粮棉糖等重要农产品配额外最高关税也只有 65%。目前世界农产品平均关税水平为 60%，除了一些岛国和个别农业规模大竞争力很强的国家外，其他国家农产品关税水平都比中国高。挪威、瑞士、日本、美国、欧盟、巴西、印度农产品平均关税水平分别为 71%、86%、42%、11%、23%、36% 和 114%（《2016 中国农产品贸易发展报告》）。

3. 国内支持方面

中国承诺对农产品国内支持的微量许可为 8.5 %，即 WTO 规定的不允许使用的国内支持政策中（如生产资料补贴和保护价收购等），中国仍然可以使用一部分，但支持的总价值不能超过农业总产值的 8.5%。我国现行的农业补贴方式和幅度均未超过入世承诺所限定的范围。为了发挥中国农产品的比较优势、促进农产品贸易，在国内支持政策方面均做出了一些调整，主要包括“一减三补贴”、粮食主产区的保护价收购政策、农业产业结构调整政策。

（三）新时期农业“走出去”的战略部署

近年来，中国实施农业“走出去”战略，积极利用国外农业资源，但总体上看，中国农业“走出去”利用国外资源，仍以直接进口贸易模式为主。党的十八届三中全会和2014年中央1号文件提出要加快农业“走出去”步伐，2016年中央1号文件为新时期农业“走出去”提出统筹用好国际国内两个市场、两种资源的战略部署，提出：“完善农业对外开放战略布局，统筹农产品进出口，加快形成农业对外贸易与国内农业发展相互促进的政策体系，实现补充国内市场需求、促进结构调整、保护国内产业和农民利益的有机统一。加大对农产品出口支持力度，巩固农产品出口传统优势，培育新的竞争优势，扩大特色和高附加值农产品出口。确保口粮绝对安全，利用国际资源和市场，优化国内农业结构，缓解资源环境压力。优化重要农产品进口的全球布局，推进进口来源多元化，加快形成互利共赢的稳定经贸关系。健全贸易救济和产业损害补偿机制。统筹制定和实施农业对外合作规划。加强与‘一带一路’沿线国家和地区及周边国家和地区的农业投资、贸易、科技、动植物检疫合作。支持我国企业开展多种形式的跨国经营，加强农产品加工、储运、贸易等环节合作，培育具有国际竞争力的粮商和农业企业集团。”

三、农业贸易开放凸显的问题

一是国内市场受国际市场价格波动的影响增大。从2008年开始，中国由粮食净出口国转变成粮食净进口国。从国际粮食市场几大波动风险来看，随着中国粮食进口量的增加，中国受到国际粮食市场的影响也增大。金融危机之后，世界各国的政府，只要有能力几乎都采取了扩张性的财政政策和刺激性的金融政策，为了挽救经济投入大量资金，到2010、2011年全球出现通胀。但这一轮通胀的出现并没有拉动经济的回升，需求反而下降，所以2012年开始出现全球大宗商品价格急剧下降，包括粮食。粮价在2011年国际市场达到了历史最高峰，此后就迅速下降，特别是2012～2015年之间，国际市场的粮价下跌非常明显。国际玉米价格在2007年下半年暴涨，2008年下半年又暴跌，2009年开始，国际玉米价格持续走低了一年多后，从2010年下半年开始上涨，高位波动三年后，在2013年下半年开始下跌，近两年国际玉米价格都处于比较低迷的状态。按美元计价，国际市场的小麦和大米的价格下跌了1/3左右，玉米的价格下跌了45%左右，大豆的价格下跌了40%。如果没有国际市场粮价的下跌，现在中国国内的粮价跟国际市场差不了太多，但问题是中国的粮价在上涨，全球的粮价在下跌，于是出现了中国国内粮价高于国际市场30%～50%的局面。

二是中国大宗农产品在价格上缺乏国际竞争力。中国大宗农产品进口量的不断增加，出口量的大幅下滑，代表着中国农业贸易国际竞争力的缺乏。目前小麦、大米、玉米的国内平均价格要比国际市场的价格高出30%～50%。从这几年的情况看，造成中国粮价高于国际市场的主要原因：一是在经济快速增长中，没能管控好要素价格，包括资金价格、土地价格、劳动力价格，甚至出现高于GDP增长的幅度，这必然反映在农业中，导致农业生产成本上升。二是最低收购价和临时收储价格的不断提高，严重扭曲了粮食市场价格形成机制。粮食的最低收购价格从2004年开始实行，到了2008年以后，农业的生产成本上升太快，如果不对农民的收益进行适当补偿，农民就没有生产的积极性。所以，2008年以后，最低收购价格逐年上涨，而且涨幅都很大。2007年，小麦价格0.72元每斤，但到2014年最低收购价提高到了 1.18 元每斤，从 2008 年到 2014 年的 7 年时间里，小麦价格大约上涨了 60% 多，籼稻的价格上涨了 90%，粳稻的价格上涨了 100% 以上。这样快速的价格上涨，和国际市场相比出现了比较大的差距。三是人民币汇率坚挺。近期人民币兑美元的汇率在下降，但从 2005 ~ 2016 年，人民币兑美元还是上涨了近 20%。由于国际市场的粮食贸易都是按美元计价的，运抵中国再折算成人民币以后，进入中国市场的国外粮食价格就相对便宜了。国内市场价格的严重扭曲，带来了国内粮食市场供需的严重失衡，供需不匹配现象凸显，产生了粮食生产量、进口量、库存量“三量齐增”的局面。

三是 WTO 农业规则对国内农业支持的约束。中国作为 WTO 的成员，要服从于 WTO 的规则。从 2008 年开始，粮食最低收购价政策的负面效应开始显现，尤其是 2012 年以来，稻谷和小麦国际市场完税价格要比国内稻谷和小麦市场价格低 30% 甚至更多，配额内关税已经被击破，65% 的配额外关税是稻谷和小麦的另一道“防火墙”，如果继续提高稻谷和小麦的最低收购价，这道“防火墙”也有可能被击破，而且农业价格支持政策受到“黄箱”补贴 8.5% 上限的限制，稻谷和小麦可利用的国内价格支持政策已经非常有限。从 2016 年开始，中国取消了玉米的临时收储政策。从棉花目标价格的实施情况看，棉花的国内价格已经与完税后国际价格接轨，但目标价格的实施属于与种植面积挂钩的“黄箱”补贴，如果补贴额超过“黄箱”8.5% 的上限，会面临 WTO 成员国的起诉。目标价格所起到的支持作用是有限的。

四是国际市场针对中国产品的限制措施、技术标准日趋严格。近年来我国农产品、食品质量事件频频发生，对出口造成了严重的不良影响。根据商务部的统计数据，我国 75% 以上的农产品出口企业均为出口额在 500 万美元以下的中小企业，比其他行业的出口企业面临更大的压力。这些企业对美国、欧盟、日本和新兴经济体市场的出口，都普遍遭到贸易壁垒，包括关税高峰与关税配额、进口限制与通关环节壁垒、技术性壁垒以及卫生与植物卫生措施，以及贸易救济措施（主要是反倾销措施）。目前，中国农产品和食品行业已成为遭受国外技术性贸易壁垒最多的行业之一。中国肉类、蔬菜、水果等农产品及其加工品出口均遭到了国外技术性贸易壁垒的重重阻碍。根据商务部的调查，中国有 90% 的农业及食品出口企业受国外技术性贸易壁垒影响。国际农产品技术性贸易措施日趋复杂，从最初的通关环节壁垒和繁杂的产品检验检疫制度，到严格的产品包装和标签规则与复杂的合格评定程序和质量认证制度，再到苛刻的系统性法规；从“零容忍”的检测标准到食品安全全程控制的要求；从动物疫病区域化管理模式到原产地标签的强制性规定。国外农产品技术性贸易措施日趋完备，但对正常的农产品贸易已构成很大的障碍。

四、提升我国农业贸易竞争力的思路

第一，推进农业供给侧结构改革，提高农业的综合效益，增强农产品的国际竞争力。一是必须让市场在价格形成机制中发挥决定性的作用。2014 年，在新疆推进了棉花目标价格的改革，在东北推进了大豆目标价格的改革。2015 年，在长江中下游推进了油菜籽的价格改革，在东北和内蒙古地区推进了玉米临时收储价格的改革，把东北和内蒙古四省区的玉米临储价格从 2014 年的每斤 1.12 元，降到了 2015 年的每斤 1 元。但是，这个价格仍高于进口玉米的到岸完税成本价。目前国内玉米市场供大于求，国储库存居高，且国内外玉米价差拉大，进口替代品盛行，抑制国内玉米需求，高库存已成为亟待解决的问题。因此，2016年中共中央的一号文件中提出，推进新疆棉花、东北地区大豆目标价格改革试点。按照市场定价、价补分离的原则，推进玉米收储制度改革，使玉米价格反映市场供求关系。据了解，政策出台之后，效果明显，突出的表现是东北地区的玉米播种面积减少了，价格基本上可以和到岸玉米完税成本价格相当。同时，国家又另行对生产玉米的农民进行补贴。二是必须提高农业生产整个过程中的科技含量，降低成本，提高效益，提高价格的国际竞争力。中国农产品竞争力不够，科技问题是其中一个重要原因，必须加快推进农业的科技进步，才能使中国农产品在国际市场上占有一席之地。三是要推进农业经营体系的创新。对中国来说，分散、粗放的经营方式，是导致生产成本高、价格上涨的根本原因。但改变并不是短期内就能实现的。要不断推进农业的规模经营。近几年在有关政策的指导下，特别是十八届三中全会以后，提出了关于农村集体的土地所有权、承包权、经营权三权分置的新的制度创新，农村土地的流转速度比较快。但与国际比较，中国的农业规模经营面积仍然太小。必须对土地要进行一定的基础改造，使耕地相对集中连片，扩大每一个农业经营主体土地经营的规模，使绝大多数农户都可以使用最先进的机械。要扩大农业服务产品的范围，让服务主体为更多的农户提供服务，以此来弥补土地规模的不足。

第二，改进和完善农业支持保护制度。从农业贸易的政策框架来看，出口补贴政策已不能再使用，中国粮食品种的关税已经较低，单一的关税政策很难再有效控制进口，国内支持政策空间也十分有限。因此，未来农业贸易政策的重点，要按照WTO的规则，抓紧研究怎么进一步改革和完善补贴制度。这方面应该向发达的农业国家学习，进一步完善中国的农业补贴政策。

第三，运用好 WTO 规则，应对农产品贸易壁垒。尽管各国在全球农产品贸易自由化谈判中取得了一些进展，但是国际农产品贸易面临很高的贸易壁垒、贸易补贴以及高额关税的阻碍。发展中国家要想进入发达国家市场非常困难。同时，发展中国家也用高关税保护国内的农业。总之，在国际贸易自由化过程中，非关税壁垒的形式越来越多样化，门槛越来越高，如技术标准、质量认证、检验程序、环境保护、国民健康标准、动物福利、私营标准等。根据 WTO 统计，WTO 成员有关农产品的技术性贸易壁垒（TBT）和卫生与植物卫生措施（SPS）通报数量中，发达国家占 40% 以上。美国、欧盟、新西兰、日本等发达国家成员在食品科技和安全管理上居于领先地位，令中国和其他发展中国家成员处于被动应对境地。长期来看，农产品贸易自由化仍是世界未来的发展方向，关税壁垒将逐渐被非关税壁垒所取代。中国政府要积极帮助农产品出口企业应对贸易壁垒。一是加强国际合作与利用多边贸易体制化解贸易壁垒。二是积极应对贸易救济案件。要加强政府间交涉，为我国企业争取合法权益。要充分利用世界贸易组织规则，维护自身权益，争取宽松的国际环境。世界贸易组织《反倾销协定》着重考虑了发展中成员国的利益。中国作为世界贸易组织成员，应该充分意识到我们享有的权益，以世界贸易组织成员的身份来抑制他国对中国滥用反倾销的行为。要利用好世界贸易组织争端解决机制，使对中国不公正的裁决有可能得到修正，坚决捍卫中国企业的合法权利。三是建立和完善农产品技术性贸易壁垒预警机制。根据我国出口农产品的特点，有针对性地收集国外的技术性贸易壁垒方面的信息，及时得到其他成员国制定的技术法规、合格评定程序和卫生检验检疫方面的信息，总结国内外农产品企业突破技术性贸易壁垒限制的经验与教训，并加以研究，及时向出口企业发布预警信息，及时向企业提供主要贸易对象国的技术法规、国际上技术性贸易措施的发展动态等信息，及时发布国内外有关农产品技术性贸易壁垒的最新动态，为企业提供信息咨询服务，使农产品适应和满足国际标准和进口国的要求。四是扶植建立农产品出口的质量追溯和保障体系，提高出口农产品安全水平。农产品安全问题是现在制约出口发展的首要问题。在我国农业生产水平总体还比较落后，特别是农、兽药管理和监控体系还很不健全的前提下，分散的小规模农户生产的农产品质量安全水平得不到有效保障，不能适应国际上“从农场到餐桌”的管理要求，也不能实现产品的可追溯。保障农产品出口的发展，需要进一步加大投入，完善农产品卫生安全监测管理体系。按照国际标准加快建立和完善农产品的技术标准认证和检测体系，建立起同国际接轨的质量管理体系，在生产、加工、包装、销售等环节实行严格的质量标准和全过程的质量控制。

第四，提升企业国际竞争力。丰益国际、ADM、邦基、嘉吉、路易达孚世界 5 大粮商在国际粮食市场上占据了优势地位。近年来它们加速了跨国企业兼并，逐步建立了上下游完整的粮食产业链，并且把中国作为企业扩张的重要目标。中国要组建能够与 ADM、邦基、嘉吉、路易达孚 4 大粮商和丰益国际相抗衡的国有大粮商已经迫在眉睫。中国要培育一批具有国际竞争力的粮商和跨国农业企业集团，战略上要深化农业对外投资合作，形成农业对外合作全产业链布局，也要整合国内粮食生产、加工、储运能力。

执笔人：李 青

参考文献

[1] 陈锡文. 关于推进农业的供给侧改革”，2016.http：//finance.sina.com.cn/money/future/fmnews/2016-11-06/doc-ifxxneua4229934.shtml.

[2] 农业部农业贸易促进中心. 农业贸易研究（2014-2015）. 北京：中国农业出版社，2016.

[3] 商务部. 中国农产品出口壁垒报告，2013.

[4] 商务部. 中国农产品出口分析报告，2013.

[5] 武拉平. 中国粮食外贸政策及其效果分析. 中国粮食市场发展报告（2013年），2013.

[6] 张瑞娟. 中国粮食贸易与国家粮食安全. 国际贸易，2016（12）.

案例一

美国农业支持政策演变及对我国的启示

美国作为发达的市场经济国家，其农业生产先进、农产品出口竞争力强，在世界上处于优势地位。美国高度的农业现代化水平得益于先进的科学技术、丰富的自然资源，同时也离不开政府对农业的大力支持。美国对农业的政策干预有着悠久的历史。早在 19 世纪中叶，甚至更早的殖民时期，就开始了对农业的干预。系统的农业政策始自 1933 年出台的首部农业法案《农业调整法》，之后每隔 5 年左右出台一部农业法案，到 2014 年《食物、农场及就业法案》的颁布，共出台 17 部法案（费文俊等，2015）。这些农业法案共调整了 37 次。梳理美国的农业支持政策，探寻其变迁背后的规律和逻辑，对于我国调整完善农业支持政策体系具有重要借鉴意义。

一、美国农业支持政策的演变历程

（一）早期以促进生产和提高农场主收入为主要目标的农业支持政策：建国～20世纪30年代初

美国从建国后的劳动力不足条件下的粗放式经营，到19世纪进入工业化进程的初级阶段，为持续地以较低价格从农业获取剩余支持工业发展，采取了较为积极的农业支持政策。

一是出台多部土地法，完善土地分配政策。美国建国后对西部领土的大力开发,使农用可耕地面积迅速增长。政府通过1862年《宅地法》为代表的多部土地法的施行，先后以拍卖、赠予等方式，使国有土地迅速转移到农户手中，推动西部土地资源开发并吸引大量移民，也为家庭农场的发展奠定了基础。

二是大力推动农业基础设施建设。截至1840年，美国共修建运河5353公里、铁路5356公里。1862年国会通过《太平洋铁路法》，联邦政府和各州政府向铁路公司提供了部分贷款和10万平方公里的公有土地，推动美国铁路建设高速进行。至1916年，美国的铁路长度达到40.9万公里。同时，美国政府通过出卖公有土地，支持灌溉事业的发展。交通运输和灌溉等基础设施的建设，降低了农产品的生产和运输成本，使美国农产品在世界市场上的竞争力迅速提高。

三是建立农业教育、科研和推广体系。联邦议会1862年通过法案成立农业部，国会通过《莫里尔法》（又称为《赠地法案》）由联邦政府支持各州以公有土地收入创办农业教育体系，1887年美国国会通过《哈奇法》（即《农业试验站法》）支持建立农业实验站，1914

年国会通过《史密斯－利弗合作推广法》，由政府支持各州县建立农业推广体系。

四是加大农产品关税保护力度。美国国会 1789 年通过了第一部关税法，对包括农产品在内的一般进口商品征收 5% 关税。直到大危机之前，美国除 1883、1894、1913 年关税法进口关税率有所降低以外，对农产品基本上维持在 50% ~ 60%的保护关税率水平上（王洪会，2011）。

这一时期农业生产的迅速扩张为美国经济起飞奠定了基础，但也带来了突出问题：一是环境破坏严重。19 世纪以来开发土地、砍伐森林等对自然资源的过分攫取，既促进了美国经济起飞，也造成了巨大的浪费和破坏。二是农业过剩危机。1920 年开始，在第一次世界大战中迅速膨胀的美国农业，在战后需求锐减，面临供给过剩，农产品价格迅速下跌。同时，工业部门通过控制生产、减少市场供应以维持价格，工农产品价格差距扩大，农场主处境艰难。在这种情况下，“争取农业平权”大辩论在 1924 ~ 1928 年期间先后提出五个“麦克纳利－豪根提案”，为罗斯福“新政”农业政策制定提供了思想和理论基础（徐更生，2007）。

（二）大萧条后以供给干预和价格支持为主要目标的农业支持政策：1933 ~ 1984年

从 1933 年罗斯福“新政”颁布第一部系统的农业法案《农业调整法》，到 1984 年，美国政府围绕解决农业产能过剩、稳定和提高农产品价格、增加农场主收入等目标，出台了 11 个农业法案，对这些农业法案进行过 27 次调整。主要措施包括以下几个方面：

一是限制农产品供给。一方面，通过限制农产品播种面积，控制农产品产出。1933 年实施生产控制计划，制定播种面积配额、规定销售限额等措施。1956 年推行自愿的土地停耕、退耕制度，实施土地的耕地面积储备制度和土壤保护储备制度，允许生产者短期内停耕，把农场部分土地长期退耕植树。1960 年后美国实施自愿生产控制计划，由政府进行补偿，规定农民应停耕至少 20% 的耕地用于土壤保护，此计划被 1962 年的强制性生产控制代替。另一方面，建立农产品储备制度，稳定市场供给。农产品因其需求弹性较小，短时间内产能过剩带来的价格冲击较大。美国政府为调节市场供求关系实施农产品储备制度，成立商品信贷公司对农产品进行储备。1977 年通过农产品信贷计划推动农户自储备项目，鼓励农场主进行自有谷物储备作为联邦储备的补充，以降低国家储存压力。

二是扩大农产品需求。美国为消化粮食产能，通过国际国内两个市场进行调节。国际市场方面，政府设立基金对部分农产品出口进行补贴，通过向发展中国家“按优惠销售”和“馈赠”等国际粮食援助输出剩余农产品。国内市场方面，实施食品与营养援助计划、发展农产品加工等措施增加国内需求。1933 年成立联邦剩余救济公司，实行营养补贴计划、妇幼儿童特别补充食品计划等。1961 年美国开始实施食品券计划，向贫穷阶层提供免费食品，对低收入家庭进行转移支付，缓解了经济不稳定对低收入家庭造成的冲击。此外，从 1935 年农业调整法开始，美国政府鼓励使用剩余农产品发展加工工业、促进国内消费和出口。

三是农产品价格支持。从 20 世纪 30 年代开始，为提高农场主收入水平，保持美国农产品的出口竞争优势，在农产品生产过剩的背景下为农业提供支持和保护，美国政府通过商品信贷公司实施了农产品价格支持制度，主要包括平价收购、无追索权贷款等政策。1961 年实施的食品券项目，向贫穷阶层免费提供食品，也间接地支持了农产品价格。20世纪70年代起，美国政府以目标价格和差额补贴代替“平价”收购政策，实际运行中政府贷款价格成为农产品的最低保护价格，政府为农场主承担了市场价格波动的风险，对农产品价格起到了有力的支撑作用。

四是金融支持和风险控制。一方面，为帮助农场主解决生产性资金缺乏困难，组织政府、合作社和私人的借贷资本发展农业生产。美国政府自1916年《联邦农业信贷法案》出台以来，陆续出台《农业信贷法》等10余部农业信贷系统相关法案。到20世纪80年代，形成了较为完整的普惠农业信贷体系，由互助合作性质的农业信贷机构如联邦土地银行、联邦中间信贷银行和合作银行等，为农场主提供长期不动产抵押贷款、生产和销售的中短期贷款等；由农民家计局、商品信贷公司等配合政府种植面积分配及销售计划，向农场主提供短期生产性信贷和农产品储备贷款。另一方面，为了分担农业生产中面临的风险，提高农场主抵御自然及市场风险的能力，美国于1938年颁布《联邦农业保险法》，由联邦政府推动开展农作物保险。到20世纪50年代，农业保险项目中逐渐增加作物品种，农业保险的试点工作不断展开，60年代开始扩大农业保险的覆盖范围。1980年《联邦作物保险法案》扩展了作物保险项目，使得农业保险成为主要的灾害保护项目，由政府确定保额费率、对作物保险的管理费用以及运营费用进行补偿、提供再保险、为参保农户提供保费补贴，确立了公私合营的农业保险经营方式。

五是提高农业服务水平。为促进农业生产，美国加强科技推广体系建设及服务支持，继续由联邦政府拨款为农业科研提供经费保障，对农业科技推广给予资助。对农产品的营销环节进行支持，联邦政府对内陆水路和铁路的运行、维修和运输系统的建设给予了补贴支持，包括对联邦粮食检查机构、食品安全机构、包装管理机构的开支进行资金支持以降低检查费用等。

（三）国际竞争加剧后以市场化调整和塑造农业竞争力为主要目标的农业支持政策：1985年至现在

20 世纪 80 年代，欧洲农业得到快速发展，欧盟加大对农业生产的支持力度、鼓励农产品出口。国际农产品市场竞争加剧、美元升值，美国农产品在较高的保护价下竞争力不足、出口迅速减少，农场主在高成本的压力下陷入困境。同时，农业的连续增产使美国政府承担巨大的库存压力，各项农业计划的预算规模也令联邦政府无法承受。美国意识到政府主导的扭曲市场的农业支持政策难以有效解决农业问题。因此，1985 年以来的农业支持政策调整的主要特征表现为：市场化调整，塑造农业竞争力。

1985 年《农业和食品法案》降低补贴标准，减少补贴面积，鼓励农场主根据市场需要调整产品结构并积极扩大出口，美国农业支持政策开始向市场化方向调整，重塑农产品国际竞争力。1990 年《食品、农业和贸易保护法案》在乌拉圭回合谈判的背景下延续了农业政策的市场导向，放松对农场主的生产控制，减少政府开支，把补贴与市场价格挂钩。1996 年《联邦农业促进与改革法案》以乌拉圭回合协议的履行为背景，把政府对农业的支持和补贴同农产品价格脱钩，以建立在历史记录基础上的直接支付来取代价格支持和供给管理计划，农民的收入保障重点从价格支持转向直接的收入保障。随着市场化的农业政策的施行，农产品价格受市场波动的影响趋于深入，如何有效保障农场主收入稳定亟待解决。2002 年在美元贬值、农产品生产价格下跌、农场主农业收益下降、联邦政府预算充足、欧盟日本提高补贴水平的背景下（冯继康，2007），《农场安全与农村投资法案》以为农场主“提供可靠的收入安全网”为目标，提出反周期支付、农作物平均收入选择计划、补充农业灾害援助等一些新政策，把过去一些临时性的补贴永久化。之后的2008年《食品、保护和能源法案》在进一步完善农场安全网的基础上，更加注重食品安全、环境保护和能源安全。

2014年美国政府在财政赤字居高不下的背景下出台《食物、农场和就业法案》，大幅削减农业预算。其主要调整包括：①改革农产品支持计划。取消直接支付、反周期支付、平均作物收入选择项目、补充收入援助项目、乳制品价格支持项目和乳制品出口促进项目。新设价格损失保障项目和农业风险保障项目，分别替代反周期支付和平均作物收入选择项目。②完善农业风险管理项目。新法案在联邦作物保险项目下，增加了补充保险项目，新增棉花重叠收入保护计划取代棉花价格损失保险和农业风险保障项目。③整合资源保护项目。更加强调因地制宜，从而具备了更大的灵活性、责任性以及适应性。整合湿地保护项目、草原保护储备项目地役权部分和农地保护项目，设立农业环境保护地役权项目。整合农业用水提升项目、切萨皮克湾流域项目、环境保护合作倡议项目和五大湖盆地保护项目为环境保护区域合作项目，新建环境质量改善激励项目，增加资源保护管理支持项目、天然草地保护项目。④促进特种作物和有机农产品的发展。新法案每年预算725万美元用于特别作物地块奖励项目。为有机农场的农场主提供新的支持，包括每年安排1150万美元用于有机成本份额项目。增加病虫害防治资金和防灾减灾资金，每年安排6250万美元，而且不断增加，预计2018财政年度增加到7500万美元（唐珂，2015）。

二、国际竞争加剧后美国农业支持政策调整的主要特征

（一）在农业支持总量稳步增加的基础上调整支持结构

20 世纪 80 年代中期以来，在国际农业贸易摩擦频发和农业纳入多边贸易规则约束的背景下，美国一方面继续增加农业支持总量，一方面调整农业支持结构。在农业支持总量方面，虽然占 GDP 比重从 1986 年的 1.13% 逐渐下降到 2015 年的 0.42%，但是支持总额却从 1986 年的 500.53 亿美元逐渐增加到 2015 年的 768.54 亿美元。生产者支持作为最重要的农业支持内容，与农业支持总体波动一致，在农业支持总量中的比重从 1986 年的 23.5% 下降到 2015 年的 9.44%。生产者支持水平和边境保护水平自 1986 ~ 1988 年起显著提高，但自 2002 年以来有所下降，其原因主要是世界商品价格上涨，而当前一系列的支持政策都与价格变化有关。消费者支持增加较多，从 1986 年的 −28.89

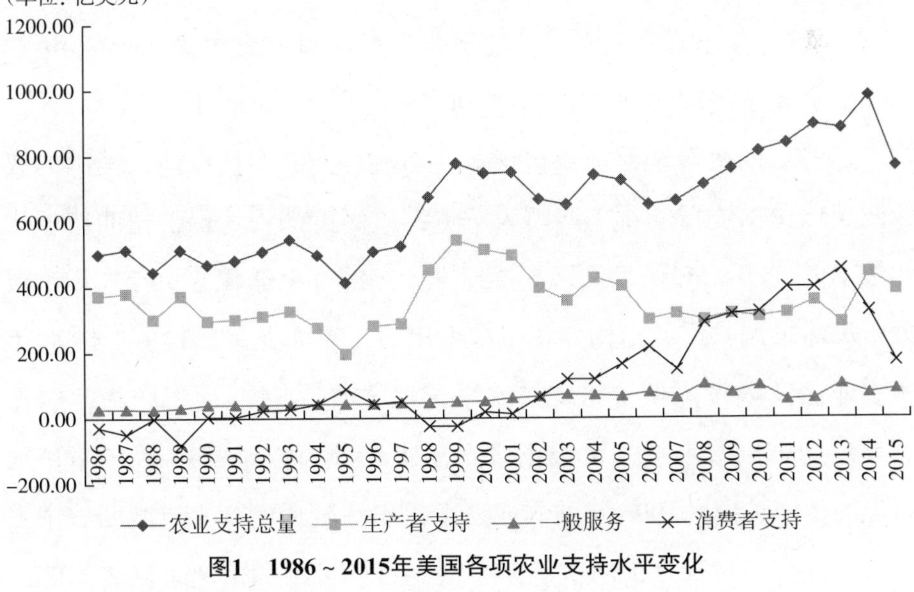

图1　1986 ~ 2015年美国各项农业支持水平变化

数据来源：OECD统计数据库。

亿美元上升到2013年的452.17亿美元，占农业支持总量的17.54%，2014年新农业法案执行之后削减预算，消费者支持下降到2015年的173.08亿美元，占农业支持总量的6.69%。一般服务支持总量稳中有升，从1986年的30.03亿美元，增加到2015年的87.35亿美元。

（二）注重发挥市场作用，减少扭曲市场的支持政策

在最近30年来的美国农业支持政策调整中，越来越注重发挥市场作用，倾向对市场扭曲较小的手段，支持手段从价格支持逐渐转向收入支持。从市场价格支持总量来看，从1986～1988年平均120.03亿美元，逐渐下降到1995～1997年的114.87亿美元、2013～2015年的94.09亿美元。相应地，市场价格支持占农业支持总量的比重迅速下降，分别为24.66%、23.24%和10.26%。基于收入的支付逐渐上升，从1986年的13.92亿美元上升到2015年的18.33亿美元，基于面积或动物数量的支持总量迅速下降，从1986年的113.19亿美元减少到2015年的60.82亿美元，基于非当期产量的支付则从1986年的5.87亿美元迅速增加到2015年的96.53亿美元（见表1）。

这背后的政策调整主要包括：在20世纪80年代以前，美国的农业政策以价格支持和供需调整为重点，以高度的农业保护扭曲市场。80年代中期开始降低了价格支持标准、缩减补贴面积，引导农场主根据市场需求调整产品结构并积极扩大出口（蔡海龙，2013）。1990年的农业法案继续降低价格支持水平，以85%的耕地面积作为政府价差补贴的基础，农场主可根据市场需求状况自由调整剩余15%耕地面积的生产情况。1996年的农业法案提出在随后的7年过渡期后用生产灵活性合同替代之前历次法案中根据目标价格和市场价格之间的差额进行支付的差额支付体系。2002年采取直接支付和反周期支付等手

表1　美国农业生产者支持（PSE）构成及变化情况　　单位：亿美元、%

时间	1986 ~ 1988	1995 ~ 1997	2005 ~ 2007	2013 ~ 2015	2011	2012	2013	2014	2015
支持总量	353.37	256.16	341.00	371.26	326.84	359.93	290.20	435.72	387.85
基于商品产量支持	151.14	114.87	111.44	94.09	45.92	71.72	34.04	139.35	108.88
市场价格支持	120.03	113.36	83.09	89.83	45.15	66.96	30.79	133.90	104.80
基于产出支付	31.11	1.51	28.35	4.26	0.77	4.76	3.25	5.45	4.08
基于投入支付	70.61	66.41	92.17	86.77	92.89	117.15	92.38	83.76	84.16
基于当前产量支付	122.31	18.25	32.54	83.25	103.36	87.28	90.36	80.22	79.15
基于收益/收入	9.12	7.21	14.57	15.98	9.12	12.03	12.69	16.93	18.33
基于面积/数量	113.19	11.04	17.97	67.26	94.23	75.25	77.67	63.29	60.82
基于非当前产量支付	3.38	57.36	80.96	86.53	57.99	57.76	49.95	113.12	96.53
可变支付率	0.00	0.00	23.56	74.04	0.00	0.00	0.00	51.91	96.18
固定支付率	3.38	57.36	57.40	37.17	57.99	57.76	49.95	61.22	0.35
价格支持占TSE比重	24.66	23.24	12.20	10.26	5.39	7.50	3.50	13.65	13.64

数据来源：OECD统计数据库。

段稳定农民收入。2008年农业法案实施灾害援助计划和平均作物收入选择计划，其中“基于收入的反周期支付”对市场的扭曲更小。最近的2014年农业法案中废除了直接支付、反周期支付、平均作物收入选择计划和补充收入援助计划，保留营销援助贷款项目，新增价格损失保障计划和农业风险保障计划，其中价格损失保障可视为对反周期补贴的调整，农业风险保障是平均作物选择补贴的升级（彭超等，2014）。美国由价格支持向收入支持的转变，既可以有效规避WTO规则限制，又可以通过市场机制作用实现农业支持目标与政策绩效的结合（王东辉等，2015）。

（三）加大风险管理支持力度

美国从20世纪30年代设立联邦农作物保险公司（FCIC）经营农业保险，到成立农业风险管理局专门负责农业保险各项事宜，并且随着保险经营范围的逐步扩大和补贴程度的不断加深，在分担农场主的市场风险和自然风险，保障农场主收入方面发挥了重要作用。为了构建农业安全网，美国政府日益重视对保险和风险管理政策工具的运用，为有需要的农户提供支持，将部分普通风险转移到了公共预算上。2014年以前实施的农业保险政策以及其保障水平总体上并未有实质性改动，主要变动在于作物保险部分扩大保险作物品种，修订原有保险项目（Kelth，2014）。2014年农业法案中新增加了在基础保险保障之上的两个新的保险计划SCO、STAX，为生产者提供的保额、保障水平等均有显著提升。联邦政府针对不同农业经营者需求，不断开发多种类型的农业保险产品，使得美国农业生产者能够根据自己的风险管理方案更加精准地购买保险产品，从而不断提高农业保险的保障程度、解决某一类农场主风险管理需求（谢凤杰等，2016）。

（四）一般服务支持占比上升

最近 30 年来，美国不断加大公共服务支持力度。一般服务支持金额从 1986 年的 30.03 亿美元逐渐上升到 2014 年峰值 103.04 亿美元，2015 年的支持总量为 87.35 亿美元，占农业支持总量的 11.4%。其中对农业技术创新体系的支持稳步上涨到 2015 年 23.35 亿美元，检验与控制方面增加到 13.2 亿美元，市场营销和推广方面上升到 12.79 亿美元，分别是 1986 ~ 1988 年平均值的 2.07、3.55、2.58 倍。尤其基础设施开发与维护投入迅速增加到 25.75 亿美元，是 1986 ~ 1988 年平均值 0.13 亿美元的 205.74 倍[①]。政府对农业基础设施等方面的中长期投入力度加大，对农业的直接干预逐渐减少，能有效降低农场主农业投入成本，提高产出水平，有利于促进农业的持续发展，全面提升农业竞争力。

表2　美国农业一般服务（GSSE）支持总量估计　单位：亿美元

年份	1986 ~ 1988	1995 ~ 1997	2005 ~ 2007	2013 ~ 2015	2011	2012	2013	2014	2015
支持总量	31.08	42.39	36.73	90.12	57.51	60.94	104.13	78.89	87.35
农业知识和创新体系	11.29	14.79	13.04	23.11	24.13	23.68	22.99	22.99	23.35
检验与控制	3.72	5.59	4.65	13.28	10.58	12.01	13.35	13.28	13.20
基础设施开发与维护	0.13	0.27	0.20	29.58	–2.33	–0.72	42.82	20.17	25.75
市场销售和推广	4.95	6.54	5.75	11.89	12.50	13.73	12.67	10.20	12.79
公共库存成本	0.00	0.52	0.26	0.01	0.01	0.00	0.04	–0.01	–0.01
其他	11.00	14.68	12.84	12.26	12.62	12.24	12.26	12.26	12.27
占TSE比重（%）	6.43	8.85	7.64	10.41	6.86	6.82	11.84	8.04	11.36

数据来源：OECD统计数据库。

① 数据来源：OECD（2016），"Producer and Consumer Support Estimates"，OECD Agriculture statistics（database）. doi：dx.doi.org/10.1787/agr-pcse-data-en.

（五）注重资源环境保护

美国农业的快速发展对土壤、水资源、森林资源等造成了严重的破坏。保护环境日益成为美国农业政策的重要内容（吕晓英等，2014）。从20世纪30年代以来，美国较为注重对资源环境的保护，推行休耕、土壤保护计划等政策。2014年农业法案中因地制宜地调整资源保护项目，如在高侵蚀风险的土地和湿地将基本资源保护项目与作物保险保费补贴结合，鼓励农业生产者及合伙人设计资源保护项目。同时继续推行休耕储备项目、草原保护项目、环境质量激励项目、农业资源保护地役权项目、区域资源保护合作项目等项目，有效解决了土壤保护和水污染问题，也为农业保持了长久的发展潜力。

三、对我国农业支持政策调整的启示

（一）加大农业支持力度，完善补贴政策

农业作为弱势产业，关系到国计民生，社会效应和生态效应突出，各国普遍对农业实施支持和保护。美国虽然在最新的农业法案中缩减部分财政预算，但实际上对农业的支持力度不降反升，更加注重对提升农业可持续发展和综合竞争力的支持。我国目前农业政策支持力度依然薄弱，且主要以价格支持和直接补贴为主（蔡海龙，2013）。从2004年以来，我国对重要农产品生产和流通政策进行改革，全面放开粮食购销市场，逐步建立以最低收购价、临时收储、目标价格补贴和目标价格保险为核心的农业补贴政策体系，取得了良好的增产增收效应。但是，当前补贴多属于WTO“黄箱”政策范畴，政策托市阻碍了农产品市场主体的发育，收购价的持续上涨也加快了国内外价格倒

挂拐点的到来，并且托市价高于市场长期均衡价会带来供大于求、库存积压的状况。继续通过加强现行补贴政策实施支农、惠农的空间已经非常有限，托市收购已经难以为继，不少财政补贴政策已经接近甚至突破了“天花板”。“十三五”时期，重要农产品价格和补贴政策应以服务于农业现代化为目标，从国家粮食安全战略出发确定价格和补贴政策的扶持重点，根据国内外农产品价差走向确定托市价格调整步伐，合理利用“黄箱”政策空间，推动“黄箱”补贴转为“绿箱”补贴。

（二）发挥市场作用，提高农业竞争力

我国现行的增产导向的农业支持政策在粮食产量、库存量、进口量“三量齐增”的背景下，面临越来越大的挑战。政府对农产品市场价格形成进行干预，部分补贴政策目标不清晰、补贴方式不尽合理、补贴效果大打折扣，会带来扭曲市场、弱化竞争力、造成社会资源和效率的巨大损失（程国强，2013）。在构建竞争力导向的农业政策时必须坚持市场化改革方向，完善农产品价格形成机制。强化托市政策的信号作用，减少对市场的直接干预（黄季焜，2009）。同时，统筹利用两个市场、两种资源。在粮食价格倒挂的背景下，在粮食供给“以我为主、立足国内”的前提下，允许粮食和其他重要农产品“适度进口”，充分利用国际资源，可以为农业生产提供更多选择空间，有利于优化农产品生产结构。也要注意，在采取市场化手段、尊重农业生产规律的同时，要在市场失灵的领域强调政府的功能与作用，协调好市场在资源配置中的决定性作用和更好发挥政府作用之间的关系。

（三）完善保险制度，稳定农民收入

美国不断强化农业保险的补贴力度和范围。“十三五”期间是我

国农业政策调整的窗口期，借鉴美国经验，强化对农业风险的保障力度和范围，探索和建立符合实际国情的高效保险政策体系，对于转变农业发展方式，塑造农业竞争力具有重要意义。我国政策性农业保险虽然实现了重要粮食作物品种的全覆盖，但仍存在覆盖面窄、保险产品畸形、品种单一、科学性欠缺等问题（周县华等，2012），难以适应多样化的保险需求。因此，需要切实建立广覆盖、应保尽保的政策性农业保险体系（尹成杰，2015），把关系国计民生的重要作物纳入保险范围，把旱灾、风雹灾害等重大自然灾害纳入保险责任范围，完善风险保障机制，由政府承担部分市场风险和自然风险，对于稳定农民收入有重要作用。

（四）完善公共服务，降低生产成本

美国的经验表明，加大公共服务力度，能有效降低农户农业生产成本。我国农业公共服务水平较低，灌溉设施陈旧老化、沟渠道路不配套、抗御洪涝等自然灾害的能力较差、农业教育及技术推广体系不完善等问题突出。要求我们一方面要加大力度，对农田水利、道路交通、网络通信等基础设施进行完善，降低农业生产经营的外部成本；另一方面要推进农业教育科研及推广体系建设，培养职业农民，促进科研成果转化；同时，推进农业信息服务，为农业生产提供市场行情、供需信息，充分重视互联网在农业中的重要作用。

（五）调整生产结构，注重环境保护

近年来，中国粮食“十二连增”的同时，产能严重透支，对资源环境、产业发展、国家财政、粮食库存、种植结构等方面也带来一定的负面影响。过量施用化肥和农药等现代投入品、严重超采地下水、侵占湿

地等，带来的环境成本和经济代价越来越突出。如果粮食生产继续透支资源环境，农业赖以生存和发展的基础被破坏，今后粮食产量的可持续增长就必然面临巨大的风险。因此，需要不断调整粮食生产结构，鼓励休耕、轮作、土壤改良、恢复地力，涵养生态环境。在部分生态脆弱的地区，实施适度的休耕计划、退耕还林。转变发展方式，要让绿色、健康产能的增长跑赢边际产能的退出，实施“藏粮于地，藏粮于技”战略。用绿色理念发展农业（叶兴庆，2015），在投入品使用、产地环境保护、生产经营方式、市场营销体系等方面进行深刻调整，从而使农业发展保持长久活力。

执笔人：李荣耀

附表

美国1933年以来的重要农业立法

时间	法案	目标	要点
1933	《1933农业调整法》（Agricultural Adjustment Act of 1933）	恢复农产品购买力，提高农场主收入	①播种面积控制计划，减少种植面积；②签订协议调整稳定价格；③向加工商等发放许可证，以取消不公平做法；④向农产品加工商收取“加工税”等
1938	《1938农业调整法》（Agricultural Adjustment Act of 1938）	保护自然土壤资源，为洲际和对外贸易提供适量和供需平衡的农产品	①以市场控制代替生产控制，取消加工税；②向政府和作者提供无追索权贷款；③对小麦实行作物保险；④对玉米、棉花、大米、烟草和小麦实行平价补贴；⑤实施自愿和强制性的耕地面积削减计划
1948	《1948农业法》（Agricultural Act of 1948）	授权农业部长稳定农产品市场价格	①继续实行高价格支持；②1950年开始依据产量实行灵活的价格支持；③实行灵活的价格支持，以计算期前10年平均价格作为计算基期
1949	《1949农业法》（Agricultural Act of 1949）	继续实行高价格支持	①否决灵活价格支持；②提高支持价格的水平；③可以用剩余农产品救济国内外贫困人口
1954	《1954农业法》（Agricultural Act of 1954）	扩大农产品销售，为农业提供更稳定的环境	①重新肯定主要农产品灵活价格支持政策；②授权农产品信贷公司储备25亿美元农产品，以用来对外救济、发展市场、午餐计划、国家储备、科研试验、灾害救济、稳定市场等
1956	《1956农业法》（Agricultural Act of 1956）	减少农产品过剩，稳定和增加农业收入	①实施土壤银行计划，包括耕地面积储备计划和土壤保护储备计划；②价格支持，鼓励大米出口
1965	《食物和农业法》（Food and Agricultural Act）	维持农业收入，稳定价格，调整农产品供应，降低政府成本，促进外贸	①把自愿播种面积控制计划的价格支持维持在接近市场价格水平；②把价格支持贷款降低到估计的世界价格水平90%水平上；③延长自愿的小麦证书计划；④设立耕地调整计划；⑤牛奶计划和羊毛计划

续表

时间	法案	目标	要点
1970	《1970农业法》（Agricultural Act of 1970）	为生产者和消费者利益，建立完善的农产品计划	①限制农场主从某作物中取得的政府补贴在5.5万美元内；②小麦计划规定1971～1973年作物停止执行销售限额和播种面积限额，设立停耕计划；③饲料谷物计划参加者必须按规定停耕或转耕一部分土地；④自愿的棉花计划，但终止销售限额；⑤牛奶计划延长联邦牛奶销售规程区里价格计划的授权
1973	《农业和消费者保护法》（Agricultural and Consumer Protection Act）	保障消费者以合理的价格取得充足的食物供应	①设立目标价格和差额补贴；②实行生产控制计划；③限制农场主从某种农作物取得补贴总额低于2万美元；④实行灾害补贴；⑤牛奶计划提高加工用牛奶最低支持价格；⑥出口计划向发展中国家提供援助
1977	《食物和农业法》（Food and Agriculture Act）	稳定农场主收入，调节供给	①农产品计划继续执行高于贷款率的目标价格制度，沿用1973年差额补贴的计算方法；②农场主拥有的储备计划；③提高小麦、饲料谷物和高地棉的补贴限额，降低大米的限额；④以收入为标准，明确参与食品券计划的条件；⑤农业研究、推广和教育计划
1981	《农业和食物法》（Agriculture and Food Act）	稳定价格，扩大出口	①继续执行目标价格和贷款的双重支持体系；②保持播种面积控制和农场主拥有的储备计划；③继续限制农场主所获补贴总额；④设立农产品信贷公司周转出口信贷计划，发展出口市场
1985	《食物安全法》（Food Security Act）	实行灵活的农产品价格支持，扩大出口潜力；削减政府开支；协调各计划项目	①差额补贴率增加贷款差额补贴率；②使用销售贷款，允许生产者以低于贷款水平偿还贷款；③土壤保护计划包括高度流失的草地、沼泽地保护计划和土壤保护储备计划三部分；④扩大出口，实行目标援助计划和出口扩大计划

续表

时间	法案	目标	要点
1990	《食物、农业资源保护和贸易法》（Food, Agriculture, Conservation, and Trade Act）	削减政府开支，扩大农产品出口，维持收入增长，加强环境保护	①坚持市场导向，采用三基数计划；②限定差额补贴和转耕补贴总额，修正农场主拥有的储备计划；③通过农产品计划，停止下调计划作物目标价格；④农产品出口计划对480号公法进行修改；⑤延长1985年的沼泽地保护计划
1996	《联邦农业完善和改革法》（Federal Agriculture Improvement and Reform Act）	市场化导向、减轻政府农业支持政策财政预算压力、促进农产品出口贸易	①降低农产品计划中"贷款率"（或"保护价"）；②采取与产量逐步脱钩、预先确定项目的"直接补贴"；③取消小麦、稻米、饲料和棉花的休耕面积计划
2002	《农场安全和农村发展法》（Farm Security and Rural Investment Act）	为农场主"提供可靠的收入安全网"	①在继续实行1985～1996年间的"农产品计划"和"环境保护计划"、强调补贴同产品生产脱钩；②加大在食品营养、农村发展、科研和技术推广、林业发展、能源发展、作物保险和灾害救助等方面的政策支持力度；③把一些临时性的补贴永久化，实行反周期计划支出
2008	《食物、保护与能源法》（Food Conservation, and Energy Act）	完善农场安全网，注重食品安全、环境保护和能源安全	①启动平均作物收益选择项目；②把过去临时性的灾害援助变为永久性的计划，政策包括农业保险补贴和灾害援助；③规定了"直接补贴"（4万美元）和"反周期补贴"（4.5万美元）的上限
2014	《食物、农场和就业法案》（Food Farm and Employment Act）	完善风险保障工具	①取消直接补贴、反周期补贴、平均作物收入选择计划，保留营销贷款项目，新设价格损失保障和农业风险保障；②完善农业风险管理项目；③整合资源保护项目；④促进特种作物和有机农产品的发展

注：本表内容主要来自对徐更生《美国农业政策》（经济管理出版社2007年版）及部分年份的OECD报告整理。

参考文献

[1] 费文俊，王秀东. 美国2014 年农业法案调整对我国粮食补贴政策的启示.中国食物与营养，2015（5）

[2] 叶兴庆.演进轨迹、困境摆脱与转变我国农业发展方式的政策选择.改革，2016（6）

[3] 徐更生.美国农业政策.北京：经济管理出版社，2007.

[4] 王洪会.基于市场失灵的美国农业保护与支持政策研究.吉林大学，2011.

[5] 黄季焜.增加收入、市场化：美国农业补贴政策的历史演变.中国社会科学报，2009-11-19.

[6] 冯继康.美国农业补贴政策：历史演变与发展走势. 中国农村经济，2007（3）

[7] 唐珂.美国农业.北京：中国农业出版社，2015

[8] OECD. Agricultural Policy Monitoring and Evaluation 2016[R].2016.（http：//www.oecd.org/tad/agricultural-policies/monitoring-and-evaluation.htm）

[9] 蔡海龙.美国农业政策支持水平变化特点分析. 浙江农业学报，2013（25）

[10] 彭超.美国2014年农业法案的市场化改革趋势.世界农业，2014（5）

[11] 王东辉，张然，田志宏.美国农业国内支持政策及其对中国的启示.世界农业，2015（7）

[12] Kelth H. Coble， G. A. Barnaby， Rodney Jones. Crop Insurance in the Agricultural Act of 2014. http：//www.choicesmagazine.org /magazine /pdf /cmsarticle_371.pdf

[13] 谢凤杰，吴东立，陈杰.美国2014年新农业法案中农业保险政策改革及其启示.农业经济问题，2016（5）

[14] 吴本健，汤加雯，马久杰.美国农业保险的发展、定价影响及支持计划.世界农业，2016（11）

[15] 吕晓英，李先德.美国农业政策支持水平及改革走向.农业经济问题，2014（2）

[16] 程国强.农业补贴政策进入调整关口.农经，2013（12）

[17] 周县华，范庆泉，周明，李志刚. 中国和美国种植业保险产品的比较. 保险研究，2012（7）

[18] 叶兴庆. 农业绿起来不是回到传统农业.人民日报，2015-8-13.

[19] 尹成杰.关于推进农业保险创新发展的理性思考. 农业经济问题，2015（6）

案例二

日本农业支持政策演变及对我国的启示

第二次世界大战后，随着经济的迅速腾飞，日本农业生产和农村经济得到了快速发展。但在这长达半个世纪的时间里，随着农业劳动力大量向第二、第三产业转移，农业农村发展经历了重重困难，至今仍然面临艰难的困境。日本政府为应对这些困境采取了哪些措施，农业支持政策演变的背后有着怎样的历史脉络，对我国目前的农业支持政策转型有哪些启示？为回答这些问题，本文首先以时间为脉络，回顾日本农业支持政策演变过程；然后，分析日本农业支持政策演变规律及背后深层次的原因；最后，总结出对提高我国农业竞争力的几点启示。

一、日本农业支持政策的演变过程

第二次世界大战后的一个时期内，日本农业政策的主要目标是恢复生产，增加农产品供给，满足国内需求。随着农产品供求关系的改善，进入 20 世纪 60 年代以后，日本农业政策转向应对多重挑战、追求多元目标（见表1）。

表1　日本农业政策演变的历史脉络

时间	主要政策和相关事件	重点内容
1961	《农业基本法》颁布	建立自立经营农户制度；第一部综合的农业法律，标志着进入“综合农政”阶段
	设定农业园区构想	追求农业内外收入的均衡性
1962	修订《农地法》[①]	设立农业生产法人制度和土地信托制度
	《农业协同组合法》[②]修订	推动土地使用权的调整和土地流转
1968	修订粮管制度[③]	实施“最低准入”进口制度
1969	《关于振兴农业区域基础设施建设的法规》，即《农振法》颁布	大米过剩危机出现，农业振兴政策开始实施
1970	修订《农业基本法》 修订《农地法》	允许农户租赁 放松土地经营规模最大限额的限制 土地租赁权规制大幅度缓和
	日本大米生产调整开始	鼓励水稻种植农户休耕
1975	修订《农振法》	赋予农民在土地流转、租赁期限、租赁价格等方面更大的自由
1980	修订《农地法》	废除农户经营土地面积上限；撤销对地租的限制；对租赁双方义务等不再干预
1984	修订《农振法》	关于土地交换和扩充农业基本设施的协议
1993	《农业经营基础强化促进法》，即《农促法》颁布	设立认定农业者制度
1995	《新粮食法》颁布	政府不再直接管制大米等农作物流通
1998	修订《农地法》	农地转用审批权从中央下放到省级
1999	《食物·农业·农村基本法》，即《新农业基本法》颁布	关注农村基础设施建设、农村生态环境保护、改善农村居民生活等方面；提倡食品稳定供给、农业农村可持续发展等；旧《农业基本法》同时废止
	修订《农振法》 《持续农业法》颁布	促进引入可持续高效农业生产方式
2000	第一次修订《新农业基本法》，即《食物·农业·农村基本计划》	“粮食”改为“食物”； 加大农业、农村的基础设施建设投资
2001	修订《农地法》	允许股份公司进入农业并设立农业生产公司的相关制度

续表

时间	主要政策和相关事件	重点内容
2005	第二次修订《食物·农业·农村基本计划》	全面实施耕地撂荒治理对策
	修订《农促法》	
2009	修订《农地法》（也涉及农促法、农振法、农业协同组合法的相关修订）	从重视土地所有到重视土地利用
		扩充农地保有合理化业务
		建立针对撂荒地的对策措施体系
2010	第三次修订《食物·农业·农村基本计划》	提出强化六次产业化（1×2×3=6次产业）
		继续实施扩大农业经营规模新政
	《六次产业化·地产地销法》颁布	为推动和发展地产地销（在当地生产并在当地消费）提供支援
2012	构建“日本型直接支付（补贴）政策”	逐渐转变补贴方式
2013	《推进农地中介管理事业的法规》颁布；修订《农促法》	建立农地中介管理机构、推动土地流转
2015	第四次修订《食物·农业·农村基本计划》	提高粮食自给率
		继续扩大经营农户农地面积
		发展农业和食品加工的经济潜力
		建立一个自愿计划：农民和政府共同努力旨在平衡大米的市场需求和供给，并替代当前的大米供给管理体系
		扩大对高原作物的扶持
	TPP框架下	减少一些农产品进出口的边境措施
		扶持牲畜生产者，特别是饲料方面

注：①正式实施时间是在1952年。

资料来源：作者根据岸根卓朗（1999）、杜鹰（2000）、刘坚等（2001）、速水佑次郎和神门善久（2003）、关谷俊作（2004）、梁书民（2011）、陈兵（2014）、赵阳和王秀清（2014）、蔡鑫等（2016）等整理；由于一些政策的制定和颁布时间不同，所以可能与其他文献中的时间有所差异。

②颁布时间为1947年。③《粮管法》于1942年创立，政府直接控制大米、小麦、薯类等流通。

（一）基本法农政时期：20世纪60年代初至70年代初

日本政府1961年制定了《农业基本法》。该法追求的是以自立经营农户为主的农业结构。所谓自立经营是指，“在成员构成一般的家庭中，从事农业的劳动力发挥正常能力并基本达到充分就业的状态下，能够获得与其他产业劳动者基本均衡收入、享受同等生活水准的家庭农业经营体”（岡部守等，2004）。简单地说，以当地农村的职工家庭获得的工资收入为标准，农民收入等于或者超过这个标准的就属于自立经营。

1968 年，日本政府创立了粮管制度，把大米流通纳入政府的直接管制。农民生产的大米扣除掉自己消费后，必须交付给政府指定的收购商，一般为农协（町村级），然后由农协等收购商集中运输到负责运输业务的更高一级的农协（都道府县级[①]），再由全国农协联合会交售给粮食厅。粮食厅将购入的大米卖给政府指定的批发商，批发商再通过政府指定的零售商出售给一般消费者（岸根卓朗，1999）。

1970 年，日本政府对《农业基本法》作了修改和完善。其中，有两点值得注意：第一，允许农户租赁。这不仅刺激了农户大规模经营农地的意愿，同时也降低了大规模农户的兼业化程度，促进农业剩余劳动力向其他产业转移；第二，放松土地经营规模最大限额的限制，鼓励“自立农户”继续扩大经营规模。这其实是对《农地法》的修改。这两处修改相辅相成，在扩大农户经营规模的同时，也促进了农业机械化和现代化水平的提高（关谷俊作，2004）。

1970 年底，日本政府进一步制定实施了以下政策：第一，通过补贴和奖励形式鼓励水稻种植农户休耕，并改种小麦、大豆等依赖进口的农作物；第二，依据各地区地理优势和自然环境，鼓励开办乡镇、町村企业，吸引农业剩余劳动力转移；第三，鼓励规模经营的农户实现农产品生产、加工一体化，促进农产品商业化，提高农产品国际竞争力。

① 这一级的农协称为经济农协联合会（章政，1997）。

（二）国际化农政时期：20世纪70年代中期至80年代中期

爆发于20世纪70年代的国际石油危机对日本经济和农业产业造成了严重影响，特别是原材料价格急剧上涨、进出口波动频繁、国内通货膨胀日趋严重。同时，农业投入品价格也随之上涨，农产品质量出现问题。更严重的是，农地价格开始上涨。农地价格上涨的原因不仅包括整个宏观经济出现严重的通货膨胀，更因为政府对农产品价格的持续支持。

为进一步促进租借形式的土地流转，1975年日本政府启动了“农地利用促进工程”，实际上就是《农振法》。《农振法》赋予了农民在土地流转、租赁期限、租赁价格等方面更大的自由。

1980年，日本政府对《农地法》作了如下修改：废除农户经营土地面积的上限，撤销对地租的限制。更重要的是，租赁期限在10年以下的，经双方同意，可以随时解约，政府不再干预；租赁期限在10年以上的，租赁合同完成后，土地的使用权自动归还给租出方（关谷俊作，2004）。通过这次修改，极大地提高了农户的土地流转意愿，同时也降低了土地流转成本。

在这一阶段，日本政府采取多项政策放松了对土地流转的协议、价格、期限和流转双方权利的管理和限制，有效减缓了国际市场价格波动和国内通货膨胀等宏观经济因素对国内土地流转、农产品价格等造成的不利影响。

（三）乌拉圭回合谈判——农业改革继续前进：20世纪80年代中期至90年代末

20世纪80年代中期前，以《农业基本法》为基础的各项政策，在恢复日本战后农业生产、促进土地流转、提高农地生产率、满足居民食物需求等方面发挥了至关重要的作用，同时农业机械化和现代化也基本完成，为后续的农业改革继续向前迈进奠定了基础。

1.《新粮食法》颁布

《新粮食法》虽然在 1994 年制定并颁布，但是在 1995 年 11 月 1 日才正式生效。相比原有的《粮管法》，《新粮食法》的基本原则是：政府退出对大米等农产品流通的管制，只承担制订大米流通的整体计划和规范，不再直接管制。大米的流通制度与旧粮管制度的最大区别在于：基层农协和县府级的农协联合会可以直接将大米卖给批发商或零售商，而不用再经过粮食厅。此外，要取得经销资格不必再去向有关政府部门申请许可证，直接在有关政府部门登记即可，由许可制转换成登记制（速水佑次郎和神门善久，2003）。

2.《新农业基本法》颁布

1999 年，日本政府颁布了《粮食、农业和农村基本法》。从字面上可以看出新基本法与原基本法的最大区别在于将农业和农村置于标题中，体现了日本政府农业政策的新方向。旧基本法的目标是通过提高农地生产率从而缩小工农差距，期间政府也相继出台了各项价格支持和生产补贴政策以保护农业。新基本法在关注农业生产的同时，更加关注农村基础设施建设、农村生态环境保护、改善农村居民生活等方面。

（四）新基本法的四次修订：2000年至今

从 1961 年基本法的颁布，直到 1999 年《粮食、农业和农村基本法》的实施，新旧基本法经历了日本政府不断修改和完善的过程。作为指导日本农业政策的全国性纲领文件，日本政府对这部法律尤其重视。为了确保农业政策能够及时响应经济发展、社会进步和居民需求的变化，日本政府曾经四次修改和调整新基本法。从 2000 年第一次修改开始，日本政府基本采取“五年一调”的策略，分别在2005年、2010年和2015年对新基本法做出了调整和修改。

1. 2000年第一次调整：“粮食”改为“食物”

2000年，日本政府在《粮食、农业和农村基本法》的基础上，制订了《食物·农业·农村基本计划》，规划期限到2010年。新计划将“粮食”改为“食物”，表明提高粮食和其他食品的自给率、减少对进口的依赖程度、保障国家粮食安全成为政策的核心目标。政策重点为加大农业、农村的基础设施建设投资，包括灌溉、农业技术推广和农村交通、通信、卫生、文化等。

2. 2005年第二次调整：全面实施耕地撂荒治理政策

2005年的第二次修改和调整，主要以解决耕地撂荒问题为重点。为确保目标的完成，2009年日本政府又修订了《农地法》，以及《农促法》《农振法》等关于土地制度的条款。重点包括三个方面：重视土地功能转变、扩充农地保有合理化业务、建立针对撂荒地的对策措施体系。

3. 2010年第三次调整：强化六次产业

日本政府在2010年再次修改和调整了新基本法。这次修改和调整以强化六次产业为重点，并在同年颁布了《六次产业化·地产地销法》，主要目的在于为推动和发展地产地销（在当地生产并在当地消费）提供支援，支持有效利用区域资源，发展创新型农业产业化。

4. 2015年第四次调整：发展强大的进取型农业，建设“美丽农村、活力农村”

2015年4月新基本法第四次修订颁布，这次修改和调整基本法是在日本政府2013年提出的建设“强大的进取型农业”和“美丽农村、活力农村”两大目标的基础上进行的。这次修改和调整针对粮食自给率没有提高、农业劳动力老龄化问题进一步加剧、农村村落消失趋势没有缓解等问题。

二、日本农业政策的演变规律及原因分析

（一）农地经营规模：由“小”到“大”

进入20世纪60年代后，日本农业发展面临两个严峻问题：第一，农业劳动生产率水平很低。虽然以每公顷农地产出衡量的农业生产率，日本显著领先于美国、英国等发达国家（见表2），但1961年日本农业劳动生产率不到美国、法国的1/10，在主要发达国家中是最低的，劳动力人均农用地不到美国的3%。日本农地经营非常分散，农业中存在大量分散的土地和农户。第二，农业生产的人工成本快速上升。在日本经济进入高速发展轨道前，劳动力价格相对便宜，日本农业主要以劳动密集、土地节约型为主。但随着经济高速增长时期的到来，工资水平迅速增加。在土地稀少的情况下，要节约成本，只有减少劳动力投入，而减少劳动力投入必须推进农业机械化。

表2　　农业生产率和劳动力人均土地占有量比较

	农业产出（小麦单位）		劳动力人均（公顷）		平均每户农家（公顷）	
	劳动力人均	每公顷农地	农用地	耕地	农用地	耕地
法国	87.21	43.73	1.99	1.13	39	25
德国	38.30	41.34	0.93	0.58	41	21
意大利	65.43	63.33	1.03	0.64	5	4
英国	36.06	20.83	1.73	0.63	68	25
美国	94.38	11.83	7.98	3.34	221	97
日本	8.41	39.52	0.21	0.17	1.2	1.1

注：农业产出和劳动力人均土地占有量两列指标的源数据来源于《联合国粮农组织统计数据库》，表中数据为作者换算所得，年份均为1961年。由于数据获取限制，平均每户农家经营土地面积来源于《农业经济论》，速水佑次郎和神门善久著；美国和意大利为1992年数据，其余国家为1995年数据。

扩大农地经营规模是解决上述问题的根本途径。1961年，日本政府制定并实施了《农业基本法》，其基本要求是建立以自立经营农户为主的农业结构。随经济社会的发展，自立经营农户的土地规模也会越来越大，最终形成以大规模经营农户为中心的农业结构，从而改变传统的小规模农户经营结构，并提高农业机械化程度。但是对于农地流转面积，日本政府有严格的规定。按照1952年日本政府制定的《农地法》，每个农户的农地保有面积在府县地区不得超过3町步[①]。

虽然自立经营农户的土地经营规模逐渐扩大，但是政府没有制定流转总体布局和规划、流转规章制度等配套政策和措施，所以大规模经营农户同样出现了严重的兼业化，“自立农户和兼业农户的二元结构”非常普遍。兼业化出现的主要原因在于：虽然自立经营的大规模农户增加，但是大量的剩余劳动力不能有效流出，大规模经营农户也无法吸纳更多的劳动力（岸根卓朗，1999）。为解决这个问题，日本政府在《农业基本法》的基础上，进一步制定了相关政策和措施。主要包括：鼓励开办乡镇、町村企业，吸引农业剩余劳动力转移；鼓励规模经营的农户实现农产品生产、加工一体化，促进农产品商业化，提高农产品国际竞争力。这两项政策的实施，有效降低了规模经营农户兼业化的程度，剩余劳动力也被分配在农产品生产加工过程的各个环节。1970年，日本政府进一步采取政策促进土地规模经营，主要包括：允许农户租赁，为自立经营的大规模农户提供了资本来源渠道，极大地刺激了农户土地规模经营的意愿；同时，政府放松了对土地经营规模的限制，鼓励自立经营农户继续扩大经营规模。这两个政策的有效实施，在扩大农户经营规模的同时，也促进了农业机械化和现代化水平的提高（关谷俊作，2004）。

① 町步为日本土地计算面积，1町步约等于0.99公顷。

扩大农地经营规模是提高农业生产率、降低农业生产成本和实现农业生产机械化的前提。日本在20世纪50年代末至70年代初的这段时期，农业政策的主要目标是扩大农地经营规模，并且政策导向是农地规模经营由“小”变“大”，先鼓励自立经营，然后逐渐放松对经营规模的限制，并辅以相关的配套政策和措施。

（二）农地流转方式：由“买卖”到“租借”

受通货膨胀和农业补贴政策的影响，农地价格快速上涨。这导致农业的投资回报率随之下降，农地流转的成本也持续增加，严重阻碍了农地流转。另外，由于农地价格的持续上涨，农民对未来农地价格上涨的期望越来越大，农地流转变得更加困难。在这种情况下，通过土地买卖来扩大农地经营规模变得愈发困难，鼓励和支持自立经营农户的农业改革遇到瓶颈。

这个尖锐的问题又因为《农地法》的规定变得更加严重。1952年日本政府制定的《农地法》规定：每个农户的农地保有面积在府县地区不得超过3町步。同时，政府对土地的租借管控非常严格，而且政策天平明显偏向租入方。只要租入方不存在少租、欠租、赖租等问题，租出方不能要求解除租赁合同，也不能要求返还农地。在鼓励自立经营农户的政策下，这个规定有效地保护了农地租入方的权利，但是却令租出方不放心，反而严重阻碍了土地流转，这几乎相当于“禁止”土地以租借形式流转（关谷俊作，2004）。在这个严厉的限制下，农户流出土地的意愿越来越低，宁愿让土地闲置，也不愿流转出去。

在这个背景下，为了应对农地流转成本的不断上涨、继续推进土地规模化经营，依靠土地买卖变得极为困难，唯一的办法就是放松对土地租借的管控。因此，日本政府对《农地法》再次作了修改，主要包括两点：废除农户经营土地面积的上限；撤销对地租的限制及租赁期限、双方义务的管控。经过这次修改，农地租借取代了农地买卖成为土地流转的主要方式。1975 年府县土地流转总面积为 3.3 万公顷左右，其中以买卖方式流转的面积大约在 2.2 万公顷左右，约占流转总面积的三分之一；以租借方式流转的面积在 0.3 万公顷左右，还不到流转总面积的百分之十；以其他形式（包括所有权无偿转让、租佃权变动、向农业生产法人出资等）流转的面积大约在 0.8 万公顷左右。自《农地法》变动和《农振法》实施后，从 1975 年到 1982 年，土地流转总面积急剧上升。到 1982 年土地流转总面积为 6.4 万公顷左右，相比 1975 年增长将近 1 倍。同时，以买卖方式流转的土地面积逐渐下降，到 1982 年，大约在 1.7 万公顷左右，而以租借方式流转的土地面积显著增加，到 1982 年，增加到 3.6 万公顷左右，占流转总面积的 50% 以上。从 1980 年开始，租借方式取代买卖方式，成为土地流转的主要方式（见表 3），日本农地流转市场再次活跃起来。不仅农地经营规模大幅度增加，农业生产成本也随之下降，农地生产率逐渐增加，机械化水平进一步提高，规模效应更加显著。1975 年，农地经营规模在 3 公顷以上的平均生产成本与经营规模在 0.3 公顷以下的平均生产成本的比值为 0.9，而到 1985 年这一比值降为 0.58；生产每千克糙米所用的劳动时间从 0.2 小时下降到 0.06 小时，劳动生产率显著提高（速水佑次郎和神门善久，2003，第 255 页）。

表3　　农地流转面积及方式的变化趋势　　单位：万公顷

	1970	1975	1980	1982	1985
流转总面积	4.0	3.3	6.0	6.4	5.0
买卖方式	3.3	2.2	1.8	1.7	1.6
租借方式	0.1	0.3	3.2	3.6	2.4
其他方式	0.6	0.8	1.0	0.	1.0

数据来源：速水佑次郎、神门善久著：《农业经济论》第253页，中国农业出版社2003年版。

（三）政府角色：由“全面管制”到“逐渐退出”

作为战后第一部指导全国农业发展的纲领性文件，《农业基本法》基本实现了制定的两大目标：提高农业生产率，农业与其他产业均衡发展；增加农民收入，缩小工业和农业之间的差距。到 20 世纪 70 年代初期，包括水稻在内的农业机械化程度达到 90% 以上，农业装备水平大大提高，水稻生产率翻了近两番；出现了大量的大规模经营农户，农户家庭收入从仅占职工收入的 40% 到基本持平，甚至超过后者（杜鹰，2000）。

但是，随着居民收入水平的提高，一些矛盾和问题也逐渐暴露出来。特别是水稻产量持续增加，导致水稻供过于求；另外，居民饮食结构也在逐渐发生变化，更加多样的饮食结构需求增加，水稻供过于求的问题进一步加剧。为了防止大米继续过剩而导致价格下跌，最终伤害到农民利益，更为了保证大米在市场上规范流通，满足居民基本需求，日本政府在 1968 年创立了粮管制度，根本目的是将大米流通途径控制在政府的直接管制下。

粮管制度的实施最早可以追溯到 1942 年制定的《粮管法》。《粮管法》的主要规定是：大米、小麦、杂谷和薯类等主要粮食作物从生产者到消费者的流通都由政府管制，价格也由政府制定。其最初目的是防止粮食危机和价格暴涨。战后，随着粮食危机问题的消退，政府放开了杂粮和薯类等市场，但是大米仍然在政府的管制之下。该政策发挥作用的前提是，大米的进口必须在政府的管制之下。实际上，从 1968 年开始，一直到乌拉圭回合谈判达成，日本的大米进口数量基本为零（赵阳等，2014）。1994 年，日本政府制定并颁布了《新粮食法》，宣告了支撑日本农业政策近半个世纪的《粮管法》退出历史舞台。从战后开始到 1994 年，粮管制度较好地完成了自己的使命。《新粮食法》

在 1995 年 11 月 1 日正式生效，基本原则是：政府从直接管制中退出，只承担制订大米流通的整体计划和规范，不再直接管制。

日本对基本粮食作物的生产、流通和消费等环节进行全面管制的时间长达半个世纪，最初的目的是防止粮食危机和价格暴涨，显然全面管制的目的基本实现。但是政府角色由“全面管制”到“全面退出”的转变，其背后的原因不仅是储藏成本高、市场流通不灵活、缺乏效率等，更深层次的原因在于乌拉圭回合谈判达成之后，农业发展特别是农产品进出口贸易的国际形势发生了深刻变化。

始于 1986 的关贸总协定多边贸易谈判（通常称为乌拉圭回合）一直持续到 1993 年。这是一次世界性农业改革浪潮的开始，对世界农业的发展格局产生了重大影响。美国、欧盟等发达国家和地区对农业的支持保护成为贸易摩擦的争论焦点，日本同样无法避免。实际上，从 20 世纪 60 年代到 70 年代末，日本在赶超发达国家期间，伴随着工业的快速发展，工农差距逐渐增大，农业比较优势正在迅速消失，日本对农业的支持保护程度非常高，是世界上农业支持保护程度最高的国家之一（叶兴庆，1995）。

同其他发达国家一样，日本政府采取的农业支持保护政策主要包括：国家保护、价格支持和生产补贴。日本政府全面管制粮食流通和价格的政策对于保护农业的比较优势发挥了重要的作用，不仅限制了粮食的进口，也使得国内农产品的价格高于国际市场价格。此外，对农业的各种补贴一直贯穿于日本的农业政策，从 20 世纪 60 年代开始，一直到 20 世纪 90 年代，农业政策的执行严重依赖于政府发放的各种补贴。

但是农业保护政策是一把双刃剑，在有效保护农业生产和农民收入的同时，也带来了一系列负面问题。首先，政府对价格的支持将农产品价格提高到市场均衡价格以上，致使大米供过于求、生产过剩的问题更加严重。这不仅导致财政负担更加沉重，也扭曲了生产结构（杜鹰，2000）。其次，日本政府对农业的大力补贴极大地鼓舞了土地零散、规模小的农户参与各项农业活动的积极性，但是对农业产出的增加没有明显的促进作用，而且降低了农户土地流转的意愿（速水佑次郎、神门善久，2003）。最后，日本农业保护政策的实施使得日本农业的竞争力日趋下降，不仅给政府带来财政压力，也给消费者带来一定的负担（叶兴庆，1995）。总之，农业保护政策的实施离不开国家财政的支持，无论是全面管制粮食流通和限制进口，还是对农业的大力补贴，都给日本政府带来了巨大的财政压力，也给消费者带来一定的负担。

近30年来，日本政府正逐渐退出对农业"全面管制"的角色，特别是对农业生产支持、价格补贴等（见表4）。日本在2015年制定了未来实施的政策改革，计划到2018年，政府逐渐退出大米生产的资源管理者角色，赋予农民更多自由，也有助于农民对市场变化做出及时的应对（OECD，2016）。

表4　　　　日本农业支持保护政策的变化趋势

	1986	1990	1995	2000	2005	2010	2015
农业总产值（十亿日元）	11170.7	11339.2	10391.2	9129.5	8511.9	8121.4	8452.0
生产者支持估计值（PSE，十亿日元）	7764.2	6179.3	6846.8	5832.5	4887.6	4979.6	4055.0
PSE占农业总产值比例（%）	65.1	51.5	62.2	59.7	53.8	54.8	48.0
市场价格支持（MPS，十亿日元）	7002.5	5523.5	6233.3	5198.1	4314.3	4009.8	3092.0
MPS占PSE的比例（%）	90.2	89.4	91.0	89.1	88.3	80.5	76.3

数据来源：OECD农业支持数据库。

（四）政策方向：由“农地”到“农村、农民”

在乌拉圭回合谈判达成以前，日本政府的农业政策主要以扩大土地经营规模为基础目标，但是最终的目标是保证国家粮食安全，特别是大米等基本粮食作物。乌拉圭回合谈判达成是一次全世界性的农业改革浪潮，日本同样紧跟农业国际环境和形势的变化。从宏观角度来说，以乌拉圭回合谈判为分界点，农业政策从“农业”转向“农村、农民”。当然这不代表此后的政策不再关注“农业”，也不代表以前的政策没有考虑“农村、农民”，但是从政策的基本出发点和重点方向判断，这确实是一个较大的转变。

在 WTO 的框架下，各成员国必须降低国内农业补贴和“黄箱”政策力度（叶兴庆，2001），农业政策改革的基本方向是用没有增产效果的收入补贴逐步代替对生产和贸易有扭曲效果的价格支持和生产补贴。因此，与生产不挂钩的补贴政策逐步成为新农业政策的核心，以美国、欧盟为代表的国家和地区已经实施，日本也不例外。

1. 应对撂荒：从“土地所有”到“土地利用”

2000 年对《新农业基本法》，即《食物・农业・农村基本计划》的第一次修改和调整，虽然在增加农民收入、改善农村面貌和农业经营环境等领域发挥了重要作用，但是随着经济社会发展，农村人口持续向城市转移，农村青壮年劳动力缺乏的问题不断加剧。65 岁以上的农业从业人员占总农业从业人员的比重从 1985 年的 19.5% 上升到 2005 年的 57.4%（王应贵，2015）。同时，日本农地规模化经营并没有真正实现“专业化”“规模化”，兼业化现象依然严重。2004 年日本兼业性经营农户总数占所有经营性农户总数的比例为 79.6%（李应春和翁鸣，2006）。兼业性农户普遍存在、农业劳动力老龄化趋势加重，不仅阻碍了农地经营规模的扩大，撂荒地问题也越来越严重，再加上农村非农就业市场的迅速发展，最终导致农业的比较收益越来越低（高强等，2013）。对于耕地稀缺的日本来说，撂荒地是摆在眼前亟待解决的问题。2005 年对《新农业基本法》的第二次修改和调整，主要以解决撂荒地问题为重点。为确保目标的完成，2009 年日本政府又修订了《农地法》和《农促法》《农振法》等关于土地制度的条款。

2. 产业融合：从“一次产业”到“六次产业”

耕地撂荒问题不仅没有得到实质性解决，反而更加严重。2010 年日本撂荒耕地面积达到 39.6 万公顷，占日本耕地总面积的比例接近 10%，比 2005 年增加了 2.6 个百分点，比 1999 年则增加了将近一倍。同时，农业劳动力老龄化问题进一步加剧。到 2005 年，从事农业生产和销售的劳动力中 65 岁以上的老年人比例已经达到 57.4%，到 2010 年该比例继续升高到 61.1%（见表 5）。其中 70 岁以上的劳动力将近 95 万人，占所有农业劳动力的 43.4%，39 岁以下的劳动力仅占 7.4%（郭曦等，2016）。

表5　日本农业从业人员和撂荒地面积变化趋势

	1985	1990	1995	2000	2005	2010	2012
耕地面积（万公顷）	538	524	504	483	469	428	425
弃耕面积（万公顷）	13.5	21.7	24.4	34.3	38.6	39.6	—
骨干农民（万人）	360	293	256	240	224	205	177
65岁以上占比（%）	19.5	20.8	39.7	51.2	57.4	61.1	59.6

注：骨干农民主要是从事农业生产和销售的劳动力。

数据来源：作者根据王应贵（2015）、赵颖文和吕火明（2014）、高强和高桥五郎（2012）和FAO数据库等整理所得。

有学者指出，日本农业劳动力中，老龄人口退休的高峰期即将来临，青壮年农业劳动力将继续流失（姚永龙，2012）。大量青壮年劳动力外出，农业劳动力老龄化问题加剧，农地无人经营是导致农地撂荒面积增加的重要原因之一（赵颖文、吕火明，2014）。农地无人经营、耕地撂荒面积逐渐增加，也造成日本农产品自给率持续下降。如表6所示，除了大米能基本满足居民需求之外，其他谷物严重依赖进口。稻谷、麦类和玉米等主要谷物的自给率从1965年的80%下降到2010年的59%。以供给热量为基准的自给率在1965年为73%，2010年下降为39%。虽然大米作为主要的粮食作物，自给率保持在90%以上，但是保持这个自给率却付出了巨大代价。2012年，日本的水稻种植面积占耕地总面积的34.4%，占水田总面积的63%，农业生产结构严重失调，生产结构调整僵化（FAO，2016）。

表6　　日本食物自给率变化趋势（%）

	1965	1980	1985	1990	2000	2005	2008	2010	2012
主要谷物食物自给率	80	69	—	67	60	61	—	59	59
供给热量基准的自给率	73	53	—	48	40	40	—	39	39
生产金额基准的自给率	86	77	—	75	71	69	—	70	68
其中：									
水果	86		71				37		33
大豆	41		28				29		27
蔬菜	100		95				79		75
糖类	31		33				38		28
畜产	47		24				17		16
油脂	33		25				3		3
小麦	28		15				14		13
鱼类	110		86				62		64
大米	100		100				100		97

注：主要谷物食物自给率指稻谷、麦类和玉米的自给率；供给热量基准的食物自给率指将食物都换算成热量单位，测算每个国民每天摄取的热量中，国产食物所提供热量的比例，侧重食物的基础性营养价值；生产金额基准的食物自给率指按照金额计算国民消费的食物当中，国产食物的比例，能更好地反映蔬菜和水果的自给率水平。

数据来源：作者根据王应贵（2015）、赵颖文和吕火明（2014）等整理所得。

同时，日本农村社会也在慢慢凋敝。1955年日本共有村落15.6万个，到2010年减少到13.9万个。居民大部分在55岁以上、将逐渐消失的“临界村落”，2006年为7878个，2010年增加到10091个，以年均1%的速度增加（高强、孔祥智，2013；赵颖文、吕火明，

2014）。村落作为农村社会的功能载体，不仅是保证农业生产的基本组织，更是农村居民风俗习惯、传统文化、人文历史遗迹的传承基础。伴随着人口老龄化问题的加剧、农村青壮年外出转移趋势递增，村落消失的数量将进一步增加。

为应对这一严峻挑战，提高农业比较收益，吸引劳动力特别是青壮年劳动力回流农村，使农业发展焕发新的活力，使农村居民生活、风俗习惯、人文历史遗迹继续传承，日本政府在2010年再次修改和调整了《新农业基本法》。这次修改和调整以强化六次产业为重点，并在同年颁布了《六次产业化·地产地销法》，主要目的在于为推动和发展地产地销（在当地生产并在当地消费）提供支援，支持有效利用区域资源，发展创新型农业产业化。第六产业，又称六次产业，是指在传统的包含农、林、牧、渔业等在内的第一产业基础上，融合第二产业（农产品加工和食品制造）和第三产业（服务业、零售业）的经营模式。其实，六次产业最初是由东京大学名誉教授、农业专家今村奈良臣在20世纪90年代中期提出的。起初，第六次产业是农村地区的一、二、三产业之和（即1+2+3=6），经过实践，后来又修改为一、二、三产业之积（1×2×3=6）。

3. 农业作用：从“传统农业”到“可持续农业”

2015年4月《新农业基本法》第四次修订颁布，这次修改和调整基本是以日本政府2013年提出的建设“强大的进取型农业”和“美丽农村、活力农村”两大目标为基础进行的，主要是针对粮食自给率没有提高、农业劳动力老龄化问题进一步加剧、农村村落消失趋势没有缓解等问题。经过第三次修改，日本粮食自给率虽然没有继续恶化，但是也没有得到明显改善。2013年以热量供应为基准的粮食自给率为39%，与2010年基本一致。值得注意的是，这次修改首次提到饲料粮自给率目标，2013 年饲料粮自给率为 26%，到 2025 年饲料粮自给率保持在 40%，传递出日本政府开始引导“粮改饲”、发展国内饲料粮种植的信号。同时提出，到 2025 年，以热量供应为基准的粮食自给率提高到 45%（见表 7）。

表7　日本农业自给率和种植面积未来规划

	自给率目标			种植面积发展目标		
	供给热量基准（%）	生产额基准（%）	饲料自给率（%）	农场总面积（万公顷）	种植总面积（万公顷）	土地种植利用率（%）
2013	39	65	26	454	417	92
2025	45	73	40	440	443	101

集约化经营的趋势开始放缓。1996 年，农户经营农场总面积占经营农地总面积的比例为 17.0%，到 2011 年，这一比例增加到 48.1%，连续经历了 15 年的增长。但是从 2011 ~ 2015 年，农户经营农场总面积没有明显增加，基本维持在 48.5% 左右的水平（见表 8）。这次修改和调整也重点强调了强化农业可持续发展，扩大农户家庭农场经营面积，继续推进农地集约化经营。具体的实现农业可持续发展的 8 条措施包括：通过合并支持集约经营，界定经营农户（Business farmer）定义并给予各方面支持；保证和发展农户数量和发展女性农户；巩固农场向经营农户的转移；促进务农收入稳定、设立收入保险；促进农业生产基础发展、扩大基础设施建设；建立社会需求导向的农产品种植、生产和供应体系；推动农业生产、销售等技术创新；推进生态农业和环境保护。

表8　经营农户农场面积及占比

	1996	2001	2006	2011	2012	2013	2014
农场总面积（万公顷）	504	483	469	459	456	455	454
经营农户农场面积（万公顷）	86	134	181	221	219	222	221
占比（%）	17.1	27.8	38.5	48.1	47.9	48.8	48.7

注：表中数据由作者根据1995 ~ 2014年《国际统计年鉴》、联合国FAO数据库、郭曦等（2016）等提供的数据整理所得。

三、日本农业支持政策体系的变化特征

（一）日本对农业生产者的支持情况

日本农业发展长期依赖国家的支持保护。但随着乌拉圭回合谈判结束、美国和欧盟农业政策的调整变化，日本也开始对农业支持保护政策进行调整。从 1995 ~ 2015 年，日本农业政策变化的一个显著特征就是逐渐减少对农业的支持，但是这个减少力度并不激进，而是比较和缓。1995 ~ 1997 年，日本对农业生产者的支持总额（PSE）约相当于农业总产出的 58.1%。此后这一比例逐渐下降，2015 年日本农业 PSE 为 4.1 万亿日元，相当于农业产值的 43.1%。从 2013 ~ 2015 年平均值看，这一比例为 48.2%，这几乎是 OECD 所有国家平均值的 3 倍（见表 9）。

表9　日本对农业生产者的支持情况　单位：十亿日元

指标		年份				
		1995 ~ 1997	2013 ~ 2015	2013	2014	2015
生产者支持估计值（PSE）		6 239	4 520	4 902	4 603	4 055
农产品补贴		5 822	3 761	4 156	3 854	3 274
	价格补贴	5 651	3 578	3 973	3 669	3 092
	产出补贴	171	183	182	185	181
农业生产投入补贴		298	150	156	164	131
	可变投入	124	51	51	51	51
	固定投入	153	68	74	81	49
	非农服务	21	31	31	31	30
生产者支持占农业总产出比例（%）		58.1	48.2	52.2	49.5	43.1
生产者名义保护系数（NPC）		2.31	1.79	1.93	1.82	1.61
生产者扶持系数（NAC）		2.40	1.94	2.09	1.98	1.76

在生产者支持总额中，市场价格支持（MPS）占主导地位。

从 1995 ~ 1997 年平均值来看，市场价格支持占总 PSE 的比例高达 90.6%，2015 年有所下降，但仍高达 76.3%（见表 9）。

与欧盟国家相比，日本国内农业支持的主要工具是价格支持，即通过采用边境措施（关税）对农业进行支持，主要由消费者承担支持成本。从 1995 ~ 1997 年平均值看，日本国内平均生产者价格是边境价格的 2.31 倍，2013 ~ 2015 年有所下降，为 1.79 倍。从 1995 ~ 1997 年平均值看，在日本政府的边境保护下，日本国内农业总产出价值是出口价值的 2.40 倍，2013 ~ 2015 年平均为 1.94 倍（见表 9）。

（二）日本对农业一般服务的支持情况

日本对农业一般服务支持的总额下降幅度较大。1995 ~ 1997 年，平均支持总额约为 2.1 万亿日元，但是到 2013 ~ 2015 年，平均支持总额下降到 0.9 万亿日元左右。其中，农业技术与创新体系支持总额有所增加，但是幅度不大。基础设施开发和维护下降幅度较大，但仍然是一般服务支持的重点项目，大约 80% 的一般服务支持项目用于基础设施开发和维护。相比 1995 ~ 1997 年，2013 ~ 2015 年的一般服务支出平均值占农业总支持的比例约下降三分之一，目前基本维持在 16.5% 左右（见表 10）。

表10　日本对农业一般服务的支持情况　单位：十亿日元

指标	年份				
	1995 ~ 1997	2013 ~ 2015	2013	2014	2015
农业技术与创新体系	95	115	125	114	106
检查与控制	10	11	12	11	11
基础设施开发和维护	1858	746	807	756	675
市场营销和推广	27	7	6	7	7
其他	64	15	14	15	16
一般服务支持总值	2054	894	964	903	815
占农业总支持比例（%）	24.7	16.5	16.4	16.4	16.7

（三）日本对农产品消费者的支持情况

日本政府对农产品价格的支持严重损害了农产品消费者利益。1995 ~ 1997 年，因为农产品价格支持政策，农产品消费者平均额外净支出 8.1 万亿日元，2013 ~ 2015 年有所下降，但是平均值仍接近 4.9 万亿日元。在消费者额外净支出中，将近 70% 的比例转移给农业生产者，剩余 30% 的比例用于其他支出。虽然近几年日本政府减少了对农产品价格的支持，农产品消费者额外支出也因此有所下降，但是消费者额外支出占农产品消费总支出的比例仍维持在 40% 左右。更严重的是，1995 ~ 1997 年，消费者平均支付价格是农产品边境价格的 2.17 倍；2013 ~ 2015 年，消费者平均支付价格是农产品边境价格的 1.68 倍。对农产品价格的大力补贴严重扭曲了国内市场价格，尤其是大米。

生产者支持估计值的下降，消费者支持估计绝对值也在下降，说明农业支持正逐渐从消费者负担向纳税人负担转变（见表 9 和表 11）。

表11　　日本对农产品消费者的支持情况　　单位：十亿日元

指标	年份				
	1995 ~ 1997	2013 ~ 2015	2013	2014	2015
消费者支持估计值	−8 080	−4 932	−5 232	−5 068	−4 496
消费者转移给生产者	−5 603	−3 579	−3 972	−3 670	−3 094
消费者其他转移	−2 503	−1 358	−1 265	−1 403	−1 406
纳税人转移给消费者	26	1	1	1	1
多余的饲料成本	0	4	5	4	3
消费者支持比例（%）	−53.6	−40.4	−42.9	−39.8	−38.5
消费者名义保护系数（%）	2.17	1.68	1.75	1.66	1.63
消费者扶持系数（%）	2.16	1.68	1.75	1.66	1.63

四、对提高我国农业竞争力的启示

（一）土地流转既要注重规模，又要注重方式

土地规模化经营是提高农业生产率的前提，在耕地稀缺的刚性约束下，提高劳动生产率是提高农业生产率的重要途径，更是实现农业现代化的核心（叶兴庆，2016）。“二战”后，日本农地非常分散，农业中存在大量的小规模家庭经营和农户经营，促进土地规模化经营成为日本政府农业政策的焦点。早期政策追求农户自立经营，然后逐渐放松对经营规模的限制，并辅以相关的配套政策和措施，使土地经营规模有序变大。并且，土地流转方式也悄然发生改变，从严格限制租借，到放松租借条件，并取消租借规模限制，使得土地流转市场再次活跃起来。同时，在土地流转过程中实施配套的政策和措施，特别是防止兼业化现象的出现。因为在同等条件下，兼业型农户比专业型农户生产率低（叶兴庆，1993）。日本在鼓励土地规模经营的初期，忽略了这个问题，直到今天，规模经营农户兼业化问题仍然严重（王应贵，2015；郭曦等，2016）。

目前，我国农业面临着同样的问题，农业生产率低、成本高，土地流转困难，撂荒地现象严重；机械化水平低；小规模农户兼业现象严重等。虽然政府及有关部门已经出台多种政策和措施鼓励土地流转、实现规模化经营，但是在当前情况下，哪种流转方式更有效？农户更倾向何种流转方式？经营规模如何界定？有关政策并没有详细的规定。因此，引导土地流转，相关政策应该根据农业发展过程中出现的“新常态”循序渐进，既要关注合适的流转规模，又要及时转变流转方式。

（二）“市场定价、价补分离”，深化农业补贴改革

日本农业发展建立在政策的大力支持上，尤其是对农产品价格的支持和保护。但是这种支持并不以政府财政支出为主，支持压力几乎全部转移到消费者身上。根据OECD农业数据库数据显示，在日本农业总支持估计值（TSE）中，由消费者转移承担的比例，在1995～1997年平均为97.5%，2013～2015年平均为91.2%。对农产品价格的支持和保护给国内消费者带来了巨大负担，更重要的是严重扭曲了其生产和贸易结构。虽然日本政府对农产品价格的支持和保护程度有下降趋势，但是从2013～2015年平均值看，农业生产者支持占农业总产值的比例仍高达48.2%，这几乎是OECD所有国家平均值的3倍，而农业生产者支持中市场价格支持的占比高达76.3%，远远高于其他OECD国家。

在工业化进程中，农业需要支持，更需要保护，但是农业的支持和保护应该以提高劳动生产率和农业竞争力为基本出发点（叶兴庆，1995）。如果一味地以价格支持作为农业支持和保护的主要方式，不仅不利于农业竞争力的提高，而且严重扭曲农产品市场价格，损害消费者利益。因此，对农业的支持和保护可以从两个方面出发：第一，农产品价格由市场决定，国家根据农民的农产品种植面积、农业生产行为实行补贴，也就是“市场定价、价补分离”，这是未来价格补贴的方向（叶兴庆，2015）。日本在2013年农业改革的基础上，已经开始实施政府退出农业生产管理者角色的规划。到2018年，日本政府将逐渐退出对大米生产的资源管理，赋予农民更多的自由，并致力于缩小大米国内市场价格和国外市场价格的差距。第二，农业支持要兼顾农户收入保障、农业产业结构调整、农业基础设施建设和环境保护等，而不是单纯的价格支持。日本在2012年提出构建“日本型直

接支付（补贴）政策”改革思路，并逐渐转变补贴方式，由单纯的农业生产补贴向兼顾农户收入、生态保护等综合补贴转移（高强和彭超，2015）。

（三）推进农村一二三产业融合发展

推进农村一二三产业融合发展是近年来我国实施的提高农业产业链竞争力、解决“三农”问题的一个重大举措（叶兴庆，2016）。我国提出的三产融合与日本提出的六次产业有相似的内涵，所以日本在推进六次产业发展方面的经验对于如何推进我国三产融合发展具有一定的启示意义：第一，进一步完善三产融合的各项政策和制度体系。目前，我国关于指导三产融合发展的正式文件只有《关于推进农村一二三产业融合发展的指导意见》，其他相关政策和措施并没有形成一个统一的文件，而且大多数政策和指导措施都是从宏观角度阐明的，详细的、具体的、针对性的政策和措施欠缺。而日本在提出强化六次产业政策之后，已经相继出台了一系列配套政策和措施，不仅涵盖总体纲要、推进办法、资金补助和资金运用等详细规定，还建立了专门的管理机构（路征，2016）。第二，成立专门的认定和管理机构。日本不仅制定了详细的产业发展政策和措施，还建立专门的管理机构和认定标准等部门。目前，我国也开始对家庭农场、职业农民等展开认证，但是对一二三产业融合的新型经营主体的认定标准目前还不够成熟，也没有专门的管理机构。应尽快建立健全这方面的政策体系。

执笔人：翁　凝

参考文献

[1] 蔡鑫，陈永福，韩昕儒等. 日本农业支持政策的最新趋势及启示.中国农业资源与区划，2016（7）

[2] 陈兵. "二战" 后日本农业产业政策的演进及其启示——以相关立法为中心的解说.农业经济问题，2014（4）

[3] 杜鹰.日本的农业政策改革及其启示.中国农村经济，2000（12）

[4] 岡部守，章政等.日本农业概论.北京：中国农业出版社，2004

[5] 高强，高桥五郎.日本农地制度改革及对我国的启示.调研世界，2012（5）

[6] 高强，孔祥智.日本农地制度改革背景、进程及手段的述评.现代日本经济，2013，188（2）

[7] 高强，彭超.日本农业补贴政策现状、调整趋势及启示.农村工作通讯，2015（11）

[8] 郭曦，齐皓天，钟涨宝.日本第四次修订《食品、农业和农村基本法》及启示.中国人口资源与环境，2016，26（7）

[9] 梁书民.日本的土地制度与农业政策及启示.农业经济问题，2011（9）

[10] 李应春，翁鸣.日本农业政策调整及其原因分析.农业经济问题，2006（8）

[11] 路征.第六产业：日本实践及其借鉴意义.现代日本经济，2016（4）

[12] 王应贵.当代日本农业发展困境、政策扶持与效果评析.现代日本经济，2015，201（3）

[13] 姚永龙.浅议日本农业接班人危机.中国农村经济，2014（4）

[14] 叶兴庆.小规模农户兼业经营对农业发展的影响.农业技术经济，1993（2）

[15] 叶兴庆.日本调整农业保护政策对我国的启示.农村经营管理，1995（11）

[16] 叶兴庆.加入WTO将促进我国农业结构调整.经济研究参考，2001（40）

[17] 叶兴庆.建立竞争力导向的农业政策体系.当代农村财经，2015（7）

[18] 叶兴庆.农业现代化的核心是提高劳动生产率.新重庆，2015（8）

[19] 叶兴庆.如何提高中国农业竞争力.农经，2016（12）

[20] 赵阳，王秀清.农业经济理论与政策前沿问题研究.北京：中国农业出版社，2014

[21] 赵颖文，吕火明.农业人口高龄化危机：日本应对措施及对中国的启示.农村经济，2014（12）

[22] 章政.现代日本农协.北京：中国农业出版社，1997

[23] [日]岸根卓朗著，何鉴译.粮食经济：未来21世纪的政策.南京：南京大学出版社，1999

[24] [日]关谷俊著，金洪云译.日本的农地制度.北京：生活・读书・新知三联书店，2004

[25] [日]速水佑次郎和神门善久著，沈金虎等译.农业经济论（新版）.北京：中国农业出版社，2003

[26] OECD：Agricultural Policy Monitoring and Evaluation[R].2016.

[27] FAO联合国粮农组织统计数据库[EB/OL].http：//www.fao.org/faostat/zh/#data.

案例三

韩国农业支持政策演变及对我国的启示

韩国地少山多，人口稠密，是世界上人均资源占有量最少的国家之一。受殖民和朝鲜战争的影响，直至20世纪50年代，韩国还是世界上最穷困的国家之一。然而，从20世纪60年代开始，在国际支援下，韩国政府励精图治，在不同发展阶段根据不同的目标推行有效政策，最终使韩国跻身于世界高收入发达国家之列，实现了农业现代化。由于我国农业资源禀赋、发展基础以及所面对的复杂环境与韩国有相似的地方，因此梳理韩国农业政策的演进轨迹，总结韩国在推进农业现代化过程中农业政策的得与失，可为我国制定农业政策提供一些参考。

一、韩国农业支持政策的演变过程

在经济发展的不同阶段，韩国农业政策有不同的目标。根据农业在经济发展不同阶段所起的作用，可以将韩国农业政策的演变分为四个阶段。

（一）为工业保驾护航的非平衡战略期（1961~1976年）

韩国在工业化起步阶段采用“低农产品价格—低工资—高出口量”来支持工业高速增长。1961~1976 年是韩国工业快速增长期。战后的韩国，在美国 40 多亿美元的支援下，朴正熙政府励精图治，以构筑起独立自主的经济基础、建立完善的工业体系为目标，实行现代化产业政策。这个阶段农业政策的主要目标是追求粮食增产，实现粮食自给，为工业化发展供给低价格的粮食和廉价劳动力。为了达成这样的政策目标，韩国政府成立了农协组织，出台了多种农业政策。主要有：农渔村高利贷整顿令；土地改良、扩大农业生产的基本投资等增加粮食产量的政策；进口美国剩余农产品，保持农产品价格稳定；推进新农村建设，改善农村住宅；实行粮食价格双轨制（1969~1971 年开始对大米实行），促进农民增加粮食生产，稳定粮食价格，同时也保障消费者的生活稳定（强百发，2010）。

（二）培养农业接班人、缩小城乡差距、激发农业活力的农业发展期（1977~1988年）

该时期韩国正处于第四、第五个五年发展计划中，整个国民经济处于高速发展期，以不断提高工业的效率、稳定物价、各个行业均衡发展等为主要理念。但在现实中，经济发展出现了一个恶性循环：韩国经济发展以增加工业产品出口为导向，通过农村转移劳动力来保持低工资，从而维持工业品的国际竞争力；城市居民收入低，只能通过维持农产品低价格来保障城市居民的基本生活；农业收入更低，促使大部分农民进城务工，农村人口不断减少，而农产品自由进口，使韩国农业发展更加困难。

在这样的背景下，为了促进农业持续增产增收，保障粮食自给，促进农渔民收入不断提高，缩小城乡差距，韩国政府采取了一系列对策，主要有：①培育农渔民接班人。对从事农业、渔业或者有能力的青少年提供落户的补助金，通过职业教育培育种田能人。②降低农渔业生产资金压力和利息负担。降低农渔民生产资金利率，降低种牛贷款利率，为农渔户提供修理生产设施的补助。设立专项发展基金，以促进农业结构调整，从而减少农渔民负债。为了减轻农民的债务负担，韩国政府提供政策性贷款，用公共金融代替农渔民的高利贷，同时下调了农渔民购置大型农业机械的政策性资金利率，还下调了中长期贷款的利率，对激发农业活力有一定的帮助。③对土地市场进行有序管理。1986年，韩国政府制定了租赁适用地区、租赁合同及申请程序、租赁的限制条件、租赁费偿还和委托经营等方面的政策，使土地管理更加有秩序。④增加农民收入。促进农渔村工业发展，稳定农产品价格，着力对产销一体化经营组织进行培养。加大农产品标准化管理、改善流通环节，提高农产品流通效率（朴贤德，2004）。

这一时期的韩国处于工业飞速发展时期，有限的资源都用在不断提高工业的生产效率上，对农业的投资远远低于发达国家，农业基础比较弱。但这个阶段农业政策中体现出的一些理念，如在农村老龄化背景下对农业接班人的培养，通过促进农村地区发展农产品加工业等增加农民收入，改善农民生活环境，增进农民福利，缩小城乡差距等，都对后来韩国农业政策有积极的影响。

（三）乌拉圭回合谈判后财政大力支持提升农业国际竞争力的觉醒期（1989~2003年）

20世纪80年代，国际市场环境发生了巨大改变。农产品过剩和贸易秩序的扭曲，使国际贸易摩擦频发，农产品出口国和进口国需要改善农产品贸易秩序。乌拉圭回合的艰难谈判和国际市场对韩国农业带来的冲击，让韩国对农业重要作用的认识发生了根本性转变。以前，人们总觉得农业和农村的功能仅仅是稳定供给粮食、为工业发展提供廉价劳动力和充当工业产品的消费市场。但在1993年结束的乌拉圭回合谈判以及WTO出台时，人们认识到农业和农村除了上述功能外，还有环境保护、失业救济、缓和经济矛盾、维持地区经济稳定发展和社会安全网等多元性的社会功能。过分强调效率，效率相对较低的农业部门只能不断萎缩，而萎缩的结果是农业对国民经济的正外部性也会减少。因此，农业需要在有效的财政支持下不断提高国际竞争力。这一时期，韩国农业政策的主要目标是：强化农业国际竞争力，构建适应WTO体系的农业基础；鼓励农民在经营方式上进行创新，增强农业内部的生产能力；促进城乡交流，保护农村环境，确保农村生活的舒适性；发展农村服务业，开发农村旅游等项目。

觉醒期的三届政府都将农业政策方向从以“保护”为中心转变成以“增强竞争力”为中心。金咏三政府在1994年6月出台了新型农业政策的基本模式——“农渔村发展对策及农政改革推进方案”。该方案的主要措施有：①改革粮食管理制度、农村土地制度、人力开发和技术创新制度；②调整农业产业结构，扩大水稻生产规模，培育高品质出口园艺产业，提高畜牧业的现代化水平；③在流通领域进行改革，将生产者组织起来，参加农产品的加工和流通；④综合整顿农渔村，提高福利水平；⑤增加政府对农业农村的投入，自1994年开始，10年间向农渔村额外投入15兆韩元，其中，强化国家农业竞争力的投资占60.5%，改善生活环境的投资占27.4%，增进农村社会福利的投资占12.1%（朴贤德，2004；金恩斌，2010）。金大中政府在金融危机的背景下，将出台的农业政策制度化，在总结扬弃以前农业法的基础上，2001 年出台了《农业、农村基本法》。卢武铉政府从产业政策、收入政策和农村发展政策三个层面来提升农业产业竞争力（朴贤德，2004）。

（四）注重农业信息化等现代化手段的综合提升期（2004年至今）

这个时期，农业农村发展面临新的机遇和挑战。从外部看，信息技术和生物技术不断发展，利用这些新技术加工农产品的工业技术不断进步；城市居民更加关注食品安全和可持续发展。从内部看，城市化、现代化、产业化不断推进，农村老龄化、空巢化严重，使得农村缺乏与资源相匹配的人力资本。为应对这些新情况，更大程度地发挥农业的多功能性，韩国实施“农业六次产业”政策，以期拉动农业增长和农村发展。韩国“农业六次产业”政策的目标是，强化农产品产业竞争力、使得农产品供给充足，提高农民收入，稳定农业经营；以“自主、自立、合作”为理念导向，构建智能农业政策体系。

为此，韩国出台了一系列法律法规：2010 年和 2011 年，先后颁布《传统酒等产业振兴法》《影视服务业振兴法》《泡菜产业振兴法》；2013 年 10 月和 11 月，分别出台《农村产业培育及支援的相关法律提案》《农民等经营体的农村复合产业促进及支援相关法律提案》；2014 年 5 月，制定了《农业六次产业促进法》，包括制订基本计划、事业者认证、农村融合和复合产业地区指定及培育、农村融合复合产业事业者的营业设施、制定废物处理标准和期待效果等 6 个方面的内容。特别是 2013 年 10 月，韩国农林畜产食品部出台了《农业农村及食品产业发展五年规划（2013–2017）》，2014 年 12 月发布《农林畜产食品部事业实施方针书》，同时出台“农村融合和复合产业激活支援事业”，对事业发展对象、支援资格及条件、支援对象、支援资金使用用途、支援形态和事业名额等进行了详细规定。

在具体措施方面有两个突出特点：一是明确规定负责财政支援的17个中央部门、8个省级部门以及1个直辖市，对金融、咨询、教育培训、出口、研究、开发、申请认证及评价、事业及设施支援、营销及品牌设计、体验观光和地区开发等10个方面进行支援（金光春，2016）。二是强调信息等现代技术在农业生产、流通过程中的应用，以提高农业国际竞争力。在生产环节，采用多种手机软件，监控农作物和动物生长。在流通环节，为生产者节约交易成本，拓宽销路，帮助消费者尽快找到物美价廉的产品。

二、韩国农业支持政策演变特征与利弊分析

（一）韩国农业支持政策演变特征

1. 乌拉圭回合谈判前以农业保护政策为主

由图1可以看出，1993年以前，农业总支持（TSE）的主要组成部分是生产者支持（PSE），其中，94%以上是价格支持（MPS），这个比例随韩国经济发展而呈现逐步减少的趋势。前期的农业总支持（TSE）主要是为了保障粮食自给，粮食价格低廉，市场维持低工资，以快速实现工业化；实行价格双轨制，政府高价收购农民粮食，低价卖给市民来维持农产品低价方案；借助于美国的支援，使20世纪70年代初能够基本维持粮食自给。但“低农产品价格—低工资—出口扩大”的发展模式中，政府只关注农产品的消费增长，并不关心农业生产，这成为后来韩国农业问题爆发的根源。另外，虽然在70年代初韩国进行了结构调整来促进农渔村的发展，但在以制造业为中心的时期，

对农业发展的关心是“头痛医头，脚痛医脚”，并没有全面部署，在工业化初期并没有打好相应的农业产业基础。这个时期比较成功的政策是促进农村发展加工业，农民通过兼业实现了收入较快增长。80年代，韩国的TSE主要用来支持秋粮收购价格，减轻农渔民负担的金融补贴，培训农民等，解决农渔村的贫困、牛价波动和农民欠债等问题，由于投入比较少，这期间的农业仍然基础薄弱，国际竞争力比较低。

2. 乌拉圭回合谈判结束后财政对农业的支持力度骤增

由图1可以看出，在1994年，韩国的TSE与PSE突然增加。1994年与1993年相比，TSE增长了13.1%，PSE增长了13.7%。42兆韩元的农渔村结构改善资金早期投资及通过农渔村特别税的设置而准备的15兆韩元的巨大投资，为农业改革提供了巨大的财力支持。主要原因是乌拉圭回合谈判启动后，韩国农业发展的外部环境发生了巨大变化，韩国突然对农业的社会综合作用有了更深刻的认识，政府农业政策的重点由原来促进农业增产和维持农产品价格稳定转变为提高农业竞争力。在国外农产品进口扩大不可避免的前提下，韩国开始大力支持农渔村综合发展，农业政策由“保护”为中心转变为以“提升竞争力”为中心。投入大量资金进行制度改善、农业结构改善、流通体系改善以及农渔村福利改善。扶持可以机械化作业的农业振兴区。投资农业基础设施建设，强化流通信息功能和设置流通中心，引进储存、保持农产品价格稳定对策，培养有国际竞争力的农民，扩大种植规模。由于经济结构和资源禀赋决定的劳动力成本和租地费用不断增加，如果没有稳定的价格政策支持，规模很难自发扩大。但投资方式、资金分配及执行过程中存在的各种问题，使得57兆韩元的巨大投资的实际效果受到质疑，尤其在结构改革政策实施、社会间接资本设施投资、农民福利增加等方面，由于预算过大，实际上无法完全实现预期目标，大规模投资成为韩国新财政的一种负担。

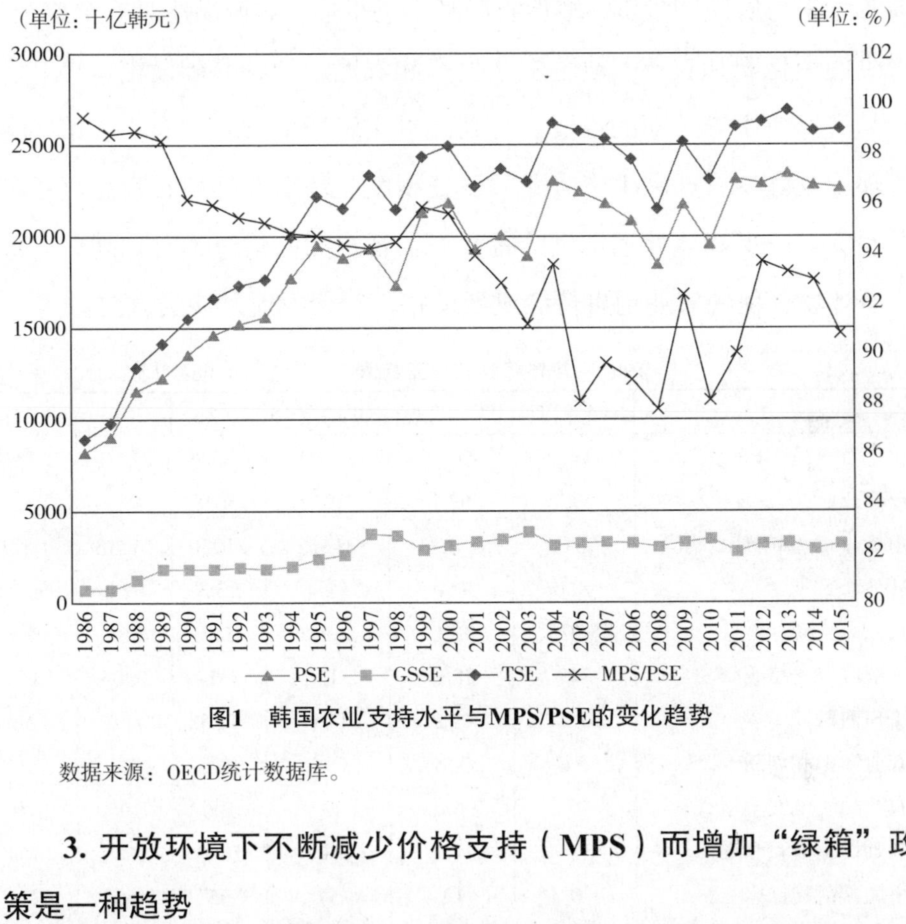

图1　韩国农业支持水平与MPS/PSE的变化趋势

数据来源：OECD统计数据库。

3. 开放环境下不断减少价格支持（MPS）而增加“绿箱”政策是一种趋势

从图1、表1可以看出，自1986年以来，生产者支持（PSE）占农业总支持（TSE）的比例不断降低，而一般服务支持（GSSE）占农业总支持（TSE）的比例稍微有所上升。在生产者支持（PSE）中，虽然市场价格支持（MPS）始终是主要组成部分，但其占比呈现不断下降的趋势。国际上认为价格支持（MPS）严重扭曲市场信号，降低生产效率，损失消费者福利，是一种非常不受欢迎的补贴政策。在乌拉圭回合谈判前，韩国主要通过价格支持（MPS）来保障主要农产品价格稳定。自韩国通过协商加入WTO，被迫逐步减少价格支持等“黄箱”政策，转而实行“绿箱”政策，如增加农业科技研究和推广、培养有竞争力农民的投资，增加农产品市场推广、农产品质量安全检查、减少使用化肥和农药、改善农业生产和农民生活的基础设施、提升农产品流通效率等方面的投资。尤其注重实施环境友好型农业政策，例如环境友好型农产品生产方式的认证制度、环境友好型农产品直接补贴制度等，很好地处理了供给者和需求者之间的信息不对称问题，保护了环境，促使农业走可持续发展道路，符合农业发展的方向。

表1　　1986～2015韩国农业支持表　　单位：十亿韩元、%

	1986～1988	1995～1997	2013～2015	2013	2014	2015p
生产者支持（PSE）	9605	19277	23071	23523	22930	22760
PSE/TSE	69.7	67.1	49.7	50.9	49.3	48.9
市场支持（MPS）	9511	18199	21312	21950	21313	20671
MPS/PSE	99.0	94.4	92.4	93.3	92.9	90.8
投入品支持	70	871	594	547	554	683
一般服务支持（GSSE）	842	2852	3120	3314	2903	3144
GSSE/TSE	7.9	12.7	11.9	12.3	11.2	12.1
农业知识和创新	54	315	799	865	735	799
农产品质量安全检查	21	63	207	196	195	229
基础设施更新和维护	374	2121	1708	1682	1689	1754
市场营销和推广	0	12	57	65	69	37
公共储备成本	394	341	349	505	216	325
消费者支持（CSE）	–9425	–19748	–24268	–24944	–24304	–23557
CSE/TSE	–65.7	–64.8	–45.9	–47.6	–45.0	–45.0
从消费者转移到生产者	–9304	–17861	–20625	–21228	–20705	–19942
从消费者转移到其他地方	–181	–2148	–3686	–3764	–3640	–3655
从纳税者转移给生产者	59	260	43	48	41	40
农业总支持（TSE）	10507	22390	26234	26884	25874	25943
从消费者的转移	9484	20009	24311	24992	24345	23597
从税收方面的转移	1203	4529	5609	5657	5169	6001
从财政收入方面的转移	–181	–2148	–3686	–3764	–3640	–3655

数据来源：OECD数据统计。

4. 农业逐渐由从属地位转变为与工业、服务业平等合作地位

从韩国农业发展的演进过程中我们可以看出，在韩国工业化初期，农业的主要目标是促使国家实现工业化，为工业提供廉价的农产品原料，为工人提供廉价的粮食，为工业提供廉价劳动力，地位远远低于工业。工业化初期，出台的价格“双轨制”等政策，核心目的并不是发展农业，而是及时处理矛盾以使得农业更好服务工业化。即使在工业化程度比较高的 20 世纪 80 年代，本应该实现工业“反哺”农业，使得农业资源禀赋低的韩国能够有一个比较好的农业发展基础，但农业依然扮演服务工业化的角色。乌拉圭回合谈判使得韩国政府深刻认识到农业对于国民经济综合平衡发展的重要作用，在政策上更加强调农业本身竞争力提升、环境友好和可持续发展，强调停止对化肥的支持、增加对有机肥的支持，加强对农场到餐桌的安全追溯系统、提高农产品消费信赖度，建立适应大型流通企业的农产品流通体系。尤其是近年来，强调“农业六次产业化”，强调以农业为基础，将食品加工等工业手段、“旅游观光”等服务业手段融合进来，全面促进农业产业快速发展。各种政策突出农业的主体地位，促进农业增长、农村发展、农民生活水平提高三者平衡前进。由于韩国工业化发展快，农村大量人口流向城市，农村人口较少，使得农村人均资源增加，再加上农业经济的环境功能、社会安全网功能等特殊地位，因而逐渐与工业服务业形成平等合作地位。平等的产业地位可以促进适合农村发展的人力资本回流，物质资本的投入和优质人力资本共同促使新时代的农业不断向前发展。

（二）韩国农业支持政策利弊分析

1. 韩国农业支持政策演进中值得借鉴的经验

一是着力培育消费者对国产农产品的信任体系。在面临国内农产品消费多样化、高级化和食物消费结构转型升级时，为了满足不同的消费需求，韩国政府对大米等农产品进行异质化生产。中断了对化学肥料的支持，增加有机肥料供给。强化从农场到餐桌安全管理，着力建设绿色农产品供应体系。从生产开始进行强化安全性调查检查，实行农产品和农产品加工品的原产地标识制度以及对低农药、无农药、有机栽培等绿色农产品认证制度，实施品质认证制度和转基因农产品的标识。设立专门的健康农产品销售店，构筑起绿色农产品供销体系。通过这些措施，不断提高消费者对国产农产品的信赖度和满意度，使消费者树立起一种信念：国产农产品是优质的，进口农产品是便宜的。促使有支付能力的消费者选择本国农产品，支持本国农业发展。构建国产农产品质量安全和高品质的消费者信任体系，提高消费者对本国农产品支付溢价，不违背 WTO 贸易规则，是资源禀赋低的国家可以借鉴的方法。

二是积极出台保护农业环境的政策以促进农业可持续发展。在韩国农业发展中，重视农村环境治理的特点比较明显。不论是朴正熙政府时期的“新村运动”中的“宜居农村”，还是近年来的环境友好、农业六次产业等相关政策，都注重不断提高农村基础设施水平，为农村提供便利的交通和通信，努力促进各产业和谐发展，将农村村庄变成城乡人民适宜居住的空间，增加城乡交流，保护农村传统文化，通过农村休闲观光业的发展而提升农业发展，促使各产业平衡协调发展。保护环境的农业发展政策，保护了环境，平衡了生态，促进了和谐，提高了居民健康水平，同时拉近了生产者与消费者的距离，提高了韩国农业的竞争力，符合现代农业发展方向。韩国保护环境的各种农业政策值得各个国家借鉴。

三是通过政策法律化以保持农业政策的延续性。将促进农业发展的重要政策通过法律的形式固定下来，有利于保障农业政策的连续性。不论是20世纪60年代出台的《农产品价格维持法》（1961年）、《农业协作社法》（1961）、《农村振兴法》（1962）、《农业基本法》（1967年），还是后来出台的《亲环境农业育成法》、《农业农村基本法》（1999），以及后来的《农业六次产业促进法》（2014）等，重要的政策都演化成法律，确保能够长期有效执行。这也是促进农业长期稳定发展的一项重要措施。

2. 韩国农业支持政策演进中值得警醒的教训

一是过度重视工业化效率而错失了农业发展最佳时期。20世纪60 ~ 70年代，韩国以制造业为中心的产业政策牺牲了农业部门的利益，造成农业基础脆弱，城乡生活差别不断扩大。本该在80年代韩国工业化已顺利起飞的期间，抓紧推动农业部门的发展，但遗憾的是，韩国在80年代的农业基本政策目标仍然是服务于提升制造业效率，所采取的农业政策大多只是临时性的应对措施，诸如牛价波动幅度大等问题没有得到很好解决。80年代由于农产品价格不稳定，农民的收入也不稳定，同时流通结构没有改善，使得生产者和消费者都没有得到合理的回报。虽然在80年代后期，韩国农产品面临着市场开放带来的巨大压力，但农业政策并没有对这些问题予以重视。在乌拉圭回合谈判之前的70 ~ 80年代，本来是韩国进行平衡农业和工业的最佳时期，但是韩国仍然只是把有限的财政收入用于推动工业化发展，在没有国际规则限制下，对农业投入较少，没有打好相应的基础，使得韩国农业严重缺乏国际竞争力。这也是韩国农业在乌拉圭回合谈判之后不断出问题的根源。

二是过高补贴使得韩国农业在开放的世界贸易规则下陷入被动。在新的时代，韩国签订了多个自由贸易协定（FTA），成为WTO成员国和OECD国家中的一员，不得不开放农产品市场。韩国农业规模小、经营分散，国外农产品对韩国农产品市场冲击比较大，本国农产品销量下降，对农民收入造成严重影响。为了应对进口农产品的冲击，韩国政府对农业进行高额补贴，使生产者支持（PSE）居于世界第四，仅次于瑞士、挪威、冰岛。市场价格支持（MPS）过高，而且降低补贴在政治上非常困难，这些措施都很容易违背自由贸易规则，严重影响韩国在世界贸易中的重要作用。此外，由于资本进入农业的速度过快，将农业生产效率比较低的“小农户”逼出，也带来了突出的社会问题。

三、对我国农业支持政策调整的启示

（一）充分发挥农业多功能性，提高差异化竞争能力

农业既具有为社会提供农产品、为工业化提供劳动力、为工业品提供市场的功能，还具有生态涵养、文化传承、休闲观光、维持地区经济稳定发展和保持社会稳定等重要功能。韩国农产品加工、休闲农业等功能在20世纪70年代就开始开发展，为缩小城乡差距、增加农民收入起到了重要的作用。虽然同质化程度高使得土地密集型大宗农产品可贸易性强，人多地少的国家在这方面缺乏比较优势，但农业多功能性所依存的自然、文化条件同质化程度低，农业提供的生态产品和休闲观光功能在空间上不可移动、跨境可贸易程度差，人多地少、类型多样、风情独特的国家在这方面恰恰具有比较优势。随着我国消

费者对农业的休闲观光和生态产品的支付意愿提高，可以在农业的产品功能上增加休闲功能，发挥农业的地域特色、文化特色和民族特色，以差异化战略提高我国农业竞争力。

（二）高度重视农业可持续发展

韩国在卢武铉政府时期，就开始执行“环境友好型”农业政策，对符合“环境友好型”农业生产标准的农户给予直接支付补贴，补偿农户因减少化肥和农药使用导致作物减产造成的收入损失，同时取消对化肥和农药的支持政策。近年来，我国生态环境问题不断凸显，可持续发展问题不断受到挑战。我国经过30多年的快速发展，农业产能有了很大提高，但这其中相当部分是以牺牲生态环境为代价得来的。走资源节约、环境友好发展道路，提高农业可持续发展能力势在必行。

（三）培养农民的市场主体意识和企业家精神

培养能够在开放环境下适应国际市场竞争压力的农业经营者是韩国的一项重要农业政策。我国的最低收购价和临时收储制度在提高农民收入上有一定的作用，但不利于培养农业生产者的市场竞争意识。相当多的新型经营主体尽管掌握较多农业资源，但对政策性补贴特别敏感，靠国家补贴维持生存，对农产品本身的品牌化、市场渠道等重视不够。应鼓励掌握农业生产资源的农业生产者，尽快增强市场竞争意识。

（四）构建国产农产品消费信任体系

随着收入水平提高和健康意识增强，消费者的诉求逐步从“吃得饱”转向“吃得好”“吃得放心”，对食品安全、食品营养搭配、食品文化、环保责任等的需求在逐步增加。韩国在乌拉圭回合谈判之后，面临食物消费转型升级，不断推进大米产业规模化和品质差异化生产，培养高品质、高技术密集、高附加值的园艺产业，提高畜禽疫病预防能力、改善畜产品品质，走高端化路线。这些措施都值得我国借鉴。提高我国农业竞争力，既需要促进土地流转集中、扩大农业经营规模，也需要提高农产品的质量安全水平，以高品质的农产品赢得消费者的信赖，从而提高消费者对国产农产品的支付溢价。应逐步让消费者树立一种信念，即国产农产品是好的、进口农产品是便宜的。让有购买力的人用高价消费本国农产品，提高基于消费者选择的农业竞争力。

（五）同步推进农业竞争力提升、农村发展和农民增收

韩国比较重视农业生产能力提升、农村发展和农民增收三个目标同时前进，这为韩国在国际农产品市场巨大压力下快速提高国内农产品竞争力起到较好的保障作用。我国农业现代化过程中，三者发展非常不平衡，农业现代化速度较快，尤其是我国畜牧业快速迈向现代化，而我国畜牧业的现代化更多是资本化，农民在畜牧业现代化过程中被挤出，这是一个非常遗憾的事情。在我国广大农村地区，除了农民外出打工赚钱盖的表面繁华但没人住的小洋楼外，道路泥泞，市场萧条，农村并不是一个宜居之地。如何更加平衡地解决好我国农业、农村和农民问题，亟待探索有效办法。

执笔人：汪武静

参考文献

[1] 强百发. 韩国农业现代化进程研究. 西北农林科技大学，2010

[2] 朴贤德. WTO体制与韩国农业政策变化的研究.浙江大学，2004

[3] 金恩斌. 韩国农业政策的演变及启示. 经济导刊，2010（11）

[4] 金光春，单忠纪，翟绪军，韩光鹤，季颖. 韩国“农业第六产业化”发展事业对中国的启示. 世界农业，2016（03）

[5] OECD，2016：Agricultural Policy Monitoring and Evaluation 2016，OECD Publishing，Paris

附 件

研究背景与文献综述

一、研究背景

长期以来，为满足全社会对农产品不断增长的需求，我国把促进增产放在农业发展的优先位置，建立起一套增产导向的农业政策体系。这套政策体系的主要内容包括：实行粮食最低收购价和重要农产品临时收储政策，不断提高托市收购价格水平以至于高于市场长期均衡价格，不断释放鼓励农民增产的信号；建立粮食、棉花、油料、生猪生产大县财政奖励政策，鼓励地方政府促进农业增产；在缺水地区鼓励打井抗旱，不惜超采地下水以确保粮食丰收；实行投入品补贴政策，鼓励农民多投入、多产出；在新品种培育和审定中，把产量性状指标放在突出位置。

这套政策体系对促进我国农产品产量快速增长发挥了明显作用，但也带来资源环境严重透支、国内外农产品价格明显倒挂、支持保护政策操作空间日趋收窄、农产品结构性过剩和部分品种存库增加较多等新问题。

我国农业政策处在十字路口：是继续执行并不断强化现行增产导向的各种农业政策，还是根据工业化城镇化程度的提高、国内外市场对比关系的变化、进口压力的增强、日韩台等先行经济体的经验教训，加快构建竞争力导向的农业政策体系？

实际上，面对农业发展遭遇的新挑战，我国农业政策已经开始向提高竞争力的方向调整。

2015 年中央 1 号文件指出，“国内农业生产成本快速攀升，大宗农产品价格普遍高于国际市场，如何在‘双重挤压’下创新农业支持保护政策、提高农业竞争力，是必须面对的一个重大考验”，强调指出“做强农业，必须尽快从主要追求产量和依赖资源消耗的粗放经营转到数量质量效益并重、注重提高竞争力、注重农业科技创新、注重可持续的集约发展上来”。2016 年中央 1 号文件指出，“在受国际农产品市场影响加深背景下，如何统筹利用国际国内两个市场、两种资源，提升我国农业竞争力，赢得参与国际市场竞争的主动权，是必须应对的重大挑战”，明确要求“持续夯实现代农业基础，提高农业质量效益和竞争力”。

党的十八届五中全会《建议》明确要求，“着力构建现代农业产业体系、生产体系、经营体系，提高农业质量效益和竞争力，推动粮经饲统筹、农林牧渔结合、种养加一体、一二三产业融合发展，走产出高效、产品安全、资源节约、环境友好的农业现代化道路”。《国民经济和社会发展第十三个五年规划纲要》强调，“必须加快转变农业发展方式，着力构建现代农业产业体系、生产体系、经营体系，提高农业质量效益和竞争力”。

习近平总书记 2016 年 3 月 8 日在参加十二届全国人大四次会议湖南表团审议时强调，“推进农业供给侧结构性改革，提高农业综合效益和竞争力，是当前和今后一个时期我国农业政策改革和完善的主要方向”。

按照创新、协调、绿色、开放、共享的发展新理念，重构大国农业政策体系，通过结构性改革提高农业竞争力，促进农业尽快从拼投入、拼资源、拼环境式增长，转向以提升质量和效率为中心的集约高效式发展，是“十三五”乃至今后更长时期我国农业现代化建设的重大课题。为此，需要深入反思我国长期实行的增产导向的农业政策体系，充分借鉴与我国具有相同农业资源禀赋的国家在工业化城镇化进程中农业政策转型的经验教训，尽快构建符合我国发展阶段和国际贸易规则、以提高竞争力为导向的农业政策体系。

通过本项研究，力图回答以下问题：

如何推进农业创新发展，有序推进农地流转集中和适度规模经营，培育新型农业经营主体和新型农业社会化服务体系，促进农业科技进步，通过提高农业劳动生产率和控制农业生产成本，提升我国农业基础竞争力。

如何推进农业绿色发展，挖掘农业多功能性，促进有机农业、休闲农业、农户集市、地产地销、社区支持、互联网＋等新产业、新业态发展，加强农产品质量安全监管，提升我国农业绿色（非价格）竞争力。

如何推进农业协调和共享发展，重构我国农业产业链和价值链，培育带动农民能力强、品牌影响力大、市场占有率高的大型农业龙头企业，完善利益连接机制，促进农村一二三产业融合，提升我国农业产业链竞争力。

如何推进农业开放发展，根据主要品种的国际竞争力差异，立足资源禀赋，发挥比较优势，调整优化农业生产结构，做强优势产业，退出边际产能，提升我国农业结构竞争力。

如何改革价格和财政支付性补贴等国内支持政策，灵活运用关税、配额、检验检疫、贸易救济等边境措施，提升我国农业政策竞争力。

二、国内外研究综述

（一）关于农业竞争力的内涵及其影响因素的研究

竞争力的概念最初源自国际竞争力的讨论。美国总统产业竞争力委员会（1985）提出的概念是，“国际竞争力是在自由良好的市场条件下，能够在国际市场上提供好产品、好服务的同时又能提高本国人民生活水平的能力。一国的国际竞争力体现在其公民实际收入的增加和生活水平的提高上”。迈克尔·波特（1996）在《国家竞争优势》中认为，国家竞争力是依靠运用劳动与资本等国家资源所得到的生产力。后来大量学者不断丰富和发展了竞争力理论，最主要的是三大类：一是从生产效益的角度将竞争力理解为生产率，从而将生产率作为衡量竞争力的重要标准（Mckee & Session-Robinson，1989；Kitson，Martin and Tyler，2004；Krugman，1994 &1996，etc.）；二是从贸易的角度将竞争力理解为市场份额、出口量和国际市场贸易顺差的增长，主要通过贸易指数和比较优势指数来评价竞争力（Markusne，1996；Frank & Jianmin，2000；etc.）；三是从国民福利的角度认为竞争力是创造财富、提高居民收入和生活水平的能力（IMD，2005；Aiginger，1998；Brooksbank & Pickernell，1999；etc.）。但 Banse 等人（1999）指出，“没有任何一种竞争力的定义或评价方法能被学者们广泛接受”。

农业由于其产业的特殊性，农业竞争力所需要考虑的因素更多、蕴含的内涵更加丰富。《中国国际竞争力发展报告（1996）》指出，农业国际竞争力是一个国家或地区农业的综合生产能力。狭义的农业国际竞争力包括一个国家或地区创造农产品产量的能力、增加农产品产量的能力及生产率水平；广义的农业国际竞争力不仅包括以上内容，也包括一国或地区给农业带来后劲的农业基础结构状况、农业科技水平、农业人口素质以及影响农业良性循环的管理体制与金融环境条件。唐仁健（2001）认为，农产品竞争力是农产品的数量和质量背后所反映出的生产者素质、生产能力和水平的高低以及生产组织、管理和机制等的合理程度。汪凤桂（2003）认为，农业竞争力包括农业经营主体的竞争力、农产品的市场竞争力和农业产业体系的竞争力三个层面。即使仅从国际贸易的角度看，柯炳生（2003）认为农业国际竞争力是由价格竞争力、质量竞争力和信誉竞争力三个方面相辅相成构成的。陈卫平（2005）指出，农业竞争力是一个非常复杂的现象，不能单从出口贸易和生产的质量效益来评价，还需要考虑经营主体水平、经营规模大小、产业关联程度、农业制度等多种因素，进而农业综合竞争力包括农业规模竞争力、农业效益竞争力、农业基础竞争力、农业结构竞争力、农业现代化竞争力、农业成长竞争力和农业特色竞争力。苏航（2005）认为，农业竞争力包括对市场的适应能力、盈利能力、可持续发展能力、扩张能力和抗风险能力。综合相关的研究，游士兵和肖加元（2005）将农业竞争力定义为，一个国家或地区在一个较长时期内，不断适应外部环境变化、合理运用各种农业生产资源、提供农产品与服务过程中形成的生存与发展能力，它是与其他国家或地区角逐过程中发展起来的竞争优势能力。

因而，影响农业竞争力的因素也是复杂的。第一，农业生产要素积累、资源配置效率和生产率的提升是提高农业竞争力的重要方面（Chenery，1961；Gopinath & Kennedy，2000）。第二，政府支持是提高农业竞争力不可或缺的因素。尽管对于政策支持是否能够提升农业竞争力，在学术界仍然存在争议，因为一些研究者认为农业补贴政策会推高成本、扭曲价格、扰乱市场自发调节机制，从而降低农业竞争力（Ken Ash，2007；Bruce，2002；OECD，2005）。但美国、欧盟均是在强有力的农业补贴政策下强化农业基础能力，进而使农业竞争力得以提升和巩固（Diakosavvas，2002；詹琳，2015）。Stefan and Trueblood（2001）指出，一国的农业核心竞争力来源于该国资源比较优势和政府行为的科学引导。Reiljan and Kulu（2005）研究发现，爱沙尼亚在加入欧盟前因为缺乏农业政策保护其农业无法实现向现代农业的升级，而加入欧盟后在欧盟共同农业政策的支持下获得了发展活力。朱晶（2003）的研究显示，政府公共投资能够降低农民单位产品的投入成本，并因为生产条件的改善而激励私人投资，进而增强农业竞争力。第三，创新是提高农业竞争力的动力源泉。研发投入对农业竞争力的提升有着重要的作用（朱晶，2003；OECD，2012；余子鹏、赵玮，2013）。Kalaitzandonakes（2000）、桑乃泉（2002）等认为，农业生物技术使用将是提高未来农业国际竞争力的关键。农业机械和设施是农业生产要素中影响农业竞争力的关键因素（杨敏丽，2016；陈春良，2016）。Mosoma（2004）的研究发现，农业附加值提升的空间有限，挖掘农产品产业链潜能才是有效提高农产品竞争力的关键。农业产业经营组织机制创新也被认为是提高农业竞争力的重要途径，包括农业现代生产体系、农业产业化、农业特色化、农业产业集群、农民组织化等（尹成杰，2001；姜长云，2014；刘成玉，2003；郑风田、程郁，2005；李春海等，2013；刘清芝、王勇，2005）。随着互联网应用创新向农业与农村的延伸和拓展，正在引发农业领域技术创新与商业创新的融合，成为推动农业生产方式转变、产业链重构和竞争力提升的重要动力（刘丽伟、高中理，2015；李国英；2015；周群力、程郁，2015；王辉、何宇鹏，2015）。

（二）关于加入WTO后我国农业竞争力问题的研究

2001 年我国加入 WTO 前后，出于对农产品可能大量进口的担忧，学术界和政策研究部门掀起了一轮对我国农业竞争力进行研究的热潮。国际贸易领域的文献对我国农产品竞争力有较多的讨论，主要聚焦于竞争力指标的测算和竞争力来源或加减分因素的分解。程国强（2005 和 2012）认为，加入 WTO 后我国农业与国际市场的关联程度日益加强，但面临人口压力和资源约束，农产品贸易逆差可能成为常态，农业国际竞争力的提高面临巨大挑战。大量的研究表明，虽然我国农产品出口的规模有所增长，但整体上看我国农业的国际竞争力呈下降趋势，只在部分劳动密集型产品上还具有一定的比较优势。比如，显示比较优势指数（RCA）、贸易竞争力指数（TC）以及农产品国家市场份额显示，我国农产品出口的整体竞争力较弱，处于低竞争水平的劣势。部分农产品，如禽肉、猪肉及制品、新鲜蔬菜以及蔬菜制品等劳动密集型农产品具有比较优势，而小麦、油菜籽和大豆等土地密集型农产品缺乏国际竞争力（屈小博、霍学喜，2007）；闫国庆等（2004）的研究表明，我国蔬菜、茶和调味品具有比较优势和竞争力，谷物、油质种子、水果和坚果已逐步丧失比较优势和竞争力，肉类具有比较优势但却没有竞争力；帅传敏、程国强、张金隆（2003）研究发现，我国土地密集型农产品的比较优势已基本丧失，而劳动密集型农产品具有较强的比较优势，鲜活原料型农产品的比较优势呈下降趋势，而深加工型农产品的比较优势在显著上升，出口农产品结构不优、市场结构单一是制约中国农产品国际竞争力提高的主要因素；赵一夫等（2005）的研究显示，我国农产品总体出口规模增长主要得益于世界农产品进口总额的增长，产品竞争力的下降和市场结构分布不合理对农产品出口增长有阻碍作用，在日本等主要出口市场上，农产品竞争力的不断提高对我国出口规模的增长有显著的推动作用。刘秀琴等（2014）构建涵盖生产竞争力、技术竞争力、市场竞争力、资本竞争力四个方面的综合竞争力指标，通过与 11 个国家的比较研究发现，我国农业国际竞争力在 11 个国家中排名第 7，农业科研支出、农业总固定资本、种植业固定资产、土地开发和机械设备应用等指标具有明显竞争优势，国际市场竞争力、技术竞争力和劳动生产率等指标处于明显的劣势。

不少学者认为，提升我国农业竞争力的关键在于提高农产品的质量。翁鸣（2003）指出，农产品质量是农产品竞争力的组成部分，我国一些在产量上有优势的农产品因为面临着质量问题，而使这些农产品所具有的比较优势无法转化为竞争优势，阻碍了我国农产品国际竞争力的提高。朱晶（2004）的研究显示，在国际贸易市场准入限制日益加强的条件下，我国农产品质量水平提升缓慢制约优势农产品竞争力的提升，使得具有比较优势的劳动密集型农产品出口不断造成“技术贸易壁垒”和“绿色贸易壁垒”。程国强（2005）认为，农产品质量卫生安全问题严重，农产品加工度低，技术创新薄弱，缺乏品牌产品，农产品行业组织发展滞后，农产品出口秩序和行业自律问题严重，农产品出口管理体制不顺，政府支持政策不够等，影响中国农产品出口竞争优势的发挥。

加入 WTO 后，面对国际市场的压力，提升我国农业竞争力成为我国农业发展的必须选择。而提升农业竞争力是一项长期的综合战略，需要多措并举、有的放矢、持续推进。唐仁健（2001）指出，加入 WTO 后我国应该推进三大创新以提升农业竞争力，即技术创新——把高新技术融入传统农业，融资创新——培养农业资本市场，组织创新——发展公司农业与农业公司。薛亮（2003）认为，在农业发展进入新阶段和加入世贸组织的新形势下，必须采取一系列新的发展战略，起主导作用的有两大战略，即以质取胜的战略和非均衡竞争的战略。以质取胜战略是，将从粗放的、以满足数量增长为主的生产经营向集约的、以提高质量水平为主的生产经营转变，要求农业生产从过去由生产决定市场向以市场为导向转变，生产要满足市场对产品的优质化、多样化的需求。非均衡竞争战略是，充分发挥我国农业的比较优势，把具有竞争优势的产业和具有生产优势的产区做强做大，以己之长攻彼之短。刘成玉（2003）认为，发展特色农业可以显著地提高农业竞争力，而特色农业要做大做强做优离不开产业化经营，因而提高农业竞争力应围绕特色产业推动产业化经营。胡海燕（2003）提出，我国在农业发展和竞争力建设思路上，必须实现从以比较优势理论为主向以竞争优势理论为主转变，把关注的视线从农业中间环节（生产领域）转移到农业的高端产业（农业龙头企业、农业相关产业）和终端领域（农产品流通），将农业规模生产、农产品高效流通与国内外农产品需求变化相联系，建立“三位一体”的农业竞争力立体战略。

（三）关于价格倒挂时代如何提升我国农业竞争力问题的研究

加入 WTO 后的一个时期内，农产品进口对我国市场的影响并不明显，此前人们的一些担心并没有变为现实，而且我国农业实现了持续快速发展，学术界和政策研究部门对我国农业竞争力的关注度明显下降。但2013年以来，随着国内外农产品价格倒挂问题日益突出，我国农业竞争力状况及其政策应对，再次受到关注和重视。陈锡文（2016）认为，由于中国粮食长期处于紧平衡，中国对粮食的追求片面化——就是增产，虽然粮食“十二连增”的成绩不可否认，但片面的、失衡的政策也带来了尖锐矛盾，以数量矛盾为核心矛盾的农业政策理念正在受到挑战，现在中国农业到了危急关头，必须要有大的突破；中国粮食等主要农产品价格全面、长期高于国际市场，是从2013年开始的，土地租金、劳动力工资等快速上涨，都算到粮食成本里面，而农业政策制定者对这些情况不够敏锐，粮食托市政策和农产品比价关系并没有得到及时调整，我们在粮食生产上的胸怀和眼光还不够，没有放到全球视野考量，认识晚了、认识迟了。他提出，“十三五”期间要抓三件事，一即眼光，中国已经处于开放的世界，我们必须要有开放的胸怀、开放的眼光，以世界经济为背景来认识中国农业；二即协调，协调部门、地方、产业、品种关系；三即创新，包括体制创新和科技创新。叶兴庆（2015，2016a）认为，近年来我国粮棉等大宗产品出现“高产量、高库存、高进口”的直接原因是价格倒挂，而价格倒挂是中国这种资源禀赋的国家迟早一天要到来的事情，人多地少国家工业化、城镇化发展到一定阶段后其农业肯定是很贵的农业，日本、韩国和我国台湾地区都有这样的规律；价格倒挂不仅仅会在“十三五”期间存在，过了“十三五”期间以后更是这样，价格倒挂将是一个常态；应对价格倒挂带来的挑战，根本出路是提高农业的竞争力，必须深刻反思增产导向的现行农业政策框架，在“十三五”期间加快建立竞争力导向的农业政策体系。

在价格倒挂时代，提升农业竞争力的根本出路在于推进农业结构性改革，推进农业结构性改革关键在于抓准抓住着力点。李伟（2016）

认为，通过结构性改革提高农业竞争力，促进农业尽快从拼投入、拼资源、拼环境式增长，转向以提升质量和效率为中心的集约高效式发展，是“十三五”乃至今后更长时期我国农业现代化建设的重大课题；需要深入反思我国长期实行的增产导向的农业政策体系，充分借鉴与我国具有相同农业资源禀赋的国家在工业化城镇化进程中农业政策转型的经验教训，尽快构建符合我国发展阶段和国际贸易规则、以提高竞争力为导向的农业政策体系。祝卫东、陈春良（2016）认为，抓住农业供给侧结构性改革，就抓住了提高农业市场竞争力、实现可持续发展的“牛鼻子”；推进农业供给侧结构性改革，是破解农业发展难题、推动农业闯关过坎的关键举措，是促进我国农业持续稳定发展、加快农业现代化的必然要求。叶兴庆（2016b）认为，提高农业供给体系效率，增进农业质量效益和竞争力，必须发展多种形式的农业适度规模经营，加快构建培育新型农业经营主体的政策体系；以绿色产能的增长接替边际产能的退出，把边际产能的外部负效应内部化，让采取这种生产方式的人付出代价，让其有压力退出；按照有利于延长农业产业链的方向推动农产品加工业转型升级，按照有利于农民分享增值收益的方向完善农业产业链与农民的利益联结机制；以降低价格扭曲程度、校正资源错配为方向，稳步推进农产品价格形成机制和收储制度改革。

扩大经营规模、提高劳动生产率，是农业结构性改革的重要任务，也是提升我国农业竞争力的必由之路。为此，迫切需要推进农地制度改革，促进土地流转集中。唐忠（2016）认为，我国粮食生产面临很多挑战，农业竞争力不高的问题越来越凸显，这和我们现在的土地制度密切相关；农村劳动力大量转移到非农业产业就业后，如何促进土地与劳动力有效地重新匹配，从而既使土地资源得到有效利用，又可以适时扩大仍继续从事农业生产的劳动力的土地规模，提高农业竞争力，避免日本、韩国这样的东亚模式在中国出现，是一个需要研究的重大问题；土地制度改革必须根据城乡一体化发展的大背景以及对提高农业竞争力的现实要求相匹配，朝着权属更加清晰、财产权得到有效保障、农业竞争力不断提升的方向努力，处理好提高农业规模经营的竞争力和效率与保护农民承包权的关系。有些专家提出，除了促进土地流转、扩大生产经营主体的经营规模，发展农业社会化服务、实现服务规模化，也是提高农业劳动生产率和农业竞争力的重要途径。张来明（2015）认为，农业规模报酬的实现，既需要土地经营规模的扩大，也需要农业服务规模的扩大；农业规模化服务，就是农业服务主体根据各类农业生产经营主体在农业生产各环节的服务需求，通过单环节或者多环节的规模化服务，降低生产成本，提高农业的生产效率和经营效益，实现农业服务主体的规模报酬和较高盈利；我国人多地少，农村人口总量大，不可能走单纯扩大土地规模的农业现代化道路，我国在农户经营规模难以大幅扩大的客观约束下，将更主要依赖农业服务规模扩大和服务水平提高，来实现农业规模报酬、提高农业竞争力。韩长赋（2015）认为，“新型经营主体 + 社会化服务 + 适度规模经营”是发展现代农业的重要路径，要积极推广合作式、托管式、订单式等服务形式。

构建现代农业产业体系，优化资源要素组合，通过金融资本、科学技术、组织管理等现代生产要素的集约投入和深度开发形成新的要素组合方式，可以促进全要素生产率和农业产业综合素质稳步提升。张红宇（2016）认为，在现代农业发展中，任何一种生产要素的缺位都会形成“短板效应”，只有构建现代农业产业体系，大力优化各种生产要素的组合方式，努力实现生产、加工、物流、营销等一体化发展，才能有效提高农业竞争力；现代农业产业体系对农业竞争力的提升作用主要从专业化、规模化、集约化、一体化四个方面表现出来，专业化分工分业提高劳动生产率，规模化生产提高土地产出率，集约化经营通过各种资源要素的科学、精准、减量、高效利用提高资源组合效率，一体化发展提高农业全要素生产率。万宝瑞（2016）认为，农业竞争是多环节的竞争，在生产端，重点实行规模化生产，提升社会化服务水平，培育新型农业经营主体；在流通环节，要统筹农产品集散地、销地、产地批发市场建设，构建产销一体化流通链条；在加工环节，要延伸农产品下游深加工配套产业链条，提高产品附加值，实现初加工向精深加工过渡。

农业的竞争，除了成本、效率等价格因素的竞争，还包括品牌、文化等非价格因素的竞争。陈正辉（2014）认为，品牌是现代农业的核心竞争力，这是因为农业生产的价值最终都以农产品的形式呈现，而农产品品牌化程度很大程度上决定了农产品价格高低，体现了整个农业生产的价值；品牌就是信誉，是消费者对产品的信任，而质量就是这种信任的核心基础；农产品安全是人们最为关注的热点问题，人们购买农产品的第一反应不是价格的高低而是产品是否安全，打造农业品牌关键在于打造质量安全过关的农产品。

（四）关于对国外以竞争力为导向的农业政策调整的研究

农业支持政策对于提升农业竞争力具有不可或缺的作用。从世界各国的发展经验来看，特别是主要的农业强国，都是在强有力的农业支持政策下构建起现代化的农业生产体系，尤其是改善农业生产力的长期公共投资具有非常重要的意义，包括研发、教育、技术转移、农业与农村市场基础设施等（OECD，2012）。但各国在农业支持保护政策实施过程中都出现了以下共性的问题：一是生产者支持激励了产能增长，而农产品需求价格弹性较低、总需求的增长较为平稳，无法充分吸收快速增长的供应，导致农产品的短期过剩；二是价格支持扭曲了市场价格信号，干扰了市场的正常调节机制，反而加剧了农产品的市场波动；三是市场保护阻碍了生产方式的转型升级，助长了农业部门惰性和低效生产，致使竞争力难以提升（Ken Ash，2007；Bruce，2002；OECD，2005 & 2012）。总之，日益增长的农业补贴在增加财政负担的同时，并没有能够充分实现支持农业竞争力提升的目标。面对这些问题，各国的农业支持政策正在从生产和市场支持向不影响生产决策的支持转变，农业支持政策更加强调的是农民收入问题、风险管理、环境外部性和创新问题，更加强调发挥市场对生产和价格的调节作用（OECD，2014）。

欧盟的共同农业政策实施 50 年来，经历了三次调整：一是随着欧洲食物供给由短缺向富足转变，1992 年开始支持政策从价格支持向生产者支持转变；二是进入 21 世纪后，为了增强农民的市场意识和应对环境可持续发展的新挑战，削减了与生产相关联的补贴，而转向对食品安全、环境和动物福利导向的支持；三是 2011 年后，政策目标转向了强化农业竞争力和可持续发展能力以及农村社会发展，将农民职责与功能从单一的食物生产扩展为通过乡村旅游和其他新商业创业与文化活动促进农村发展（European Commission，2012）。经过几次改革之后，2014 年欧盟生产支持补贴从 1997 年的 34% 削减为 19%，而且生产者补贴已经不再对生产有所要求，可能会导致生产与贸易扭曲的生产者补贴比例只有 27%，超过 30% 的政策资源是以环境保护为目标（OECD，2014）。

美国的农业支持政策也在逐步向减轻价格扭曲、给市场留出更大作用空间的方向调整。特别是 2014 年美国农业法案对农业政策支持方式做出了重大调整：一是突出政策支持手段的市场化，取消了直接支付（DP）、反周期补贴（CCPS）和平均作物收入选择补贴等项目，强化了农业生产风险保障，新设立了价格损失保险计划（PLC）和农业风险保障计划（ARO）两个与生产不挂钩的风险补偿项目，这标志着美国农业逐渐由政策驱动为主向市场调节为导向转变；二是注重竞争力的提升和长期可持续发展，在总体预算大幅削减的背景下，增加了对研发投入、环境保护、农村发展和新农民培育的预算；三是强调政策的公平性，在多个计划中增加了有利于小规模生产者的支持项目和规定，比如放宽了对个体农场获得补贴的总收入资格限制、对个体农场的补贴设置了最大限额、农村发展计划、特殊农作物有机认证等项目支持也向小型和中小型农场以及新从业农场主倾斜（齐皓天、彭超，2015；王月荣、张秀珍，2014）。

20 世纪 70 年代到 1984 年，新西兰的农业一直在高补贴下运行，1980 ~ 1984 年政府资助或给农业部门的转移支付已经增加到农业总产值的 33%，新西兰农场主获得的补贴最高时高达他们收入的 40%。但高额农业补贴在增加了财政负担的同时，不仅没有带来农业的繁荣，反而滋长了农业经营者的惰性，并造成农产品的过剩。1984 年新西兰推进了农业政策改革，终止了 30 多项不同的生产补贴和出口补贴项目，取消了对农业信贷的利率优惠和支持，改革使当年农业补贴占农业产出的比重就一下子从改革前的 30% 降到 3%。取消农业补贴迫使农户和农场主重组业务、开拓新市场、采用新技术和新方法、扭亏为盈，农业产出和净收入明显增加、生产成本大幅下降、出口竞争力显著提升（蒲应龚，2013）。同样，澳大利亚也是从 20 世纪 80 年底开始取消了农产品价格补贴政策，而转型符合 WTO 规则要求的绿箱政策，使农业生产者在积极适应国际市场中提升了竞争力（胡伟，

2006）。但同时也要注意到，尽管澳大利亚和新西兰的生产者补贴只占农业支持政策的2%左右，而其对农业生产的一般服务性支持（包括研发、农业基础设施、产业支持服务、市场体系建设等）比例却分别达到50.4%和72.9%，这对于其农业竞争力的提升具有至关重要的作用；同时，他们新的政策导向日益聚焦资源环境问题，致力于通过市场为基础的手段强化环境可持续发展（OECD，2015）。

OECD（2013）的农业政策监测评价报告指出，以保障自给率为目标的农业支持政策，需要付出非常高的经济和社会成本。这在日本、韩国的农业政策经验中有明显的表现。日韩的农业模式是维持对小规模农业的补贴，其结果就是土地利用率下降、产出下降、成本很高，严重影响农业竞争力。为了保障一定的食物自给率，日本主要采取生产者补贴的形式来稳定农业生产经营，生产者支持比例在近年不断削减的条件下仍维持在52%，其中市场价格支持占到了80%（OECD，2014）。特别是大米绝对自给的目标，以日本水稻种植面积约占耕地总面积34.3%、约占水田面积63%、国内大米价格约为国际市场价格的9倍为代价（程郁，2014）。2014年开始，日本对农业政策进行调整，废除了大米生产调整政策，不再控制水稻的生产面积，同时水稻生产补贴从原来每0.1公顷1.5万日元降至7500日元，并计划在2018年度彻底取消补贴，同时通过新的“人与农地计划”支持引导农业的规模经营和经营主体强化（程郁，2014）。同样，韩国的大米自给目标也造成了巨大财政负担，1993年底粮食管理基金赤字达到8.7万亿韩元，其中因补贴大米种植农户造成的赤字占88.5%；为了降低财政负担，韩国将补贴负担方式从完全依靠财政转变为政府和国内消费者共同负担的形式，致使国内农产品价格大幅上涨，主要农产品价格比中国平均高6.4倍（马晓春和李先德，2010；高在模、鱼明根，2007）。但韩国在尚未推动实现农业生产方式转变和农业经营主体竞争力强化的条件下，就放弃农业保护政策、推进农业自由化，引发了韩国农业的危机（周娟，2015）。近年来，韩国为了缓解国内农业危机又重新恢复农业保护政策，农业、农村与食物产业发展规划（2013 ~ 2017 年）设定了 30% 的谷物自给率目标，并将在 2015 年恢复原本已取消的大米关税，对进口大米征收超过 500% 关税（OECD，2013）。

三、本项研究的特点与创新之处

（一）补齐对我国农业问题的系统思考

目前中国农业面临两大挑战：如何提高农业可持续发展能力，如何提高农业国际竞争能力。这两个问题有关联，但各有侧重。解决好这两个问题，是转变农业发展方式、深化农业结构性改革的关键。在 2015 年度的重点课题中，农村部研究团队对提高农业可持续发展能力问题进行了系统研究。作为姊妹篇，2016 年度的重点课题聚焦农业竞争力问题。这种相互关联、各有侧重、连续推进的研究布局，有助于知识积累、认识深化、政策储备，形成拳头产品。

（二）对一系列两难问题提出新的处理思路

考虑到我国的资源禀赋、发展阶段、制度环境，重建竞争力导向的农业政策体系势必遭遇一系列两难。例如，促进土地流转、发展适度规模经营与农民转移就业不稳定、离土离农前景不明，发挥比较优势、统筹两个市场两种资源与立足国内保障粮食安全，政策资源集中投向新型经营主体与维护普通农户利益等等。通过本项研究，力图为处理这些两难问题提出新的解决办法。

（三）对先行者的经验教训进行深度解析和重新认识

美国、欧盟等发达经济体一度对农业实行以市场价格支持为主的保护政策，随着农业被纳入多边贸易规则的约束范围，他们逐步对扭曲生产和贸易的农业支持政策进行了调整，转向更多地发挥市场在农产品价格形成中的作用。对他们曾经实行过的支持保护政策，国内介绍得较多，不少人以为他们目前仍在实行这些政策；对他们的农业政策调整转型，国内介绍得较少。本研究分析了美国农业支持政策调整的内在逻辑，指出了对我国目前正在进行的农业支持政策转型的借鉴意义。日本、韩国在完成土改、建立小规模私有土地制度后，工业化城镇化先后进入快速发展阶段，也曾遇到过目前我们农业面临的这些问题。对他们采取的应对措施，以前学术界作了过多的正面评价，认为我们应当效仿。本研究作出了不同以往的评价，得出了不同以往的启示。

执笔人：叶兴庆　程　郁　陈春良

参考文献

[1] Aiginger, K（1998）. A framework for evaluating the dynamic competitiveness of countries. Structural Change and Economic Dynamics, 1998（9）: 159–188

[2] Brooksbank, D. J., Pickernell, D. G（1999）. Regional competitiveness indicators: A reassessment of method. Local Economy, 1999, 13（4）: 310–327

[3] Bruce Gardner（2002）, "U.S. Commodity Policies and Land Prices", Paper Prepared for the Conference on Government Policy and Farmland Markets, USDA- ERS, Washington, D.C., May 6.

[4] Chenery, H（1961）. Comparative Advantage and Development Policy. The American Economic Review, 1961（1）: 20

[5] Diakosavvas, D（2002）. How to Measure the Level Agricultural Support: Comparisons of the methodologies applied by the OECD and WTO, Agricultural Policies in China After WTOAscension.

Organization for Economic Cooperation and Development， 2002： 214–245

[6] European Commission（2012）. The Common Agricultural Policy – A story to be continued. Luxembourg： Publications Office of the European Union

[7] Frank C.Lee and Jianmin Tang（2000）. Productivity Levels and International Competitiveness Between Canada and U.S. Industries. The American Economic Review， 2000（5）： 176–179.

[8] Gopinath， M. and Kennedy， P. L（2000）. Agricultural Trade and Productivity Growth： State–Level Analysis American Journal of Agricultural Economics， 2000： 1213–1218

[9] IMD（2005）. The World Competitiveness Yearbook （2001–2005）. http： //wwwOl.imd.ch/wcc/， 2005–09–20

[10] Kitson， M.， Martin R， Tyler P.（2004）. Regional competitiveness： An elusive yet key concept. Regional Studies， 2004， 39（9）： 991–1000

[11] Markusen， A（1996）. Sticky Places in slippery space： Typology of Industrial District. Economic Geography， 1996（72）： 293–313

[12] Mckee， K.（1989）. Sessions–Robinson， C. Manufacturing productivity and competitiveness. Journal of Manufacturing， 1989， Spring： 35–39

[13]]Mosoma， K（2004）. Agricultural Competitiveness and Supply Chain Integration： South Africa. Argentina and Australia. Agrekon， 2004， 43（1）： 132–144

[14] OECD（2012）. Improving Agricultural Knowledge and Innovation Systems： OECD Conference Proceedings， OECD Publishing. http： //dx.doi.org/10.1787/9789264167445–en

[15] OECD （2013）. Agricultural Policy Monitoring and Evaluation 2013： OECD Countries and Emerging Economies. OECD Publishing. http： //dx.doi.org/10.1787/agr_pol–2013–en

[16] OECD （2015）. Agricultural Policy Monitoring and Evaluation 2015. OECD Publishing， Paris. http： //dx.doi.org/10.1787/agr_pol–2015–en

[17] Porter M E.（1998）. The competitive advantage of nations. In M E Porter On Competition. Boston： Harvard Business Review， 155–196.

[18] Reiljan， J. and Kulu， L.（2005）. The Development and Competitiveness of Estonian Agriculture Prior to Joining the European Union. http： //ideas.repec.org/p/mtk/febawb/10.html， 2005–3–4

[19] Stefan， O. and Trueblood， M.（2001）. An Examination of Economic Efficiency of Russian Crop Output in the Reform Period. Presented at the Meeting of the American Agricultural Economics Association Chicago， 2001： 1–27

[20] Tyson L.（2008）. Who' s Bashing Whom： Trade Conflict in High Technology Industries. http： // www.joerg–erdmann.de/downloads/tyson chapter 7 slides. pdf， 2008–12–15

[21] 陈卫平. 中国区域农业竞争力评价与分析——农业产业竞争力综合评价方法及其应用. 管理世

界，2005（3）

[22] 陈锡文（2016）.粮食安全已转化为产业安全. 财新网. http：//topics.caixin.com/2016-03-10/100918369.html 访问时间：2016年3月10日

[23] 陈正辉. 品牌是现代农业的核心竞争力. 南方网，2014-8-27

[24] 程国强（2005）. 农业对外开放新阶段：影响与挑战. 国务院发展研究中心《调查研究报告》，6月15日，第93号（总2363号）

[25] 程国强（2012）. 我国对外开放的影响与启示. 国务院发展研究中心《调查研究报告》，3月5日，第25号（总4027号）

[26] 程国强（2005）. 中国农产品出口：竞争优势与关键问题.《农业经济问题》（月刊），2005（5）.

[27] 高在模，鱼明根（2007）. 韩国农业国际竞争力分析. 中国农村经济，2007（11）.

[28] 国家体改委经济体制改革研究院，中国人民大学，深圳综合开发研究院联合研究组. 中国国际竞争力研究报告（1996）.北京：中国人民大学出版社，1997

[29] 韩长赋. 加快转变农业发展方式. 人民日报，2015-11-25

[30] 胡海燕. 我国农业竞争力建设的战略关键与对策. 农业技术经济，2003（5）

[31] 胡伟. 澳大利亚农业促进政策与措施研究. 世界农业，2006（11）

[32] 姜长云. 关于构建新型农业经营体系的思考——如何实现中国农业产业链、价值链的转型升级. 人民论坛•学术前沿，2014-1

[33] 柯炳生. 提高农产品竞争力：理论、现状与政策建议. 农业经济问题（月刊），2003（2）

[34] 李春海，张文，彭牧青（2011）. 农业产业集群的研究现状及其导向：组织创新视角.中国农村经济，2011（3）.

[35] 李国英. "互联网+"背景下我国现代农业产业链及商业模式解构. 农村经济，2015（9）

[36] 李伟. 在全国政策咨询工作会议上的讲话，2016-2-25

[37] 刘丽伟，高中理. "互联网+"促进农业经济发展方式转变的路径研究——基于农业产业链视角. 世界农业，2015（12）（总第440期）

[38] 刘清芝，王勇. 农民组织化：提高农业竞争力的重要途径. 农村经济，2005（11）

[39] 刘秀琴，黄耀斌，蔡嘉森，赵汴. 中国农业竞争力国际比较. 华中农业大学学报（社会科学版），2014（5）（总113期）

[40] 马晓春，李先德. 韩国粮食补贴政策的演变及启示. 世界农业，2010（1）（总369期）

[41] 蒲应龚. 新西兰无补贴农业的范式研究. 世界农业，2013（11）（总415期）

[42] 屈小博，霍学喜. 我国农产品出口结构与竞争力的实证分析. 国际贸易问题，2007（3）

[43] 桑乃泉. 现代农业生物技术创新管理与中国农业竞争力. 农业经济问题，2001（9）

[44] 帅传敏，程国强，张金隆. 中国农产品国际竞争力的估计. 管理世界，2003（1）

[45] 苏航. 农产品竞争力与农业竞争力的内涵界定. 经济论坛，2005（24）
[46] 唐仁健. 从根本上提升我国农业竞争力——中国农业面对WTO的宏观思考. 农业经济问题，2001（1）
[47] 唐忠. 接受农民日报记者的访谈. 农民日报，2016-3-2（3）
[48] 万宝瑞. 加快提高我国农业竞争力. 农民日报，2016-2-20
[49] 汪凤桂. 提升农业竞争力 促进农民收入增长. 农业经济问题》（月刊），2003（7）
[50] 王辉，何宇鹏. 农商产业联盟是创新农产品流通方式的积极探索. 国务院发展研究中心《调查研究报告》，2015-4-10（46）（总4731号）
[51] 翁鸣. 中国农产品质量与国际竞争力. 中国农村经济，2003（4）
[52] 袭长洪，王镭. 试论国际竞争力的理论概念与分析方法. 中国工业经济，2002（4）
[53] 薛亮. 提高我国农业竞争力的战略思考. 管理世界，2003（3）
[54] 闫国庆，陈丽静，刘春香. 我国农产品比较优势和竞争力的实证分析. 国际贸易问题，2004（4）
[55] 叶兴庆. 构建竞争力导向的农业政策体系. 当代农村财经，2015（7）
[56] 叶兴庆. “十三五”是我国农业发展战略转型的重要窗口期. 中国经济时报，2016-1-29
[57] 叶兴庆. 抓准抓住抓好农业结构性改革. 紫光阁，2016（3）
[58] 尹成杰. 农业产业化经营是提高农业竞争力的重要途径. 农业经济问题，2001（2）
[59] 游士兵，肖加元. 农业竞争力的测度及实证研究. 中国软科学，2005（7）
[60] 余子鹏，赵玮. 研发投入对我国农业竞争力的影响分析. 北方经济，2013（17）
[61] 詹琳. 美国农业政策的历史演变及启示. 世界农业，2015（6）（总434期）
[62] 张红宇. 努力提高我国大国农业竞争力. 人民日报，2016-2-29
[63] 张来明. 以服务规模化推进农业现代化——在“服务规模化与农业现代化：理论与实践”研讨会上的讲话. 中国经济时报，2015-9-10
[64] 赵一夫，乔忠，田志宏. 我国农产品出口规模影响因素的实证分析. 中国农业大学学报，2005，10（6）
[65] 郑风田，程郁. 从农业产业化到农业产业区. 管理世界，2005（7）
[66] 周娟. 韩国农业危机及其启示. 农业经济问题，2015（3）
[67] 周群力，程郁. 发展农村电商面临的突出问题及建议——江西省于都县调查.国务院发展研究中心《调查研究报告》，2015-11-17（176）（总4859号）
[68] 朱晶. 贸易保护、市场准入与农产品竞争力——论入世后我国劳动密集型农产品出口面临的贸易国际环境. 国际贸易问题，2004（2）
[69] 朱晶. 农业公共投资、竞争力与粮食安全. 经济研究，2003（1）
[70] 祝卫东，陈春良. 做好农业供给侧结构性改革这篇大文章. 农村工作通讯，2016（2）